中原地产红皮书2010 成渝卷

中原集团研究中心　著

四川中原市场研究中心

重庆中原市场研究部

中国建筑工业出版社

本书以第一手的数据资料及调研资料，全面而系统地介绍了2009年全年和2010年1月~8月重庆、成都房地产市场的整体概况，以及政策环境、土地市场、住宅市场、写字楼市场、商业市场等各个细分市场的发展与变化。此外，本书对重庆、成都房地产市场在此期间的众多热点专题进行了着重分析，包括四川省二线城市房地产市场发展特征、重庆市五大重点区域房地产市场特征分析、地产巨头云集重庆大石坝、重庆典型热销项目分析、轨道交通 城市发展引擎、各路神仙竞技角力成都市场、成都商务公寓应市而生、成都写字楼投资价值彰显。本书可对房地产专业人员分析研究市场环境、洞悉市场热点起到借鉴作用，对普通大众的投资置业行为也具有较强的指导意义。

编委会

序

踏实做研究——以不变应万变

延续去年房地产市场的强势，2010年的前4个月市场走势凌厉，无论成交量还是价格都节节攀高。从而也招致中央政府史无前例的决心与调控干预，市场成交应声下挫，状况再度陷入冷冻僵持。历经几个月的低潮，正当市场的参与者都忧心忡忡的时候，八月份又见回暖的苗头，至执笔之时（九月中），无论商品房市场还是二手房市场从来访、带看、成交等各方面都看到显著提升，客户的购买热情好像一下子又再度涌现，再加之传统的金九银十考虑，市场是否就此进入新一轮上升周期？还是只是短暂的小阳春呢？而无论是两者中的哪一种，又是否会招来进一步的政策落实、收紧甚至于新一轮更多、更重的政策调控？

以上一系列问题都困扰着市场参与者各方，而情况的确是复杂的，除了买方与卖方之间的博弈，还有政府、政策调控与市场之间的博弈，当中甚至还有中央政府与地方政府之间目标与利益等方面之微妙关系，当然还有国际大形势与国内情况相互的影响。以致市场的变幻莫测并不亚于山中的天气变化，在上述种种力量的对抗和相互影响下，也由于中国楼市在土地供应端的非市场化和在商品房市场的过度市场化，让房地产行业成为最复杂和难以琢磨的行业之一，我们虽致力但也没能提出完全精准的分析、判断及预测。

不过我们仍然秉承“公开资讯”的理念，仍然相信踏实做好基础分析、紧贴市场、积极反应，定能渡过变幻的境况，越过种种波澜障碍！我们希望透过力所能及、有限的能力、有限的篇幅，能给大家参考，引发无限的启发，希望大家能运用有限的资源，开拓无限广阔的市场前景！正所谓“天道酬勤”，让我们一起加油吧！

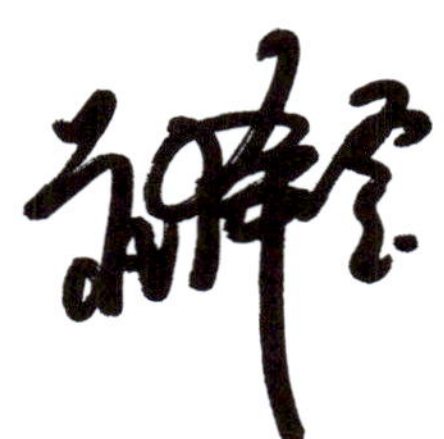

四川中原董事总经理

2010年9月

目 录

城 市

公 司

重庆（香港）中原营销策划顾问有限公司

四川中原物业顾问有限公司

插图目录

表格目录

Photo by: Hu wenkit 胡文杰 (www.pdoing.com)

Market
城市

成 渝 | CHENGYU

第1章　重庆市场主线：楼市持续升温 调控效果有待观察

重庆中原市场研究部

2009年到2010年第一季度，重庆楼市都享受着宽松的国家宏观调控政策，因此楼市在这期间整体表现为持续地升温；主城区商品房市场整体呈现供需两旺的情况。旺盛的需求使重庆主城区商品住宅的成交量和成交价格都创历史新高，主城区商品房成交量在全国仅次于上海；写字楼未来供应量加大且售价和租金稳步上升；商业地产租金涨势明显、投资者对商业地产投资热度升温。

2010年4月国家开始了针对房地产调控的“新政”，这轮被称为有史以来最为严厉的调控，对重庆楼市也造成了较大的冲击。紧接着，重庆市政府在5月下旬出台了“渝十条”地方调控政策。地方政策未在中央政策上“加码”，因此这些调控对消费者心理影响比较大，而调控的效果仍有待观察。重庆楼市在2010年5月开始降温，出现了供应量减小、成交价格下降等情况。

重庆楼市调控效果有待进一步观察。一方面，由于重庆地方政策“渝十条”调控的重点着眼于加强住房保障、增加有效供给、规范市场秩序等，未正式叫停第三套房贷且对首次按揭购房者提供补助，对商品房市场的影响小于一线城市；另一方面，重庆房价远低于一线城市且主城区的供应量和需求量一直较大，刚性需求受政策调控影响相对较小。由此看来，虽然重庆楼市在本轮调控政策下受到不小的冲击，但只要本轮调控政策不继续加强，重庆楼市将能在相对较短的时间内恢复。

第2章　重庆土地市场稳步复苏

2.1 成交量增加　保持稳定

重庆主城区房地产开发类用地[1]成交量在2008年触底，到2009年6月土地市场开始快速反弹，成交量迅速增加。从2009年第四季度开始，国家针对房地产市场的宏观调控在土地市场的影响逐渐显现，成交量略有下降，但相对稳定的成交一直维持至2010年上半年。

重庆市土地交易中心公布的数据显示，2009年主城区房地产开发类用地成交共114幅，出让土地面积达796.19万m²，可建建筑面积达到2362.03万m²。成交量虽不及2006年及2007年，但仍比2008年增加了132.19%。其中2009年6月和9月共成交了69幅房地产相关用地，成交土地面积占全年总量的64%，年内的多幅高价土地均在此两个月内成交，从而拉高了第二、三季度的成交量。

2010年上半年主城区的土地成交量相对稳定，成交土地82幅，工业用地与房地产开发类用地各占半壁江山，房地产开发类用地成交40幅，出让面积396.86万m²，可建建筑面积833.93万m²。虽然土地成交面积与2009年下半年比减少30%，但总体仍保持稳定状态，仍高于2008年至2009年上半年期间的土地成交水平。

图2-1　重庆市主城区房地产开发用地出让量（2009～2010年上半年）

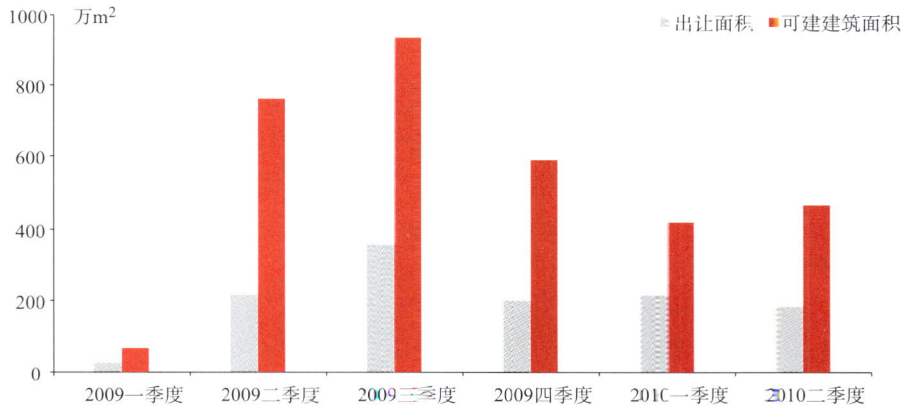

万m²
出让面积　可建建筑面积
1000
800
600
400
200
0
2009一季度　2009二季度　2009三季度　2009四季度　2010一季度　2010二季度

数据来源：重庆市土地交易中心。

2.2 成交价飙升"地王"频现

从2009年年中开始，重庆主城区房地产开发用地的价格开始飙升，多宗地块的拍卖均竞争激烈，高溢价率成交成为土地拍卖市场的普遍现象。2009年，溢价最高的土地甚至经过了57轮竞价，新"地王"频现，重庆地王纪录仅2009年一年就被刷新了3次。

2009年重庆主城区房地产开发用地的总成交金额达到约410亿元，每亩土地的成交均价约344万元，是历年来最高的。平均楼面地价达到1738元/m²，比2008年上涨了73.98%。全年成交的114幅土地中有46幅是通过拍卖的方式取得的，其平均的溢价率达到了35.7%。

① 房地产开发用地不包含工业用地、仓储用地、金融保险用地、加油加气站用地、教育科研用地等非房地产相关用途的土地信息。

2010年上半年主城区出让的房地产开发用地多位于非核心城区或核心城区的次中心区域，其平均地价为每亩274万元，比2009年下降了20.34%。但由于容积率低于2009年，平均楼面地价反而比2009年上涨了6.3%，达到了1847元/m^2。土地竞争同样激烈，在半年内拍卖的29幅土地中，平均溢价率为30%。

图2-2 重庆市主城区房地产开发用地出让平均楼面地价（2004～2010年上半年）

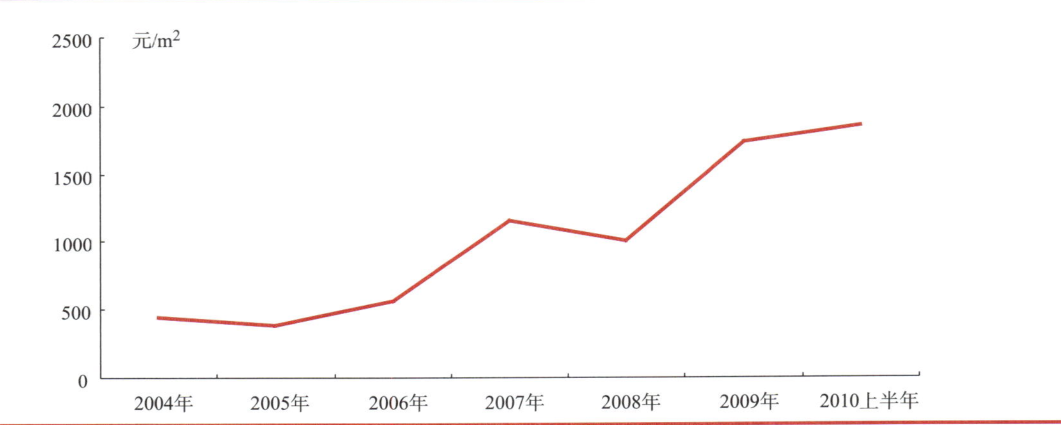

数据来源：重庆市土地交易中心。

2.3 集中度提高　土地储备加紧

地价高涨等原因导致拿地成本越来越高，土地市场的竞争愈发成为资本竞争，大开发商加紧土地储备。2009年至2010上半年成交的房地产相关用地，平均单宗土地的出让金额达到3.73亿元。出让金额超过10亿元的房地产开发用地就有16幅，主城区出让的土地相对集中于少数资金雄厚的大型地产商手中。

据初步统计，2009年仅保利、万科、龙湖、中海、招商、金科和南方东银这7家开发商在重庆主城区竞得的土地总面积就达5600多亩，可建建筑面积达约1150万m^2，占总成交面积的一半左右。7家开发商用于购地的资金达到243亿元，占全年房地产用地出让金的6成。

2.4“两江新区”土地成交火热

2010年6月18日，重庆“两江新区”正式挂牌成立。国务院给予“两江新区”三大政策的叠加，即：西部大开发优惠政策、统筹城乡综合配套改革先行先试政策以及比照“浦东新区”和“滨海新区”的开发开放政策。“两江新区”获批前后，在其范围内的土地成交异常火热，土地竞争激烈。

“两江新区”位于重庆市主城区长江以北、嘉陵江以东，包括江北区、渝北区、北碚区三个行政区部分区域和国家级经济技术开发区、高新技术开发区和两路寸滩内陆保税港区。其中的绝大部分区域位于商品房供应量最大且房价最高的北部区域（江北区、渝北区和北部新区），其土地市场近来被热炒。以江北为例，仅2009年至2010上半年就成交房地产开发用地28幅，区域内的大石坝和江北城组团的土地竞争异常激烈，仅2009年成交总价最高的十宗房地产开发用地有6幅就集中在这两个组团，地王频出。

北部新区和渝北区也属于“两江新区”的规划内，虽然土地的成交量涨幅不大，但土地价格涨幅颇高。2010上半年两区的房地产开发用地成交楼面均价分别上涨了88.4%和27.3%，且北部新区的楼面地价仅次于主城的渝中区。

北碚区是另一个“两江新区”规划内土地市场火爆的区域。2009年全区成交房地产开发用地仅3

幅，但2010年仅上半年就有7幅成交，且其中三幅均集中在“两江新区”规划内的蔡家组团。北碚的平均楼面地价也由2009年的598元/m^2上涨为1092元/m^2，涨幅达到了82.6%。而不属于“两江新区”范畴的主城西部区域（九龙坡、大渡口和沙坪坝区）和南区（南岸区和巴南区）的房地产开发用地市场就相对平静。土地成交量稳定，没有太大的增幅，成交价格反而有小幅下降。

图2-3　重庆市“两江新区”规划范围示意图

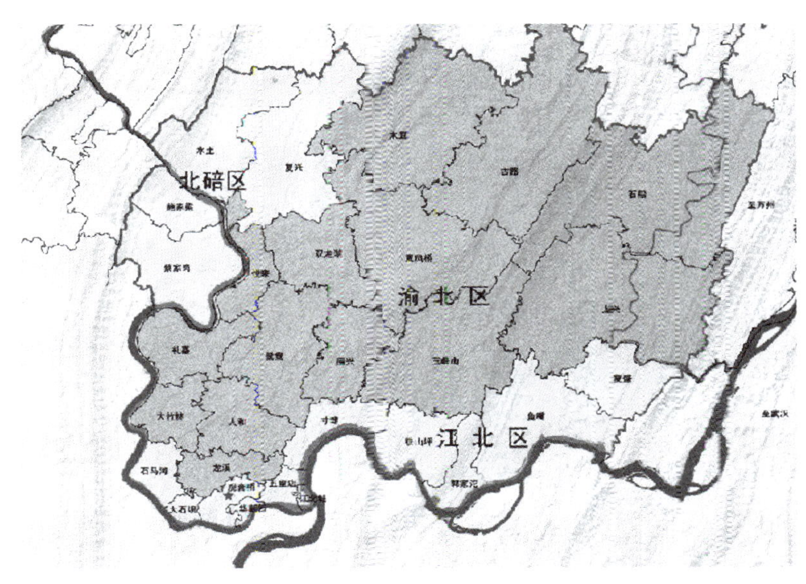

资料来源：重庆中原市场研究部。

图2-4　重庆市主城各区出让土地量价走势（2009～2010年上半年）

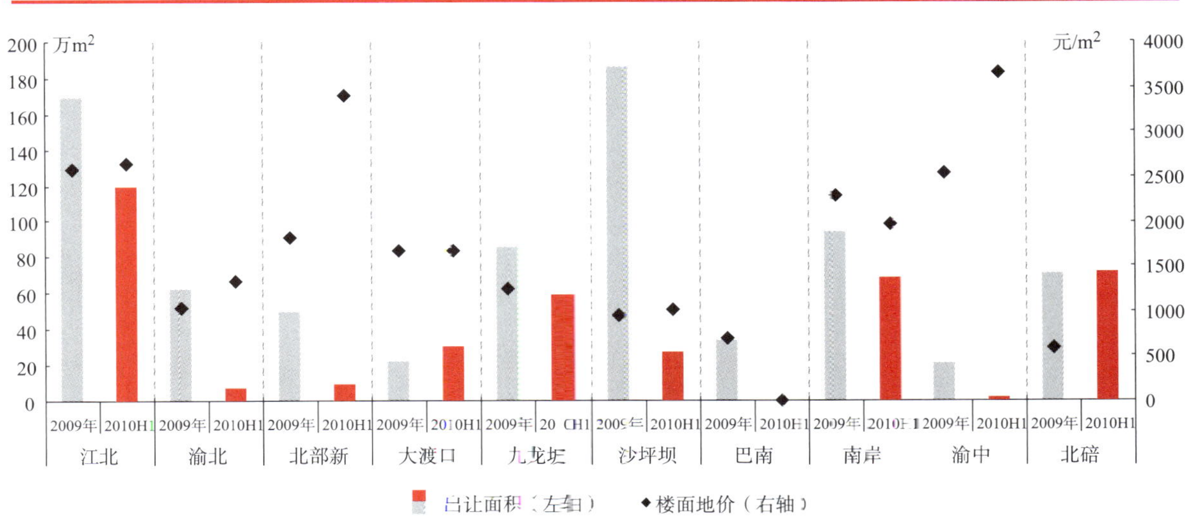

数据来源：重庆市土地交易中心。

第3章　重庆住宅市场供需两旺

3.1　整体供不应求　存量大量消化

重庆主城区楼市回暖在2009年春节之后的2月份就已经开始。由于刚性需求和投资性需求相继释放，商品房成交量和成交价格节节攀升，进而带动供应量加大和土地市场的恢复。整体来看，2009年至2010上半年重庆楼市虽然也经历了波动，但商品房整体供不应求，消化了不少前期存量。

从2004年到2007年重庆主城区商品房的供需相对稳定，供应略大于需求。重庆楼市从2007年开始出现了较大幅度的波动。商品房需求量在2007年首次超过供应量，2008年又出现供大于求的情况。2009年到2010上半年的重庆商品房市场则整体处于需求量大于供应量的态势。2009年至2010上半年主城区取得批准预售的商品房总量约2620万m^2，而其间的销售量达到3400m^2，供需量的差额高达780万m^2，主城区2008年的大量存量房被消化。

图3-1　重庆市主城区历年商品房供求面积（2004～2010年上半年）

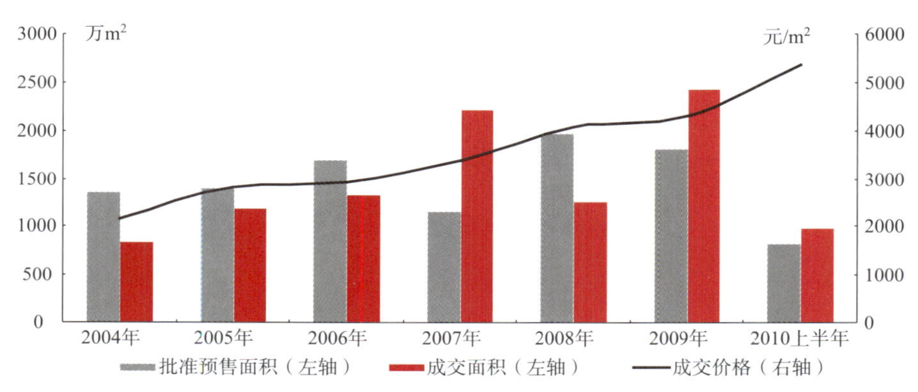

注：商品房包括商品住宅、非住宅商品房。
数据来源：重庆中原市场研究部。

3.2 价格持续上涨　波动幅度较大

重庆商品房年度成交价格一直保持平稳增长，从2004年至2010上半年商品房成交均价的年均增长率约为13.17%。2009年主城区商品房成交价格达到4307元/m^2，仅比2008年上涨6%；2010年上半年主城区的商品房成交价格达到了创历史的5370元/m^2，比2009年上涨了超过1000元/m^2，增幅达到35%。

从走势上看，主城区商品房成交价格在2009年经历了上半年的平稳期和下半年的快速持续上涨期后，2010上半年的房价则是受到政策和市场的影响，在波动中上涨。上半年商品房成交价格最高的4月，成交均价达到6114元/m^2，价格较低的1月和5月，均价不足5000元/m^2。房价的波动幅度较大，但整体而言仍呈现上涨的走势。

图3-2 重庆市主城区月度商品房销售均价（2009～2010年上半年）

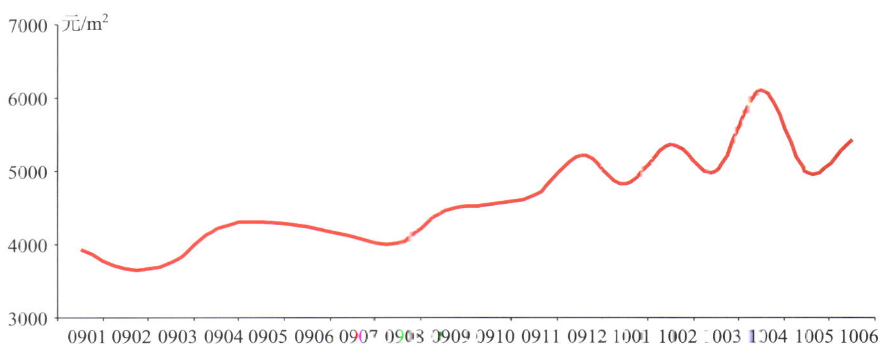

数据来源：重庆网上房地产。

3.3 区域结构稳定 价差继续扩大

重庆主城区近几年来各个大区域商品房的成交量结构一直相对稳定：北部区域（江北区、渝北区、北部新区）仍占主城区总成交量的4成，西部区域（高新区、九龙坡区、大渡口区、沙坪坝区）占总成交量的3成，南部区域（南岸区、巴南区）占总量的2.5成左右。

从几年前开始，主城区各区域商品房的价差有拉大趋势，近期这种差距持续扩大。2010上半年，成交价格最高的北部区域与成交价格最低的西部区域商品房成交均价的价差在1348元/m^2，而2008年两区域的差价仅785元/m^2，其中北部区域的北部新区与西部区域的大渡口区商品房在2010上半年的价差更是超过了2400元/m^2。

重庆市主城各区商品房成交均价（2008～2010年上半年） 表3-1

区域		2008年	2009年	2010上半年
北部区域	江北区	4637	4780	6493
	渝北区	3753	3971	5302
	北部新区	4995	5216	6604
	小计	4467	4380	6116
西部区域	大渡口区	3265	3783	4171
	高新区	4381	4243	6502
	九龙坡区	3317	3771	4400
	沙坪坝区	3710	4178	4874
	小计	3825	3642	4768
南部区域	南岸区	4155	4566	5557
	巴南区	2949	3033	4309
	小计	3682	4100	5245
其他区域	渝中区	4761	4688	6250
	北碚区	3195	3360	5023
	小计	4130	3665	5023
合计		4079	4307	5370

注：价格单位元/m^2，为建筑面积成交均价。
数据来源：重庆市土地交易中心。

3.4 低密度物业供应减少　小户型供应增加

重庆的商品住宅供应一直是以高层为主，而别墅、洋房等低密度住宅的供应量却呈逐年减少的趋势。主城区2008年和2009年别墅、洋房类低密度商品住宅的供应分别约为8800套和7400套，分别占当年商品住宅总供应量的14%和12%。2010上半年别墅和洋房类低密度住宅的供应量仅3200余套，仅占商品住宅总供应量的7%左右，低密度物业供应量下降的趋势明显。

与低密度物业供应量比例减小对应的是高层普通商品住宅供应量的增加，特别是高层住宅中的中小户型供应比例增加明显。2009年主城区供应的中小户型（房型为一房和两房，建筑面积在$90m^2$以内）商品住宅总量约为6.6万套，占到商品住宅总供应量的63%，而2010年上半年中小户型的商品住宅的供应量为3.18万套，占到总供应量的71%，供应比例上升了7个百分点。

第4章　重庆写字楼市场迅速发展

重庆组团式发展的区域特征，形成了以各个区域中心为主的写字楼分布格局。目前，重庆的写字楼主要分布在渝中区解放碑商圈、江北观音桥商圈及北部新区高新园，而其他区域中心，如沙坪坝、南坪、杨家坪商圈则分布较少。另外，位于中央商务区的江北城板块在未来将成为写字楼产品的集中供应区域之一。

图4-1　重庆市主城区写字楼重点分布区域示意图

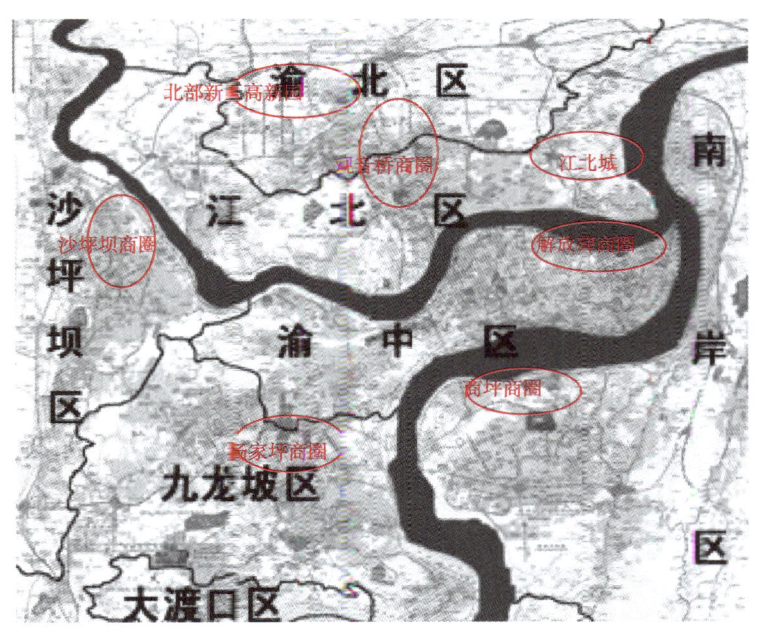

资料来源：重庆中原市场研究部。

4.1 市场供应量放大　销售价格稳步上涨

重庆的写字楼市场在经历了前期的平淡期后，市场新增项目逐渐增多。2009至2010年上半年共有15个写字楼项目投放市场，供应量达79.2万m^2，主要集中分布在北部新区高新园、江北观音桥及渝中解放碑三大板块。同时，2009至2010上半年期间动工修建的写字楼项目也日渐增多。在分布区域上，仍然以渝中区和江北区为主要供应区域。特别是在“两江新区”成立后，北部区域的产业优化和升级对于写字楼的需求会日趋旺盛，未来北部区域的写字楼供应也将呈上升趋势。

重庆市主城区写字楼新增供应项目（2009～2010年上半年）　　表4-1

所属商圈	项目名称	建筑面积（万 m^2）	类　别
江北区域商圈	协信中心	6.0	甲级
	富力·海洋国际	2.8	甲级
	两江星界	4.4	准甲级
	龙湖国际	4.6	甲级
	土星商务中心	3.3	准甲级
	财富中心	3.5	甲级
	重庆汉国中心	5.8	甲级
解放碑商圈	创汇首座	2.2	甲级
	新华国际	6.4	甲级
	联合国际	9.9	甲级
南岸商圈	长江国际	5.0	甲级
	万达国际	12.0	准甲级
	国际金融中心	5.0	甲级
杨家坪商圈	渝高·城市日记	3.4	准甲级
	渝高·智博中心	4.9	准甲级

资料来源：重庆中原市场研究部

在重庆写字楼市场供应增大的同时，写字楼的销售价格也稳步上涨。2009至2010年上半年期间，写字楼销售的平均价格从2009年初的9000元/m^2上涨到目前的15000元/m^2，涨幅达66%，远远高于住宅产品的价格上涨幅度。其中，北部区域和渝中区解放碑区域的写字楼价格涨幅略高于其他区域。

4.2 渝中江北租金领涨　城市综合体引领市场

在写字楼市场供需两旺，以及住宅禁商政策影响逐渐显现的形势下，重庆写字楼的租金水平也得到进一步的提高。渝中区作为重庆传统的核心区域，商务配套各方面均已成熟，区域内的写字楼租金水平也遥遥领先，2010年区域内写字楼平均租金水平达到75元/（m^2·月），环比上涨50%。而近几年商业氛围及商务配套迅速成熟的北部区域的写字楼供需也呈现两旺局面，区域内的写字楼租金水平也涨势明显，2010年平均租金水平达到60元/（m^2·月），环比上涨50%，与渝中区共同领涨写字楼租赁市场。

重庆特有的地理条件形成了几大区域商圈，商圈的成熟商业配套和商务氛围形成了现有的写字楼市场的主要分布格局。随着城市的扩张，新的商务中心的出现，写字楼分布的格局也会产生一定的变化。从目前发展现状来看，包含在城市综合体中的写字楼产品，逐渐成为写字楼市场的主要形态，如已经呈现的“万达广场”、“协信中心”、“喜来登国际中心”，以及动工修建将会陆续投入市场的“瑞安嘉陵帆影”、“保利国际广场”等。作为拥有完善配套的城市综合体项目，其写字楼产品也将成为未来写字楼市场的主导力量。

第5章 重庆商业市场升温

重庆主城区组团式发展的特征，形成了解放碑商圈、观音桥商圈、沙坪坝商圈、杨家坪商圈、南坪商圈五大商业中心分布的格局。

图5-1 重庆市主城区五大重点商圈分布图

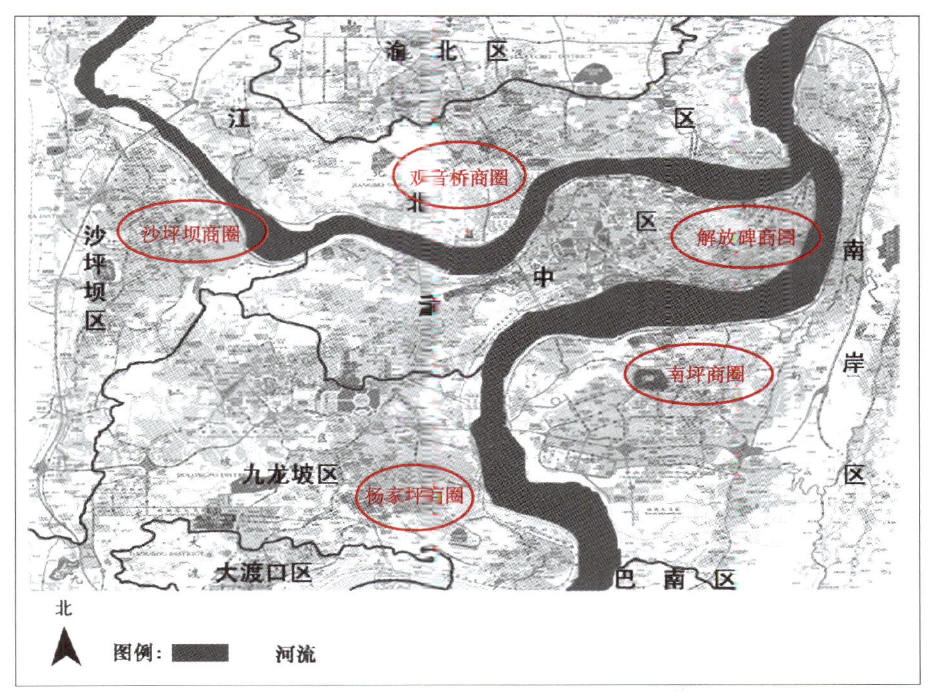

资料来源：重庆中原市场研究部。

5.1 五大商圈平行发展 租售价格涨势明显

重庆特有的区域组团式发展的特征决定了重庆的商业布局，形成了五大商业中心。由于各区域经济及城市建设发展的不同，各商业中心的规模也不尽相同，形成以解放碑、观音桥为主、沙坪坝、杨家坪和南坪为辅的格局。随着近一年的发展，特别是杨家坪、南坪商业中心的商业规模扩容和经营业态的升级，五大商业中心之间的差距也越来越小。而从目前各商业中心的未来发展来看，在未来几年中，五大商圈的规模将得到进一步扩容，形成"五朵金花"竞相绽放的态势。

且随着重庆经济的稳步发展以及各大商业中心商业配套的成熟，商业地产的售价及租金水平均保持持续上涨。2010年五大商业中心的商铺平均价格水平达到了25000元/m^2，同比上涨超过50%。售价大幅上涨主要是由于观音桥及南坪两大商圈在2009至2010年集中推出中心区商业项目，大大提升了整体的销售均价。

在商业地产租金方面，解放碑商圈作为重庆传统的商业中心，租金水平仍然高于其他商圈，但其租金的上涨幅度已趋于缓慢。观音桥商圈经过近几年的迅速发展，商圈规模进一步扩容，影响力进一步逼近解放碑商圈，租金水平也涨势明显，仅次于解放碑商圈。而其他商圈则由于最新扩容、商业氛围仍处于培育期、整体商圈并未有较大改造及升级等原因，租金水平保持稳定增长趋势。

5.2 社区商业为供应主流　商业地产投资升温

虽然各区域商业中心的供应量放量明显，但社区商业仍然是商业地产的供应主流。从2010年1至7月的商品房、商品住宅以及商业用房的竣工量数据来看，按照住宅项目商业配套面积4%的平均比例推算，社区商业竣工面积占整体商业竣工面积（包含社区商业、专业市场、商场等）的比例达到了39%，成为商业地产供应的主力类型。

在国家针对房地产市场，特别是住宅市场的宏观调控下，住宅的投资热度得到抑制。由于国内投资渠道相对单一，地产投资仍然是投资者重点关注的领域。从首付、利率、回报率等方面看，商业地产的投资优势明显优于住宅产品。另外，商业地产投资更具有稳定性高、持续性强、受政策影响小、前景广阔的特征。特别是重庆城市价值的提升，使得重庆商业地产的未来发展空间和升值潜力更加巨大，投资者对于商业地产的关注度也更高，商业投资热度出现了升温趋势。

第6章　成都市场主线：政策再成分水岭 楼市又遇两重天

四川中原市场研究中心

前期一系列的救市措施在2009年收到成效，2009年的楼市用“一飞冲天”来形容丝毫不为过。楼市的繁荣也成为拉动GDP的重要动力——2009年成都市实现地区生产总值4502.6亿元，增长14.7%；地方财政一般预算收入387.5亿元，同口径增长22.3%；固定资产投资4025.9亿元，增长 34%。然而房地产行业的一家独大也凸显了经济发展中存在的结构性问题。

2010年伊始，楼市经过短暂的调整后再度发力，在成交量的支撑下，成交价格一路上扬，房价过高、上涨过快，加大了居民通过市场解决住房问题的难度，也增加了金融风险，不利于经济社会协调发展。终于，随着号称“史上最严厉的调控政策”的出台，市场形势急转直下。在新政的影响下，成都市场的阳春行情戛然而止。成都整体市场来看，从融资渠道到土地拍卖、从一手市场到二手市场、从开发商到消费者无一例外地都受到了政策的影响。政府将行业暴露出的种种问题上升到了“民生”的高度，至此政府此次调控的决心和力度已无需争论。

预计短期内政策不会放松。市场活跃度明显降低，已经进入筑底的过程，市场价格逐步开始松动。预计2010年第四季度，甚至2011年，整体市场将在低位运行较长一段时间，若调整到位，政策面或将出现松绑，成交量或将出现起色。

6.1 市场环境：信贷收紧　融资不畅

经历2009年的火爆行情后，市场在2010年迎来转折，伴随着号称“史上最严厉的调控政策”的出台，成都市场与全国主要一、二线城市走势相似——逐渐转冷，观望情绪弥漫。随着销售压力的逐渐增大，开发商的资金链面临越来越严峻的考验。

2009年楼市火爆，让开发商在调控之初喊出了“不差钱”的豪言壮语；再者，低利率和宽松的货币政策，也能让开发商通过超低的自有资金比例来获取巨大的“杠杆效应”；最后，地方融资、借壳上市或者海外发债等融资渠道多点开花，这一年开发商的钱来的相对容易。但自新政以来，地方融资平台被清理；证监会对地产公司的融资政策已经日益收紧，房企想通过借壳、增发等方式上市融资的路基本被切断；银行贷款方面，放贷速度变慢，有的银行甚至已经暂停了对房企的放贷，非优质房企获得贷款已越来越难。因此，销售成为开发商回款的为数不多的获取现金的方法。就目前成都市场来看，虽然“降价潮”并未出现，但在政策基本面预期难以改观的情况下，随着时间的推移，房企将会面临越来越大的资金压力，加速项目回款的意愿将会越发强烈。

6.2 土地市场：土地遇冷　再现流拍

2009年下半年是土地市场迎来全面爆发的半年，成都市主城区土地成交面积达到了创纪录的293.8万m^2。进入2010年后土地市场依旧火热，在新政前成都主城区成交各类用地30幅合计1124.76万m^2，但新政后仅成交10幅，面积43.87万m^2，并且出现过住宅类用地流拍的情况。一方面可以理解为政府在调控的大背景下刻意减缓了推地的频率；另一方面出现了土地流拍的情况，说明开发商对于土地的态度日趋谨慎。

图6-1　成都市土地市场成交情况（2008年1月～2010年6月）

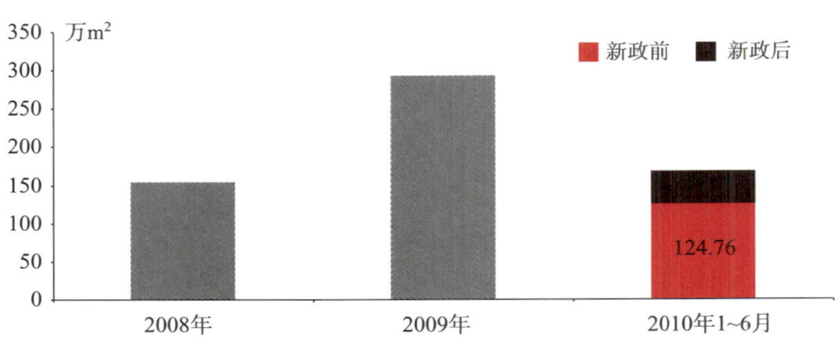

数据来源：四川中原数据库。

6.3 一手市场：供需低迷　价格高位震荡

政策变化的同时，开发商的心态也发生了转变。由于新政的出台，后市预期变得模糊，在缺乏量能支撑的情况下，部分开发商改变了推盘节奏，希望以时间来换取利润空间，因此2010年上半年市场整体推量较小。由于部分项目将开盘计划推迟至下半年，因此预计下半年市场供应量将会增加。

图6-2　成都市主城区一手住宅周供应情况（2010年1～8月）

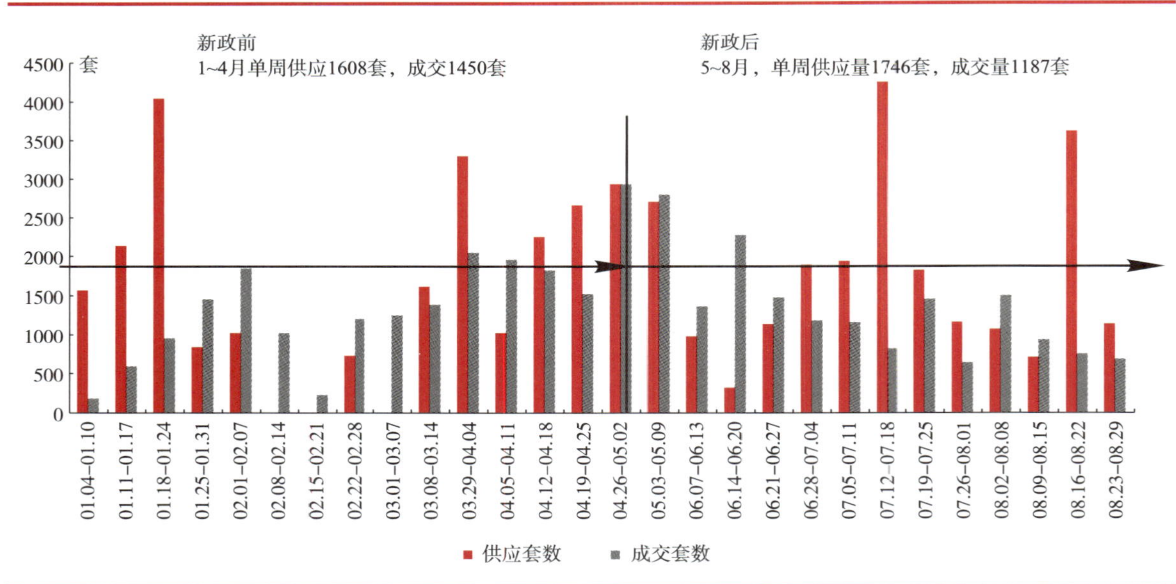

数据来源：四川中原数据库。

同样，消费者的心态也有所变化。政策频出导致了消费者看空楼市的情绪高涨，最为直接的表现就是市场成交量锐减，新政前后成交的反差明显。但随着时间进入8月，成交量又开始缓慢回升，从目前成都市场来看，确实已经有一部分刚性需求进入市场，毕竟刚需始终存在；再加上政策作用力的边际效益递减，一些消费者开始被舆论或者专业人士诱导进入市场。

从2009年至今市场价格的大趋势是向上。特别是2009年在成交量的“保驾护航”之下，成交价格几乎没有停顿的呈现出一路上扬的态势。2009年2月的最低点5336元/m²到12月的高点6488元/m²，2009年累计涨幅达到了21.6%。2010年以来市场价格继续保持了上升势头，截至7月整体涨幅达到了13.7%，但新政之后开发商面临的销售压力增大，自6月开始陆续出现了幅度较大的折扣、让利项目，因此市场价格涨幅逐步趋缓。

图6-3　成都市一手住宅价格变化趋势（2009年1月～2010年7月）

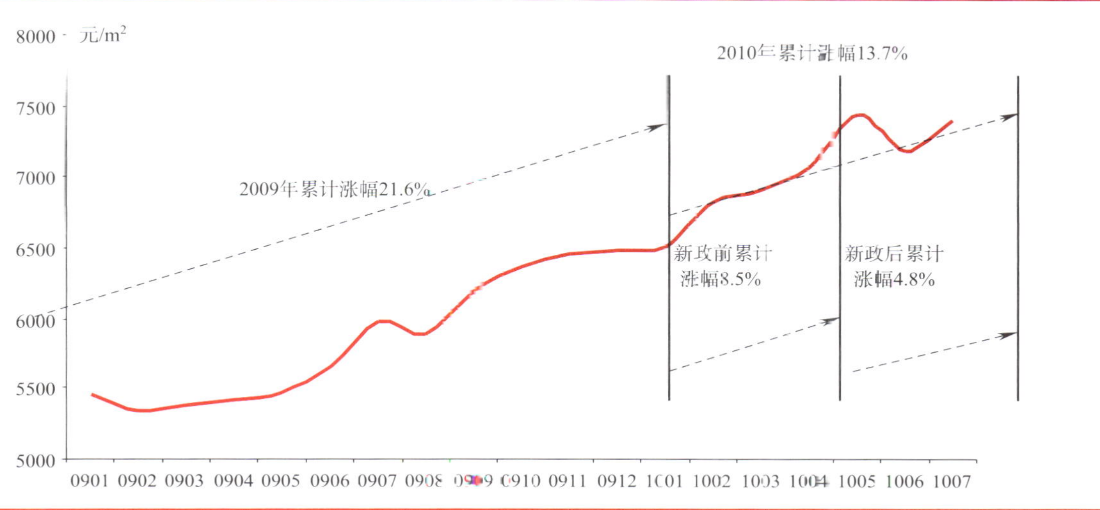

数据来源：四川中原数据库。

6.4　二手市场：价格坚挺　成交量低位徘徊

图6-4　CLI成都市二手住宅价格指数变化趋势（2004年5月～2010年3月）

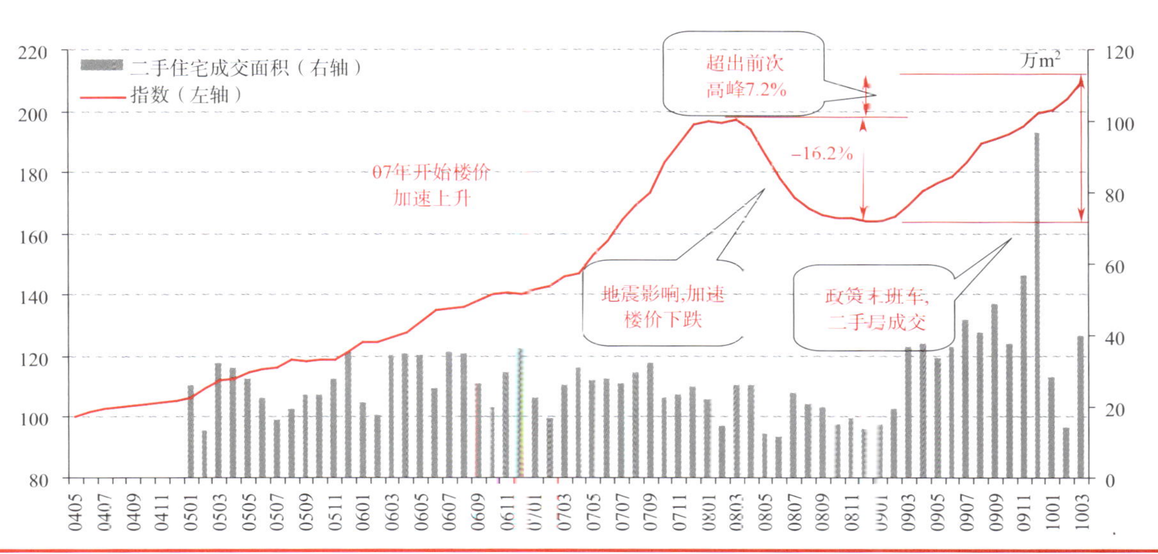

数据来源：中原领先指数系统。

截至2010年7月CLI成都二手住宅价格指数为222.4，环比上涨1.3%。经过了几个月的缓冲，政策影响全面展现。一方面成交量出现大幅下滑，即便房交会开幕对市场的刺激作用也不明显，成交量一直在低位徘徊；另一方面市场价格却依然比较坚挺。从目前的情况来看，二手房市场虽然涨幅也逐步放缓，议价空间有所加大，但尚未出现大范围降价抛售现象。同时由于新房价格未出现明显松动，所以二手房价近期大跌的可能性也较小。

6.5 商业写字楼市场：趋于火爆，价格飙升

商办市场历来都是政府宏观调控的“真空”地带，受宏观政策的影响较小，而是与实体经济息息相关。随着宏观经济的强劲复苏，商办市场在2009年下半年迎来转机，开始出现回暖的迹象，2009年底达到销售的高峰，市场存量消化殆尽。进入2010年，由于后续供应不足导致成交量有所下降，但是市场依旧火热。在“4.17”新政的持续作用下，住宅投资需求被抑制，而商办市场备受关注，投资热情高涨，市场逐渐趋于火爆。在旺盛需求的推动下，物业价格迅速飙升，涨幅明显。商办市场步入快速发展期，但是由于未来供应量较大，市场依旧面临着较大的压力。

图6-5 成都市商办市场销售情况（2009年1月～2010年6月）

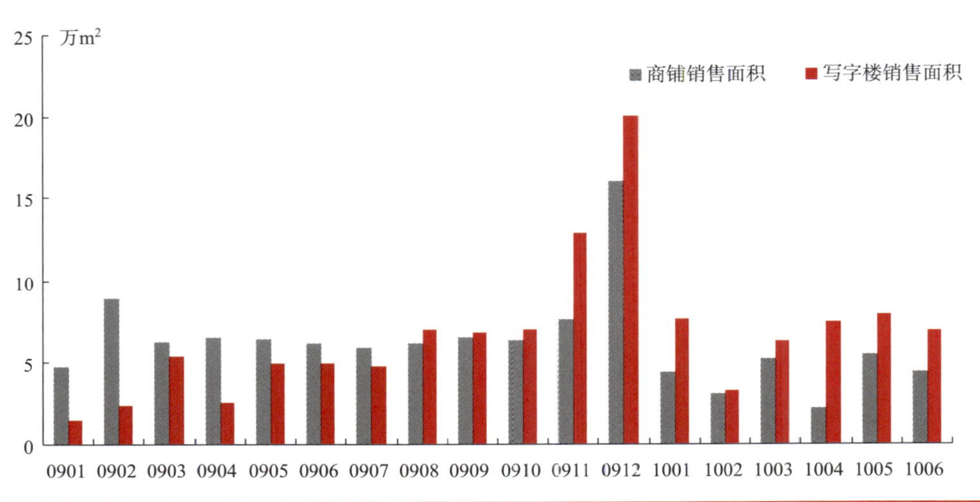

数据来源：四川中原数据库。

6.6 标杆房企：央企领衔 轮流坐庄

2009年下半年各大房企掀起了一轮拿地热潮，其中以保利、中海为代表的央企成为这一轮行情中的中坚力量。2010年，大型房企的市场活跃度明显降低，首先是因为2009年各大开发商都获得了相对充裕的土地储备，2010年拿地的热情降低。其次，政策的调控使得开发商在土地问题上趋于谨慎。但即便市场遇冷，拿地的主角仍然是央企，所不同的是换成了中铁、中铁建等相对“低调”的央企。

图6-6　标杆房企在成都市拿地情况（2009年6月～2010年6月）

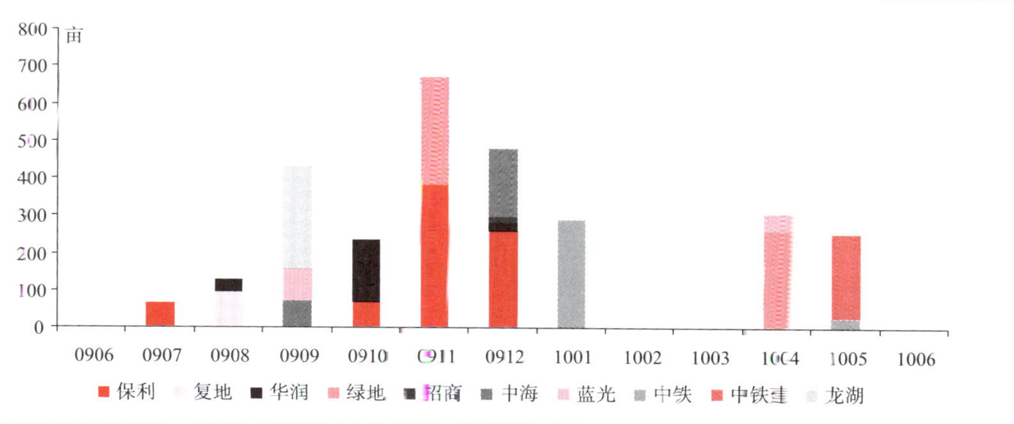

数据来源：四川中原数据库。

保利、华润、中海、蓝光和万科五大房企2010年1至7月供应量为11285套，占成都市主城区供应量的23.3%。其中华润置地和保利地产的供应量最大，占比分别为7.33%和5.77%。华润依靠几个大项目的持续供应，近两年供应量一直名列前茅。保利则是依靠6月和7月的大体量集中供应站上了榜眼位置；成交方面，五大标杆房企1至7月成交量总和为7741套，占成都市主城区成交量的19.4%。其中本地龙头企业蓝光地产占比最高达到了4.41%，与其他几大标杆房企不同的是，蓝光走快销策略，且定位多为普通住宅项目，能够吸引更多购买力相对较弱的人群，因此成交量一直名列前茅。保利地产紧随其后占比为4.30%，虽然其二季度末才开始发力，但八盘联动大有后来居上的意思，若保持这样的销售势头，全年销量第一名将无疑会被保利收入囊中。

标杆房企在成都市主城区供求情况（2010年1～7月）　　表6-1

月份	保利		华润		中海		蓝光		万科	
	供应套数	成交套数	供应套数	成交套数	供应套数	成交套数	供应套数	成交套数	供应套数	成交套数
1	0	0	621	139	0	72	461	282	579	129
2	0	0	0	183	352	139	332	168	0	139
3	428	177	133	300	352	532	0	769	311	217
4	652	479	567	370	622	468	0	51	321	222
5	652	539	854	92	0	43	0	87	610	236
6	536	192	54	144	0	31	498	130	192	123
7	526	308	1320	188	64	224	0	250	248	318
总量	2794	1695	3549	1416	1390	1509	1291	1737	2261	1384
占比	5.77%	4.30%	7.33%	3.59%	2.87%	3.83%	2.67%	4.41%	4.67%	3.51%

注：单位为套。
数据来源：四川中原数据库。

第7章　新政发威　成都土地市场进入观望期

7.1 土地市场概况

7.1.1 2009年先冷后热 2010年冷热不均

2009年成都主城区（包括高新区）共公开拍卖、挂牌出让住宅类及商业类国有建设用地67幅，总出让面积299万m^2（约4480亩），成交294万m^2（约4407亩）。其中，成交住宅类用地 37幅，17万m^2（约2556亩），同比大幅上升194%；商业类用地成交29幅，123万m^2（约1851亩），同比下滑9%。

2010年1～8月成都市主城区供应住宅及商业类国有建设用地40幅，共约2562亩，其中位于成华区的两宗住宅类建设用地流拍，共成交各类建设用地38幅，166万m^2（约2490亩）。2010年一季度成都主城区的土地市场基本延续了2009年的火爆场面，成交面积和成交价格都维持在了一个较高的水平。但随着四月"新国十条"的出台，成都房市的价滞量跌，土地市场也趋于冷静，土地储备中心放缓了出让土地数量和速度，土地供需双方进入观望期。

图7-1　成都市主城区住宅及商业用地供需走势（2005～2010年8月）

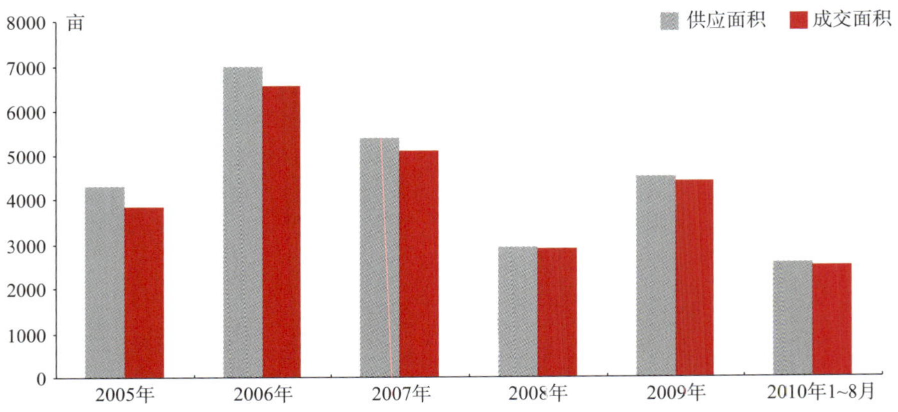

数据来源：四川中原数据库。

7.1.2 大起大落　土地价格随行就市

2009年4月前，成都市主城区土地市场沿袭了2008年下半年以来的低迷态势，但从4月底开始，随着楼市"小阳春"的到来，土地市场也开始回暖。虽然2009年第一幅地仍然为底价成交，但自此开始，已经逐渐摆脱了此前住宅用地供需低迷的颓势，偶尔也有溢价率超过100%的地块成交。到了9月，土地供需更是呈现出井喷的趋势，价格也一路飙升，高新南区、攀成钢、顺江路片区等多幅热门地块均顺利成交，成交价格及溢价率节节攀升。

2010年1～5月，即新政前基本上延续了2009年下半年以来的火热态势，但自新政后，土地市场明显降温。7月及8月无住宅用地供应成交，6月成交住宅用地一幅，开发商热情不再，除溢价率降低外，也出现了两幅土地流拍，土地市场温度骤降。

7.2 未来供应集中　需求旺盛

7.2.1 2010年上半年供应萎缩　下半年有望放量

2009年成都市主城区土地供应、成交量分别为299万m^2（约4480亩）和294万m^2（约4407亩）。其中，住宅用地供应170万m^2（约2556亩）。全部成功出让，无一流拍。2010年1月至8月，住宅用地和商业用地分别成交72万m^2（1082亩）和94万m^2（1408亩），总成交量已达166万m^2（2490亩）。

成都市2010年住房用地供应计划为1507万m^2（22598亩），以上半年的土地供应量来看，相距甚远。这与“4.17”房产新政后土地市场急剧降温，同时政府施行“建设用地持证准入制度”后，供应停滞2个多月有直接关系。如按照原本供应计划，2010年下半年土地市场供需将呈现显著增长趋势。但目前住宅市场走向尚不明朗，“持证准入”制度的出台也给下半年的土地市场增加了更多不确定性。商品住宅市场成交情况将对全年土地供应成交量产生重要影响。

7.2.2 热点区域持续供应　热点地块蓄势待发

随着成都市城市化进程加快，形成了数个知名开发商云集的住宅供应热点板块，近两年的土地供应主要集中在此。这些区域基本处于二环至绕城高速之间，东、南方位为主，如高新南区大源组团、武侯区顺江板块外双楠片区、锦江区沙河堡攀成钢片区、成华区沙板桥片区、青羊区外金沙片区，商业用地供应主要集中在高新南区大源商务商业核心区及东大街。

2010年6月23日，成都市国土局推出4幅预公告地块，全部是区位条件良好的优质地块，其中，位于攀成钢的两幅土地最为引人注目。攀成钢地块绝佳的地段，较大的体量具有成为“地王”的条件，以预公告的形式公布意在试探市场。而2个多月暂停住宅用地供应，吊足了开发商胃口，适时推出优质地块，也较容易被市场接受。相关部门此番一气推出四宗“金地”的做法，无疑是在为下半年的土地交易预热。毕竟，波澜不惊的土地拍卖市场给政府财政压力极大，也需要出几张“好牌”扭转局势。

第8章 成都楼市遇冷 一手住宅市场乐极生悲

8.1 一波三折 市场跌宕起伏

纵观2009年至2010年度的成都楼市，可谓一波三折，跌宕起伏。经过2008年的长期低迷后，在政策利好、价格回落及刚性需求释放等综合因素的影响下，2009年楼市开始全面复苏，成交量在年末达到历史最高水平。2010上半年受新政影响，市场由盛转衰，供应成交持续下挫，下半年经过市场调整，8月开始反弹，后期将处于一个相对稳定的状态。

8.1.1 供应平稳 2010年出现波动

2009年，成都市主城区共计供应商品住宅833.48万m^2。除了1月及2月受到传统节假日的影响供应量较低外，其他时间供应走势比较平稳，月均供应7279套，供应面积为69.46万m^2。

2010年1～8月，成都楼市新增供应商品住宅面积487.36万m^2，同比微降4.6%。

2010年初，受2009年“牛市”影响，1月供应量仍保持高位，直到2月传统淡季供应量降至最低点。对于当时楼市，市场供需双方均充满信心，3、4月成都市场供应量迅速提升，呈“V”形走势；4月中旬，房产新政出台，供应一路下滑，局势不容乐观，买卖双方均进入观望僵持阶段；7月开发商受不住资金及心理压力，供应放量，8月供应再次回落；根据以往经验，秋交会前供应量还将有所增长，之后会表现出缩量供应的情况，整体来说2010年供应波动比较明显。

图8-1 成都市主城区一手住宅月度供求面积（2009年1月～2010年8月）

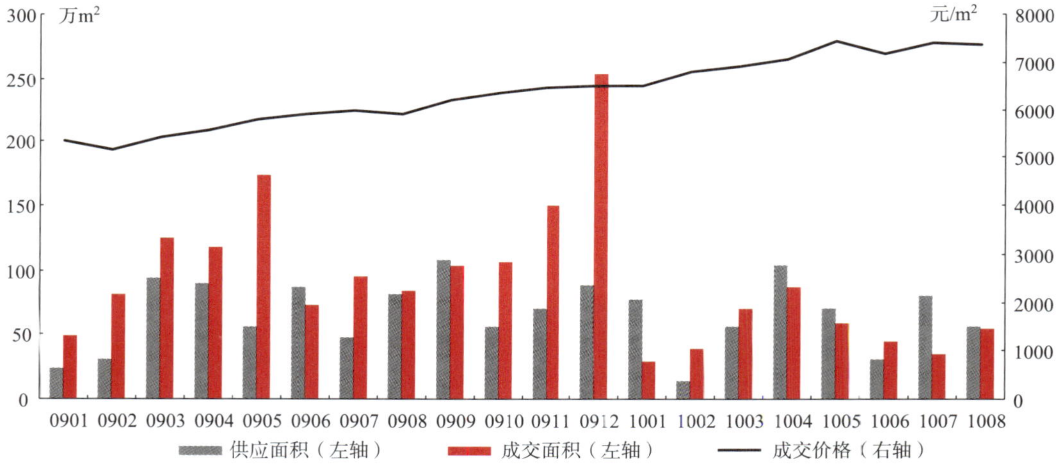

数据来源：四川中原数据库。

8.1.2 成交震荡 经历冰火两重天

2009年成都商品房成交量起伏较大。经过2008年的长期低迷后，进入2009年在政策利好、价格回落及刚性需求释放等综合因素的影响下，市场迅速复苏，全线飘红。2009年末，为赶政策末班车购房者哄抢房源，使12月成交量达到顶点。2009年成都一手住宅成交量137920套，合计面积1253.64万m^2，超越了2007年的高点。2009年成为了楼市里程碑式的一年。

进入2010年，迎来春节传统淡季，成交量陡然降至低谷。但由于2009年的“牛市”，供需双方均对后世看好，春节之后，房价迅速上升。4月中旬，就在市场前景一片光明之时房产新政出台，供需双方均陷入观望，成都一手住宅成交量犹如过山车般回落，成交量走势呈“正三角”形态。8月，在经过近4个月僵持后，随着供应放量，以及项目打折促销的力度不断加大，消费者观望情绪开始弱化，成交量有明显回升。在投资性需求受严格抑制的情况下，预计后期继续上升的可能性不大，成交量将保持稳定。

8.1.3 价格快速增长　后期平稳过渡

纵观成都历年一手住宅成交价格，2003年至2006年间，价格上升速度相对稳定。2008年，楼市渐火，在全国一线城市房价快速上涨的环境下，成都一手住宅成交价也开始飙升，达到5620元/m²，同比涨幅高达29.1%。进入2008年，宏观调控加强、金融危机爆发，再加上“5.12大地震”等一系列不利因素，消费者观望情绪浓厚，购房者寥寥。各地房价均出现回落，成都一手住宅成交价也一路走低。2008年，成都一手住宅成交均价约5580元/m²，同比下降0.63%。2009年，政府救市，房地产市场全面复苏。在成交放量的情况下，价格也水涨船高，达到5991元/m²，同比涨幅为7.3%。2010年初，受2009年“牛市”影响，房价继续攀升。4月房产新政出台，政府打压房价过快增长态度坚决，市场观望甚浓，但价格依然坚挺。后半年迫于资金压力，开发商从最初的硬扛转为加大优惠，市场成交均价终在6月出现松动。后期价格微弱回调，预计全年市场成交价格将会在7000元左右，同比涨幅在15%～17%之间，再次超过历史最高水平。

图8-2　成都市主城区一手住宅成交价格走势（2003～2010年）

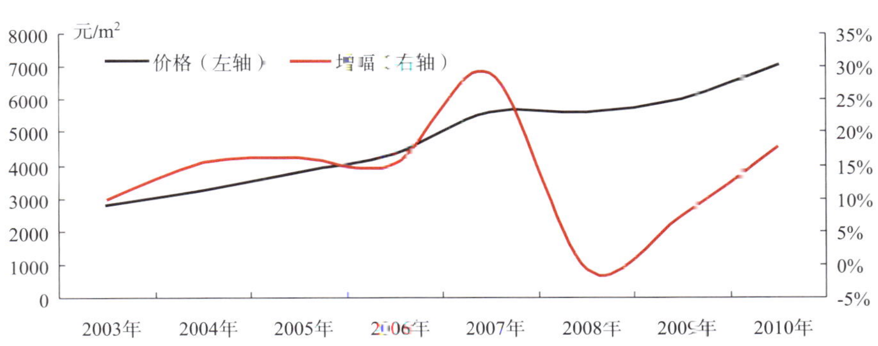

注：2010年数据为预测。
数据来源：四川中原数据库。

从月度来看，整个2009年到2010年5月，一手住宅成交价格均呈稳定上升趋势。2010年5月市场成交均价达到最高点，为7450元/m²。6月开始，随着新政效果显现，市场观望情绪浓厚，开发商迫于资金压力降价，价格出现震荡，截至8月成交价格为7383元/m²。预计后期成交价格上行艰难，将保持稳定，并在7300元/m²左右徘徊。

8.2 各区先扬后抑　走势不尽相同

8.2.1 城中供求齐跌　价格大幅上涨

城中区域由于自身条件受限，土地十分稀缺，存量不足，导致该区域的供应长期处于紧缩的状态，供需比基本处于1.0以下。2009年全年供应43.39万m²，2010年由于传统淡季与新政的双重影响，1

至8月仅供应14.50万m^2，同比2009年同期下降55.49%，预计2010年的供应总量很难超过去年。成交方面，2009年市场形势大好，5月更是达到峰值，单月成交面积达14.05万m^2，全年成交面积79.37万m^2，成交套数10943套。与2009年市场的红火形成鲜明对比，2010年由于受新政影响，加之年初的传统淡季，致使城中区域成交量暴跌，截至8月底，城中区域成交面积仅18.88万m^2，成交套数2269套，同比分别减少59.35%和62.46%，预计全年成交量4000套左右，成交面积25万m^2左右。2009年城中区域全年均价为7630元/m^2，最低价出现在1月，为6791元/m^2，之后一直持续上升，到2010年8月飙升到11800元/m^2，累计涨幅达到73.76%。预计全年城中区域均价将在10500元/m^2上下。

图8-3 成都市城中区域住宅供求月度走势（2009年1月～2010年8月）

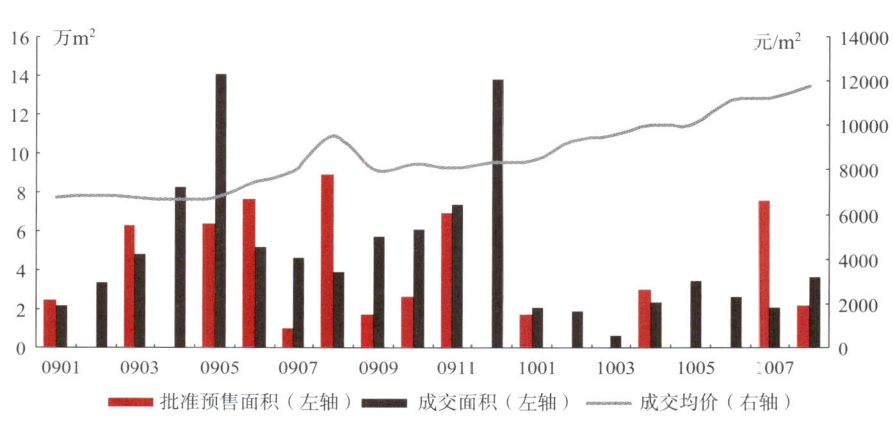

数据来源：四川中原数据库。

8.2.2 城东供应大幅波动 成交量跌价涨

2009年，因建设路板块各项目进入尾盘销售期，使得城东区域市场供应较2008年大幅萎缩，呈现供不应求的态势，供需比一直僵持在1.0以下。全年供应面积210.57万m^2，供应套数23047套。2010年，万年——保和板块和三圣乡板块进入活跃期，带动城东区域市场供应量开始增长，截至8月底，该区域供应面积158.23万m^2，供应套数17289套，同比2009年同期分别增长26.91%和22.46%。

成交方面，2009年城东区域全年成交套数32303套，成交面积高达340.53万m^2，最高单月成交量出现在5月，成交53.95万m^2。2010年1～8月，成交面积滑落至115.62万m^2，成交套数缩减到13472套，同比分别下降45.76%和46.74%。城东区域价格除2009年8月有所小跌外，其余各月均平稳上升。2009年全年均价为5586元/m^2。进入2010年，城东区域价格持续攀升，7月达到峰值6766元/m^2，8月由于促销力度加大，价格有所下跌。预计2010年均价将在6700元/m^2左右。

图8-4 成都市城东区域住宅供求月度走势（2009年1月～2010年8月）

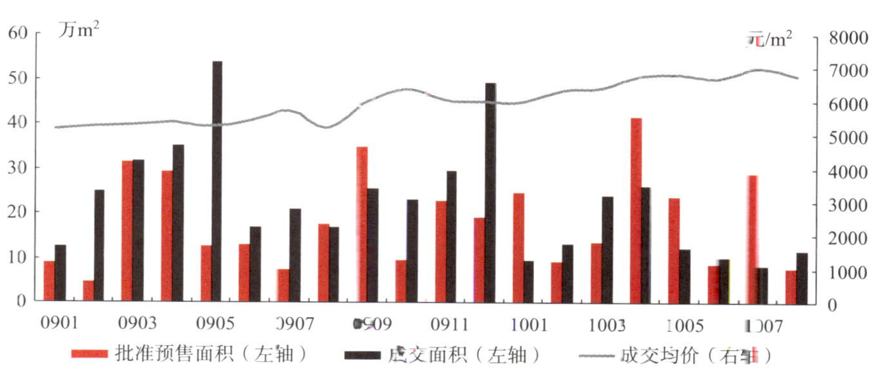

数据来源：四川中原数据库。

8.2.3 城南供求起伏 价格持续上涨

2009年，城南区域供应量前三季度相对平稳，四季度波动较大，受房交会影响，前期集中放量，致使10月供应端骤然紧缩，出现零供应的情况。之后，随着房源被迅速消化，供应慢慢回升。全年供应面积159.78万m²，供应套数15134套。2010年，城南区域供应波动较大，第一季度由于是传统淡季，供应量偏低，二季度开始，供应量大幅回升。由于该区域属于热点区域，项目较多，因而该区域的供应受新政影响较小，截至8月底，供应面积137.12万m²，同比增长37.68%；供应套数13466套，同比增长44.62%。

成交方面，2009年城南区域前三季度比较平均，第四季度开始发力，年底达到峰值。全年成交面积232.57万m²，成交套数27285套。2010年，经过一季度冬眠的成交量刚开始回升就因新政的发布而急速下滑。7月，成交量跌至谷底，月成交量仅946套，之后开始慢慢回升。截至8月底，成交面积114.26万m²，成交套数11252套，同比分别减少3.36%和15.97%。随着秋季房交会的召开，成交量将继续攀升，但要达到2009年的总量，几乎不太可能。预计2010年成交套数在17000套左右。2009年至2010年，城南区域价格大幅上涨，2009年1月价格为5450元/m²，12月价格飙升到7411元/m²，进入2010年，价格持续上扬，8月底，价格攀升至8221元/m²。预计2010年均价将在7800元/m²上下浮动。

图8-5 成都市城南区域住宅供求月度走势（2009年1月～2010年8月）

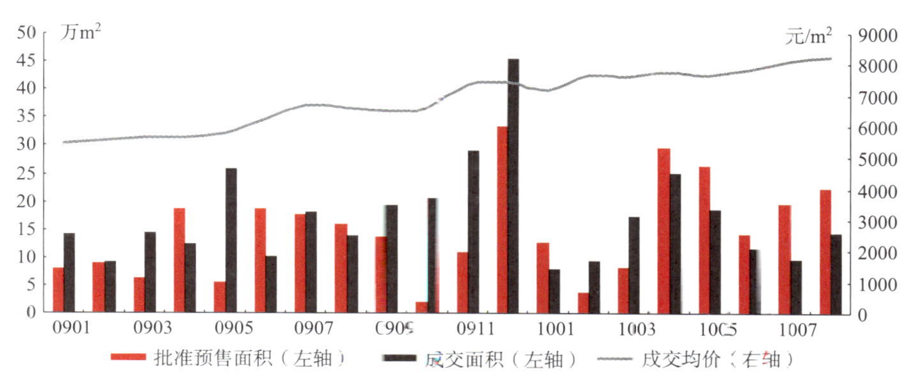

数据来源：四川中原数据库。

8.2.4 城西供应稳定　成交大幅下滑

2009年上半年，城西区域项目数量偏少，且在售项目几乎处于尾盘销售阶段，故供应量缩水，商品住宅供不应求。进入下半年，随着新项目的开盘，供应开始回升，在秋交会达到顶峰。2009年城西区域供应面积265.01万m²，供应套数27569套。2010年，随着新盘的陆续亮相，供应一直处于比较稳定的状态。截至8月，供应面积138.54万m²，供应套数14356套，同比分别增加1.13%和3.50%。

2009年，市场异常火爆，成交量一直在高位徘徊，全年成交面积361.70万m²，成交套数27569套。2010年由于刚渡过传统淡季，就迎来新政发布，成交量大幅下滑。截至8月底，成交面积105.13万m²，成交套数11109套，同比分别下滑55.39%和57.58%，预计2010年成交总量仅能达到2009年的一半。城西区域价格一直稳步上升，2009年市场成交均价为5625元/m²，2010年1至8月，成交均价6561元/m²，相较去年增长了16.64%。目前，新政影响渐弱，刚需观望情绪下降，虽8月价格微微下降，但出现大幅下滑的可能性很小，预计全年城西区域均价将在6600元/m²左右。

图8-6　成都市城西区域住宅供求月度走势（2009年1月～2010年8月）

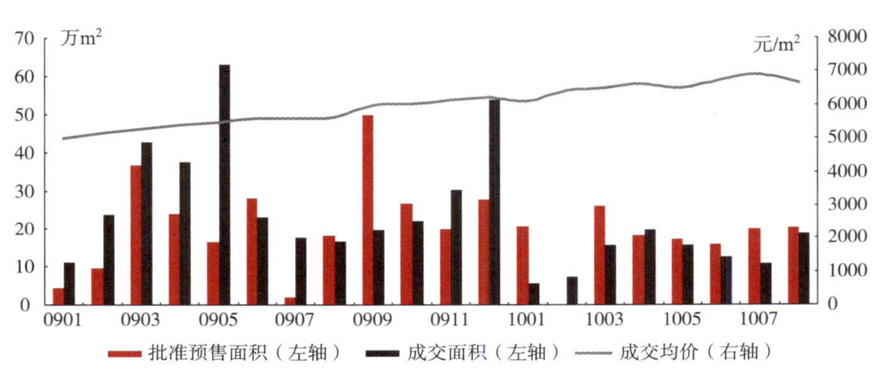

数据来源：四川中原数据库。

8.2.5 城北供求大幅下挫　价格震荡上扬

由于城北区域的环境和交通便利程度相较其他三个方位差一些，吸引的开发商相对较少，供应一直在低位徘徊。2009年，城北区域供应面积154.23万m²，供应套数16402套。2010年1至8月，由于城北区域仅几个新盘亮相，因而供应更加缩量，供应面积仅38.97万m²，同比大幅下挫65.80%，供应套数4133套，同比下降65.15%。

成交方面，2009年借市场大好的东风，加之刚需的大量释放，全年成交面积达239.46万m²，成交套数29689套。进入2010年，由于受新政影响，成交量低位徘徊，1～8月，成交面积仅62.59万m²，成交套数7149套，同比分别下降62.31%和63.40%。预计全年成交量将在10000套左右。2009年～2010年，城北区域成交价格震荡上扬，2009年市场成交均价5312元/m²，2010年1至8月，成交均价6034元/m²，相较2009年涨幅较大，预计全年均价将在6100元/m²左右浮动。

图8-7　成都市城北区域住宅供求月度走势（2009年1月～2010年8月）

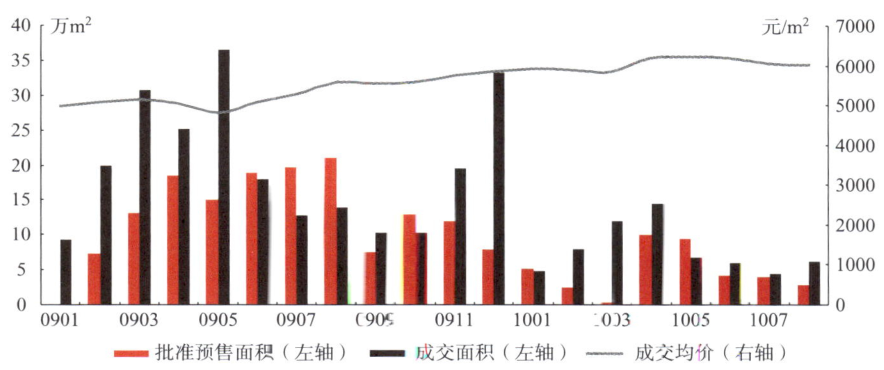

数据来源：四川中原数据库。

第9章 急转直下 成都二手市场冰火两重天

9.1 从高位运行到低位震荡

2009年至2010年的房地产市场，可谓经历了冰火两重天。多方政策的重拳出击，让成都房地产市场从2009年的红火到了2010年便戛然而止。而二手住宅市场也未能幸免，单周成交一度跌入谷底，新政之后，成都二手市场一直处于低位运行。

9.1.1 2009年二手市场势头强劲

2009年二手住宅市场成交套数和成交面积分别为58228套和503.37万m^2，超过了2007年和2008年二手住宅成交的总和。

与一手住宅成交走势相仿，在2008年触底后，进入2009年，二手市场的成交迎来了反弹再创新高的一年，势头更甚一手市场；尤其在下半年，成都二手市场全面爆发。

图9-1 成都市主城区二手住宅市场月度成交走势（2009年1月～2010年8月）

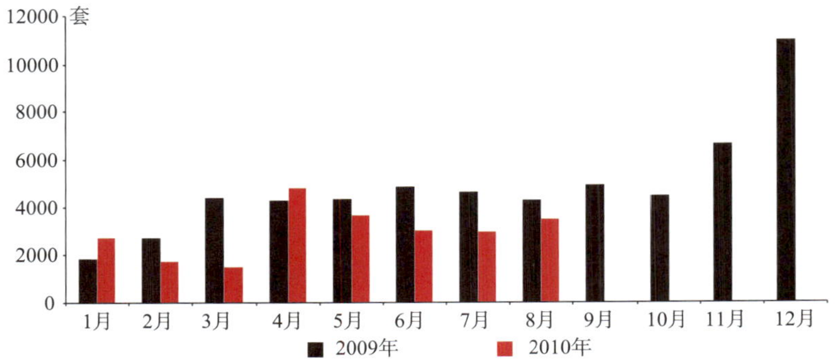

数据来源：四川中原数据库。

9.1.2 2010年二手市场低位运行

进入2010年，受新政影响，持币观望者增多，市场表现清淡，成都二手市场处于低位震荡。1～3月，受春节传统淡季影响，二手成交向下滑落；4月，二手成交上扬，并超过2009年同期水平，市场疑有再度进入"小阳春"的趋势；5～7月，受新政影响，二手市场掉头进入下行通道。在新政3个月之后，市场观望渐渐打破，进入8月，二手成交小幅上扬。截至8月，成都二手住宅成交套数为23829套，成交面积为246.12万m^2。

2010年的二手市场以买卖双方的博弈为主基调，从政策出台初期的放盘量激增到后来渐趋平缓，可以看出二手业主心理出现了较为明显的变化，即从恐慌的抛售转变为持有观望。从价格来看，投资客转战其他商品市场，大量资金被抽离楼市，投资需求被压缩，促进二手房业主与客户回归理性买卖，对于平抑房价将会起到一定的作用。进入8月，一手市场新盘频频推出，开发商通过各种优惠吸引刚需入市，虽然在一定程度上会带走部分二手买家，但有望再次激活市场，继而带动二手市场。随着传统"金九银十"的到来，刚需的陆续入市，再加上一手市场的带动，预计未来几月，成都二手住宅成交将出现稳步上升的趋势，但由于市场观望并未完全打破，未来几月的成交量将无望超过2009年同期水平。

9.1.3 二手成交比重上升

2009年至2010年，一直被称为"楼市风向标"的成都二手市场，成交比重虽经历过小波动，但稳步上升的整体趋势不容置疑。目前，成都二手住宅成交比重为37%左右，预计随着市区内一手新盘的数量逐渐减少，且一手价格高企，数量众多，配套成熟且价格相对实惠的二手住宅将成为购房者的主要选择，预计未来较长一段时间成都二手成交比重将继续上升。

图9-2 成都市主城区二手成交占比走势（2009～2010年8月）

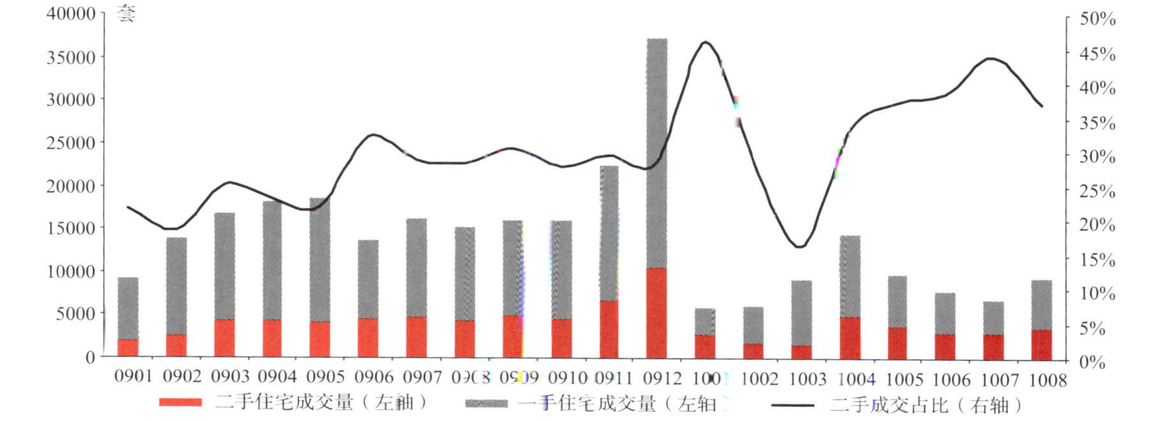

数据来源：四川中原数据库。

9.2 武侯、金牛、青羊“三足鼎立”

从行政区来看，2009年的二手成交市场依然是三足鼎立的局面，武侯，金牛，青羊三区域的成交量占到了总量的64%左右。武侯区以14122套，135.39万m^2的成交量领跑成都二手房市场。金牛区也不甘示弱，其全年成交12682套，成交面积为102.24万m^2。而锦江区与高新区都是以一手商品住宅开发为主，二手市场的交投量相对较少。

图9-3 成都市各行政区二手住宅成交套数对比（2009～2010年8月）

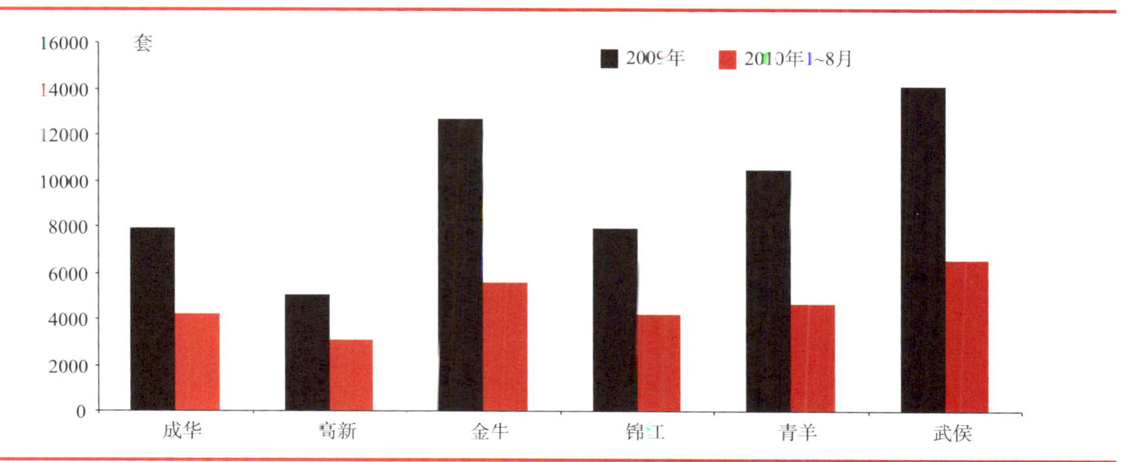

数据来源：四川中原数据库。

2010年，成都二手市场仍以武侯、金牛、青羊三区域成交占比最大，但各区域成交乏力。截至8月，武侯区成交量为6557套，仍然位居各区域之冠。暂时位居后两位的是成华区和高新区，截至8月，其成交量分别为4189套和3070套。其中，高新区作为成都新的发展区域，目前主要以一手住宅为主，其二手市场盘源相对较少，所以其二手市场相对落后也不足为奇。武侯、金牛、青羊三区域由于发展相对成熟，配套相对完善，再加上地理优势，预计未来几月，武侯区、金牛区、青羊区三足鼎立的局势仍将持续。

第10章　回暖加快　成都写字楼市场快速发展

10.1 经济复苏　带动市场反弹

10.1.1 经济强势增长　写字楼市场回暖

2009年以来，实体经济的强劲复苏带动写字楼市场的回暖。2004年以来，成都整体经济状况保持高速发展，在全国处于领先水平。宏观经济的持续趋好以及第三产业的快速发展为写字楼发展提供了坚实的经济基础。2009年下半年开始，一度低迷的写字楼市场开始出现转机，写字楼投资与租赁需求逐渐旺盛，市场交易开始活跃，这一情形一直延续到2010年。

10.1.2 信心提升　投资开发加速

2009年，在经济强势增长的带动下，房地产开发企业的信心逐渐恢复。2009年11月烂尾十年的“深圳大厦”以1.24亿成功拍出，传递出市场回暖的信号。2009年写字楼的新开工面积及竣工面积同比分别增长70.0%及163.85%，施工面积达到261.97万m^2，多个写字楼项目正处于如火如荼的建设之中。

图10-1　成都市写字楼开发建设情况（2004～2009年）

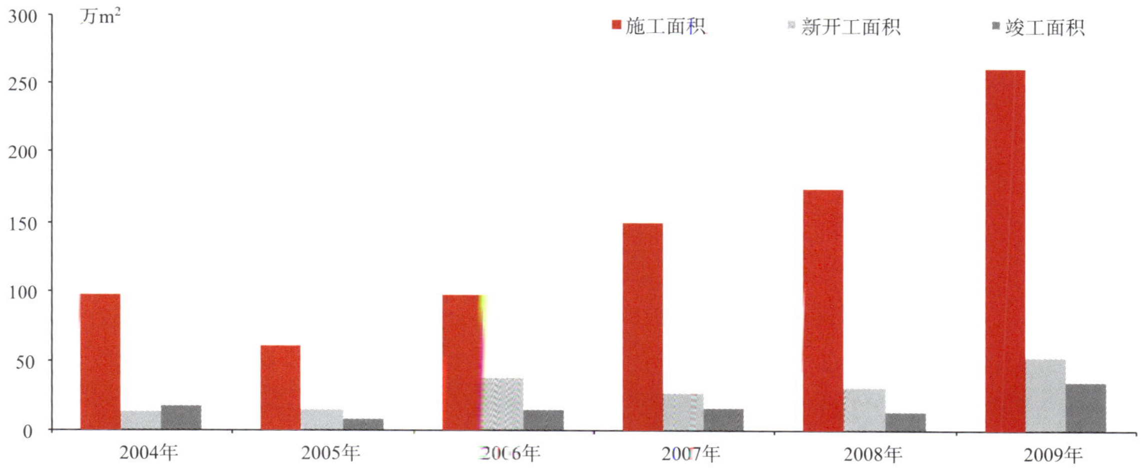

数据来源：成都市统计局。

10.2 供需两旺　销售市场重回高点

10.2.1 供应持续放量　成交量上升

2007年以来，写字楼供应持续放量，新增供应面积屡创新高。2009年，写字楼新增供应105.29万m^2，同比上升36.6%；2010年上半年写字楼新增供应55.01万m^2，同比上升13.6%。预计2010年仍将超过2009年供应水平。2007年以来，大量商业用地逐渐开发并投放市场导致供应持续放量，预计这一情形在未来一段时间内还将延续。

图 10-2　成都市写字楼供应成交情况（2009 年 1 月～2010 年 6 月）

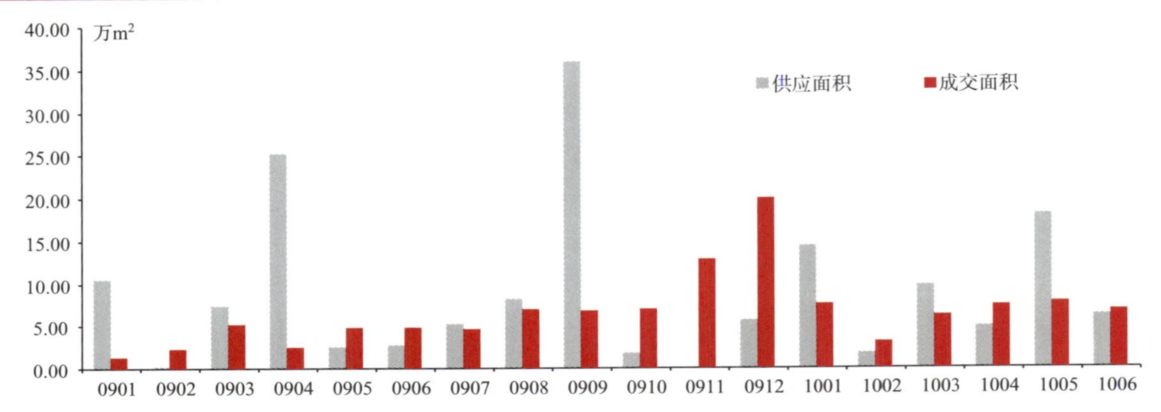

数据来源：四川中原数据库。

图 10-3　成都市写字楼供应类型（2009～2010 年上半年）

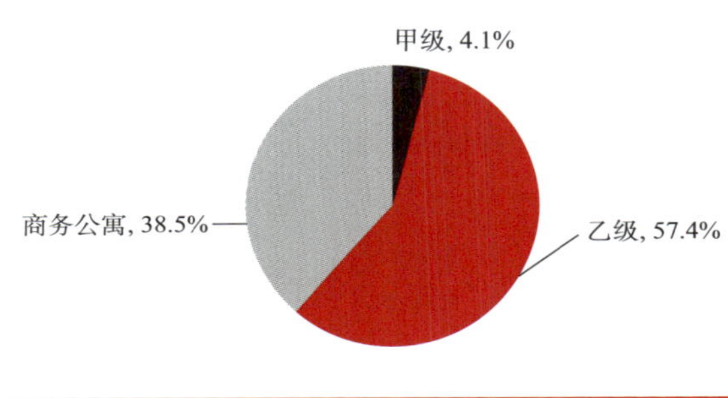

数据来源：四川中原数据库。

在市场回暖的情形下，写字楼成交量明显上升。2009 年成交 79.54 万 m²，同比上涨 103.6%；2010 年成交 39.06 万 m²，同比上涨 82.9%。其中，2009 年 12 月份的单月成交量达到 20.01 万 m²，创造出单月历史最高销售纪录。整体情况来看，写字楼市场走出了原来的低迷状态，投资及自用需求均有较大回升。市场上开始出现大型企业购买整栋写字楼作为办公地点的案例，例如四川大唐国际购买“金沙万瑞中心”A 座，香港玖源集团购买“天合凯旋广场”1 号楼作为企业总部办公地点。

10.2.2 甲级写字楼推迟入市　商务公寓盛行

2009 年至 2010 年上半年甲级写字楼延迟入市的情况较为普遍。由于甲级写字楼潜在供应量较大，开发商采取谨慎推盘的策略，造成供应量偏低。在此期间，仅有“新希望大厦”一个甲级写字楼项目进入销售市场，体量约 6.74 万 m²，市场上可供出售的甲级写字楼极为有限。

与此同时，商务公寓供应量较大，并有愈演愈烈的趋势。2009 年至 2010 年上半年新增商务公寓 61.73 万 m²，约占整体供应量的 38.5%，占据了较大的比例。由于商务公寓具有面积小、总价低、不受“新政”二套房限制、不受外地投资限制、适合投资等多种优势，市场反应较为积极。由于可以作为住宅使用，商务公寓的大量出现将有效缓解未来写字楼市场的压力。

10.2.3 市场需求旺盛　价格迅速飙升

销售市场持续升温的情形下，写字楼销售价格一路上涨。甲、乙级写字楼分别由 2009 年的 12122 元/m² 和 7184 元/m² 上涨至 2010 年上半年的 14784 元/m² 和 8622 元/m²，涨幅分别达到 21.96% 和 20.02%。新政以后，甲、乙级写字楼价格均呈现迅速飙升的情形。新推出的项目在软硬件配置、精装修、

图 10-4　成都市写字楼价格走势（2009 年 1 月～2010 年 6 月）

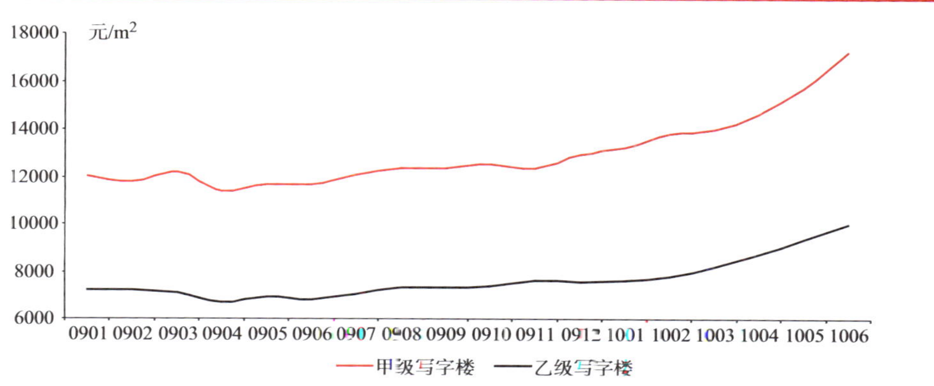

数据来源：四川中原数据库。

产品附加值等方面有了较大提升，受开发成本的影响，定价较高，价格呈现出快速上涨的情形。此外，受到住宅价格上涨、写字楼二手房价格带动以及“新政”等多种因素的交织影响，写字楼价格持续攀升。

10.3 需求释放　租赁市场回暖

10.3.1 租金上涨　空置率持续下降

租赁市场在2008年底经历短暂的调整后呈持续上升的趋势。市场整体租金水平也随着市场行情的走高而逐步提升。2009年成都优质写字楼平均租金90.45元/（m²·月），2010年上半年上涨至95.77元/（m²·月），上涨5.88%。随着经济的回暖，本土企业办公规模的扩大及外地企业涌入成都，租赁需求释放带来租赁市场的活跃。

图 10-5　成都市写字楼租金及空置率走势（2008～2010 年 6 月）

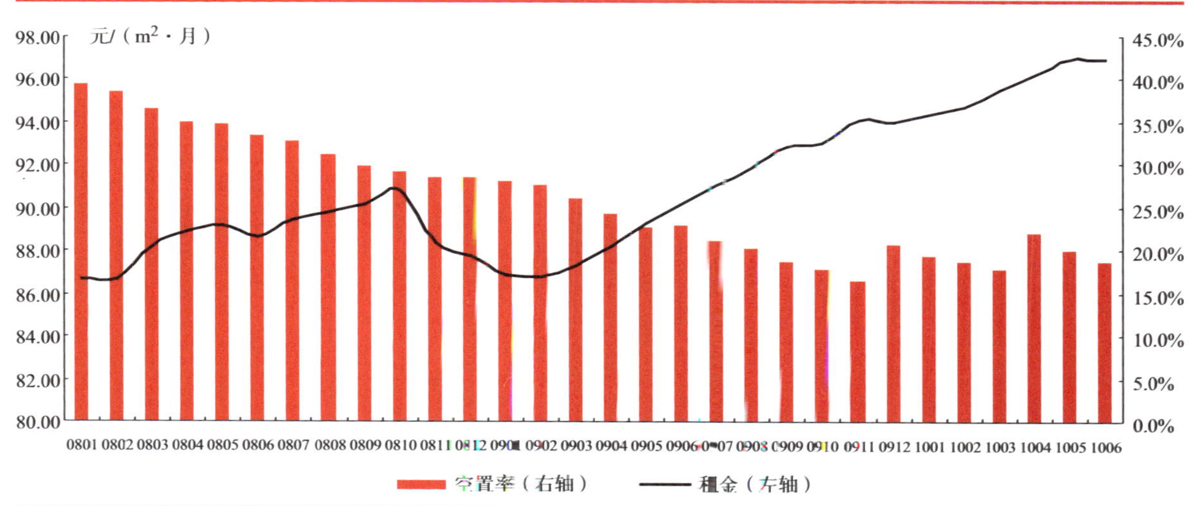

注：图中数据为甲级和准甲级写字楼。
数据来源：四川中原数据库。

在租赁需求的推动下，写字楼空置率持续下降。2010年上半年成都优质写字楼的平均空置率为19.2%，环比下降了2.5%。由于成都优质写字楼起步较晚，市场总体存量不大，新增写字楼项目的入市会造成空置率在短期内出现陡然增高的情况。但是随着市场发展成熟，写字楼的空置率将逐渐回复到正常水平。

10.3.2 市场分化　主要商务板块形成

图10-6　成都市各商务板块市场存量

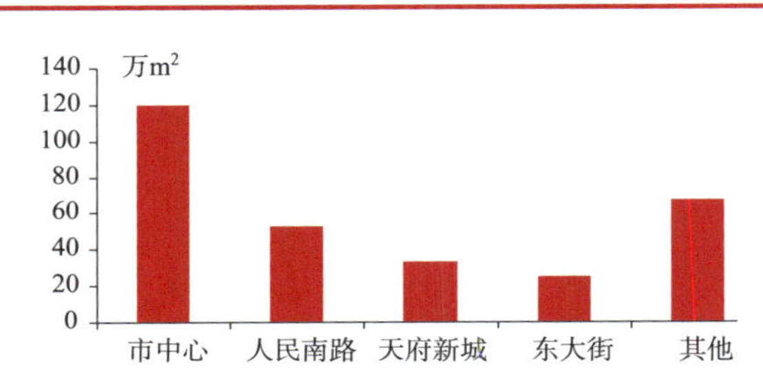

数据来源：四川中原数据库。

经过近几年的发展，成都写字楼板块逐渐分化形成。除了传统的市中心CBD，新兴的商务板块如人民南路、天府新城、东大街已经逐渐成型。目前四大板块投入使用的写字楼面积约为231.14万m^2，已经初具规模。其中市中心CBD写字楼最为集中，规模最大，市场总存量约119.96万m^2。新兴的商务板块虽然存量不大，但是由于可开发利用土地较多，成长性好，有可能后来居上。例如天府新城聚集了大量的写字楼项目，将成为未来写字楼供应的主要区域。

10.4 供应量大　未来市场压力依旧较大

10.4.1 投资需求上升　价格上涨趋缓

未来宏观政策走向将逐步将楼市的投资需求引向商业地产领域，以保证住宅的居住需求得到满足。在投资渠道有限，通货膨胀加剧的市场情况下，投资写字楼租金稳定、回报率较高，成为投资的首选对象。在经历了2009年至2010年上半年以来价格的快速上涨，写字楼的价格处于较高水平，趋于平稳，预计未来上涨的幅度将趋缓。

10.4.2 供应量大　租金上行压力大

成都写字楼市场进入快速发展期，不可避免面临潜在供应量较大的情况。根据统计，预计未来写字楼供应量约在200～300万m^2之间，几乎为现有市场存量的一倍。2010年下半年开始，写字楼市场将迎来交付使用的高峰，多个项目相继交付使用，短期内可能会出现一定的“过剩”情况，市场竞争趋于激烈。

由于写字楼租赁需求增长相对较为缓慢，这些项目的集中入市将对租赁市场形成较大的下行压力，在市场竞争较大的情况下甚至有可能出现租金下降的趋势，同时写字楼空置率将面临大幅攀升的局面。

第11章　炙手可热　成都商业市场持续火爆

由于商业市场发展日趋成熟，大型商业项目倾向于只租不售，成都市场上可供出售的商铺极为有限。2009年多个商业项目热销后导致市场存量基本被消化完，在需求持续旺盛的情况下，商铺的后续供应不足造成市场供不应求情形突出，市场十分火爆。2010年针对住宅市场的“4.17”新政出台，促使原本就火爆的商铺市场变得更加炙手可热。

11.1 供不应求　销售市场持续升温

11.1.1 供应紧缩　一铺难求

从2005年开始，成都销售市场上新增供应的商铺呈逐年下降趋势。2009年主城区供应面积为58.15万m^2，同比下降21.13%；2010年上半年仅为23.34万m^2，同比下降8.65%。由于2009年以前的市场存量消化殆尽而后续供应不足，一铺难求的局面在较大范围内存在。

尽管商业项目的开发体量十分巨大，大型商业项目星罗棋布，但大多数商业项目都规划为大型集中商业广场，基本采取只租不售的经营策略。因此，销售市场新增供应逐年下降，进入销售市场的商铺十分有限。

图11-1　成都市商铺新增供应（2004～2010年上半年）

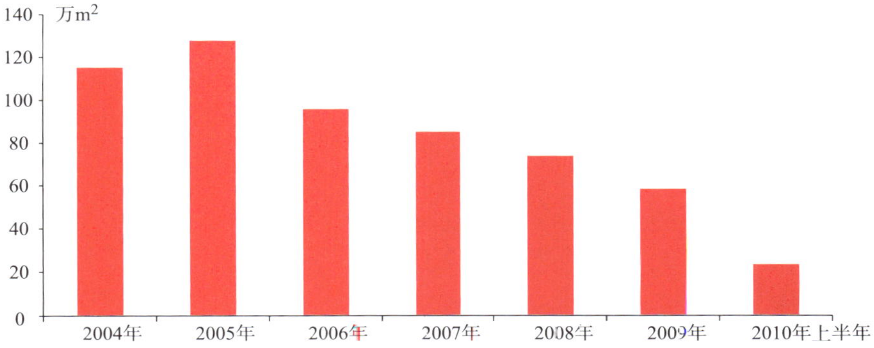

数据来源：四川中原数据库。

11.1.2 类型趋同　社区商铺主导

在新增的商铺供应中，社区商铺占据主导地位。2009年，社区商铺供应44.82万m^2，约占总体供应量的77.1%。2010年上半年社区商铺供应量为17.70万m^2，仍然占到整体供应量的75.8%。社区商铺成为商铺市场供应的主要形态。社区商铺作为住宅的必要的配套，为社区提供综合性便民消费，几乎所有的住宅项目都会规划一定数量的社区商铺作为项目的配套。由于规模较小并且分散，开发商多选择出售商铺的方式来获取回笼资金，因此社区商铺通常会直接进入销售市场。

预计未来销售市场上的商铺还是以社区商铺为主。部分商业广场虽然取得预售许可，但拆零销售的较少，大多采取整售或开发商自己持有的策略。专业市场逐步外迁到绕城以外的郊县，因此主城区内的专业市场未来也将趋于减少。而其他类型的商铺供应也较为有限，社区商铺将继续成为销售市场的主打产品。

图11-2　成都市商铺供应类型（2009年1月～2010年6月）

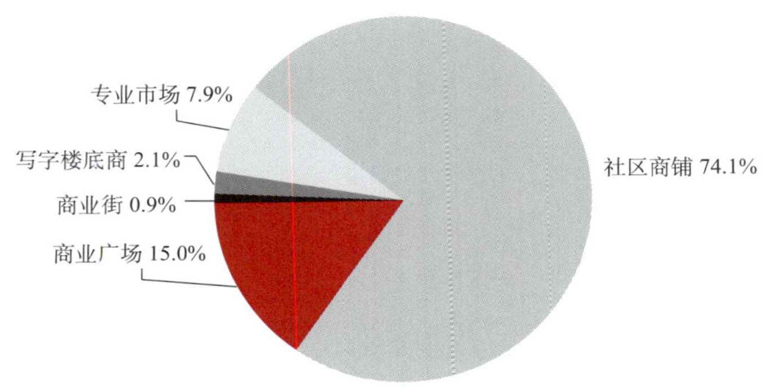

数据来源：四川中原数据库。

11.1.3 需求旺盛　价格迅速飙升

2009年，商铺市场成交87.20万m^2，达到历史高峰，市场存量消化殆尽。2010年，成交23.34万m^2，与供应基本持平。由于后续供应不足导致了可售房源的减少，成交量出现较大幅度下降，但市场对商铺的投资及自用需求依旧十分旺盛。

在市场销售较为火爆的情况下，商铺的销售价格迅速飙升。2009年商铺的平均销售价格为10894元/m^2，2010年上半年商业用房平均销售价格为12224元/m^2，上涨12.2%。商铺的销售价格受到成交结构等多种因素的影响而波动较大。根据调查，成都社区型商铺首层价格多集中在2万～3万元/m^2，而商业广场多位于紧邻市区的优质地段，销售价格相对较高，主要售价集中在2万～6万元/m^2之间，均呈现出较快的上涨势头。

图11-3　成都市商铺供应成交情况（2009年1月～2010年6月）

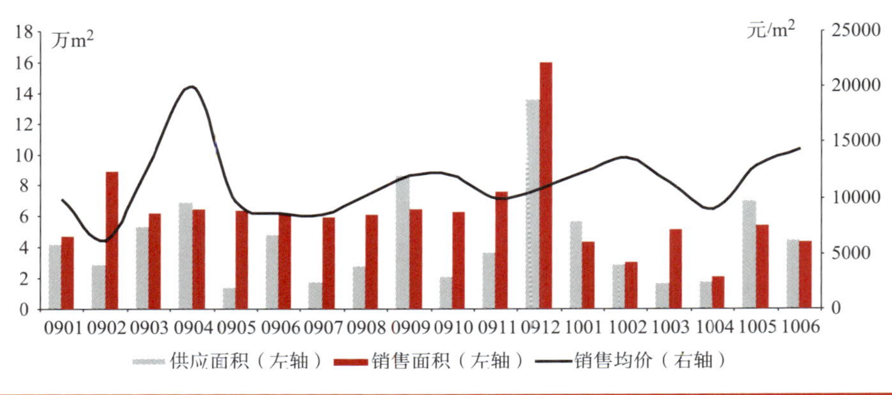

数据来源：四川中原数据库。

11.1.4 供应外移　小面积商铺受欢迎

从新增供应项目的地理位置来看，商业项目呈现出由市中心逐步外移的趋势。2009年至2010年上半年，二环以外的商业项目约占81.8%的比重。由于中心城区土地稀缺，房地产开发的战场不断由中心城区向次中心区转移。而新增供应商铺又以社区商铺为主，呈现出与住宅分布一致的趋势，在住宅项目快速发展的同时，商业项目也获得长足的发展。

商铺的单价通常较高，小面积商铺具有总价和投资门槛相对较低的优势，受到投资者的热捧，销售情况较好。根据统计，2009年至2010年上半年，写字楼的平均成交面积基本上在80～120m²范围内波动。根据市场调查，对于投资型商铺，面积在20～40m²，总价在100万左右的商铺最受欢迎，通常销售速度最快。

11.2 租金提升　租赁市场卖方市场形成

11.2.1 商铺紧缺　租金上涨

由于近年来新增投入使用的商铺有限，而服务业的快速发展对商铺的需求急剧上升。在市场缺口较大，商铺紧缺的情况下，租金大幅上涨。尤其从2009年下半年开始，商铺租金及转让费报价均出现较大幅度的上涨。由于不断有零售商家进入成都，尤其是成熟地段，即使是在租金水平较高的条件下，空置的房源一出来就会被迅速填补，因此，商铺的空置率水平较低。而租赁市场也开始转变为卖方市场。

11.2.2 核心商圈分化　次级商圈崛起

市中心三大商圈春熙路、盐市口、骡马市商圈逐渐分化。其中骡马市商圈由于受到多方面因素的影响已经逐渐衰落，春熙路、盐市口商圈由于彼此相邻，逐渐发展融合成为成都的核心商圈——春盐商圈。随着“九龙仓国金中心”、“太古广场”、“铁狮门”、“银石广场”等项目的商业部分建设完工，核心商圈范围将进一步向东扩张。

与此同时，次级商圈迅速崛起。沿二环路布局的大型商业项目辐射力增强，随着周边住宅的陆续交付使用，新兴商圈人气聚集。在2009年，建设路商圈表现最为突出，商圈内的“阳光新生活广场”、“第五大道”、“SM广场”等项目聚集了较多人气。随着“龙湖三千集”开业在即，以及招商地产商业项目的推出，建设商圈日趋成熟。核心商圈加上次级商圈的架构将促使商业多中心格局逐步形成。

11.3 未来商铺市场竞争激烈

11.3.1 租金两极分化　优质商铺受宠

成熟商圈优质商铺聚集较多人气，是众多商家进入的首选之地，租金有不断走高的趋势，其上涨空间仍然较大。在核心商圈之外，次级商圈大型商业项目日益增多，市场竞争加剧，部分商业项目会通过低租金策略来吸引商家的入驻。对于一些缺乏竞争力的项目不可避免的会出现租金下降的情况，由此将导致形成租赁市场租金两极分化的局面。

11.3.2 社区商铺需求尤在　城市综合体竞争加剧

成都房地产发展逐渐成熟，催生出大量的城市综合体项目。目前已知有超过50个城市综合体项目正在开发或待开发过程中。这些项目均包含较大面积的商业广场，并且大多规划为购物中心。随着这些项目的建成投入使用，一方面将促进成都的商业环境日趋成熟，而另一方面未来商业项目之间的市场争夺战将十分激烈。

而社区商铺由于后续供应较为有限，成为目前销售市场的主流产品。一方面住宅向高密化发展，限制了底商的发展；另一方面为了保证住宅的居住品质，开发商会对底商从业态、规模上进行严格的限制，并倾向于开发集中商业。因此，销售型社区商铺供应有限，市场供不应求的情况将会延续。

Photo by: Hu wenkit 胡文杰 (www.pdoing.com)

Story
楼事

成渝 | CHENGYU

第12章　四川省二线城市房地产市场发展特征

四川中原市场研究中心　杨致远

12.1 四川省房地产快速发展

12.1.1 市场回暖　投资前景显现

随着2009年整个市场的逐步回暖，四川房地产发展各项指标均呈探底回升态势。全年全省累计完成房地产开发投资1586.76亿元，同比增长9.3%，全年增速比2008年快1.5个百分点。其中住宅投资1149.17亿元，比2008年增长10.9%。随着房地产市场的逐步回暖，土地开发和土地购置亦由弱转强，房地产开发投资发展前景和信心开始显现。2009年，全省房地产开发企业完成土地开发面积985.22万m^2，比2008年净增开发面积达244.65万m^2，增长33.0%。

图12-1　四川省历年房地产开发投资（2001～2009年）

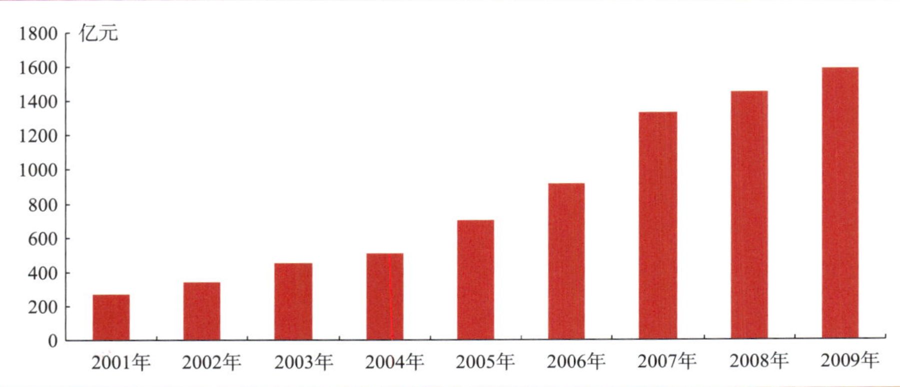

资料来源：四川省统计局。

12.1.2 需求释放　成交触底回升

图12-2　四川省历年商品房销售面积（2001～2009年）

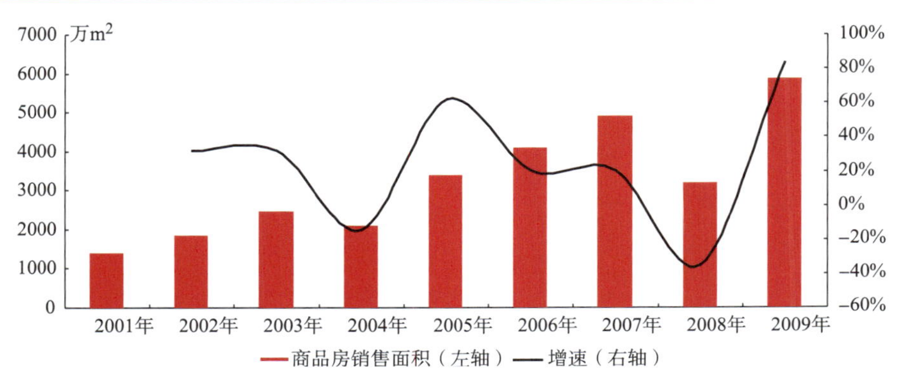

数据来源：四川省统计局。

2009年以来，随着中央和四川促进房地产市场发展的各项政策措施逐步起效，积蓄已久的居民购房需求得到快速释放，商品房销售止跌回升。在住房消费需求不断扩大的影响下，四川房地产成交量触底回升，特别是下半年以来，施工规模不断扩大，开发投资信心由弱转强。对比近两年的销售数据，2009年的销售面积大幅增长，达到了5888.67万m^2，同比上升83.68%。房价方面，据四川省统计局发布的《2009年四川房地产市场发展趋势分析》报告显示，2009年全省商品房销售均价为3524元/m^2，较2008年上涨11.6%。

12.1.3 经济发展 二线城市异军突起

目前，四川省辖18个地级市，除省会成都外，绵阳、德阳、宜宾、南充以及达州等城市的GDP总量较高，均在650亿元以上，从生产总值划分属于一类二线城市；处于400亿～650亿元区间的城市较多，省内大多数二线城市都处于这个区间段内，以凉山（西昌）、乐山、泸州等为代表，将此类城市归为二类二线城市；而生产总值低于300亿元的二线城市，目前多为少数民族聚集区生产条件相对落后，归为三级二类城市，代表城市为阿坝、甘孜、雅安。

四川省内二线城市主要特点描述 表12-1

等级划分	城市	优/劣势
一类二线城市	绵阳	市本级各方面发展较好，特别是科教实力雄厚，但是区县发展差
	德阳	工业制造业发展较好，商业和旅游发展缓慢
	宜宾	工业发展较好，旅游业发展较好，但环境较差，污染重
	南充	GDP总量大，市区城建较好，但贫困人口多，工业发展相对滞后，人均经济水平差
	达州	GDP总量可以，天然气资源丰富，其城建一般，污染较重
二类二线城市	西昌	工业发展较为落后，旅游资源丰富，受限于地理位置，房地产起点低但发展较快
	乐山	工业发展较好，旅游业发展突出，知名度大，但是城市卫生环境较差
	泸州	城市环境可以，酒业发展好，历史悠久，但其区位和交通太差
	内江	具备区位和交通优势，工业基础不错，但其区位和交通的优势并未发挥最大作用
	自贡	旅游资源丰富，传统工业基础好，但是城市开发宣传差，发展后劲不足
	资阳	工业发展较好，区位好，但城建设较差
	眉山	工业发展较好，区位好，城建差，旅游资源好
	广安	政治资源较好，城建进步大，但受困于地理位置，发展仍然不足
	攀枝花	资源丰富，经济发展不错，人均经济水平高，但是其区位和自然条件差
	遂宁	交通和区位好，城建、房地产业、商业、旅游业发展较好，但是工业发展差

资料来源：四川中原市场研究中心。

12.2 川内二线城市量化比较

12.2.1 分级评分 城市归类比较

本文从行业发展、市场容量、市场购买力和城市经济水平四方面，共11个指标建立分级评分量化标准。根据各城市相应的指标与之对应得出一个直观的数字。通过量化处理，使抽象的行业发展、城市容量等概念具体化，便于理解和比较。

四川省二线城市分级评分量化标准　　表12-2

参考指标		4分	3分	2分	1分
行业发展	行业地位	支柱型	优势型	调整型	普通型
	销售额[①]（亿元）	35以上	25～35	15～25	15以下
	销售面积（万m^2）	200以上	150～200	100～150	100以下
市场容量	城市人口（万人）	80～100	50～80	30～50	30以下
	房地产投资额（亿元）	60以上	40～60	20～40	20以下
	城市面积（万m^2）	80～100	50～80	20～50	20以下
市场购买力	居民可支配收入（元）	15000以上	13000～15000	11000～13000	11000以下
	社会消费品零售总额（亿元）	300以上	200～300	100～200	100以下
城市经济水平	GDP增速	18%以上	15%～18%	13%～15%	13%以下
	GDP（亿元）	700以上	500～700	300～500	300以下
	人均GDP（元）	20000以上	15000～20000	10000～15000	10000以下

① 由于2009年数据未更新，故销售额、销售面积采用2006至2008年数据加权平均所得。
资料来源：四川中原市场研究中心。

四川省二线城市分级评分量化分值测算　　表12-3

	行业发展	城市经济水平	市场容量	居民购买力	综合分值
成都市（参照）	4	4	4	4	4
绵阳市	3.67	3.00	3.67	3.50	3.46
南充市	3.33	2.33	3.00	2.50	2.79
攀枝花	1.67	2.33	2.67	2.50	2.29
自贡市	2.00	2.67	2.33	2.50	2.38
泸州市	2.67	2.67	2.67	3.00	2.75
乐山市	2.33	3.00	2.00	3.00	2.58
宜宾市	2.67	3.00	2.00	3.00	2.67
内江市	2.00	2.67	2.00	2.00	2.17
德阳市	2.67	3.33	2.00	3.00	2.75
遂宁市	2.67	2.00	2.00	2.00	2.17
眉山市	2.33	2.33	2.00	2.00	2.17
西昌市	1.33	2.67	2.00	3.00	2.25
广元市	1.00	1.67	1.33	2.00	1.50
资阳市	2.00	2.33	1.67	2.50	2.13
达州市	2.67	2.33	2.33	2.50	2.46
广安市	1.67	2.00	1.67	2.50	1.96
雅安市	1.00	1.67	1.33	2.00	1.50
巴中市	1.00	1.33	1.00	1.50	1.21

资料来源：四川中原市场研究中心。

12.2.2 投资潜力　五市脱颖而出

将行业发展、市场容量、市场购买力和城市经济水平等各项指标的标准值，通过算术平均值取值测算，可以分别得到行业发展分值、市场容量分值和市场购买力分值三项指标[①]，从而对各个城市的潜力做综合评价。通过量化比较发现，绵阳作为四川第二大城市，各方面在所有二线城市中，都属一流行列，因此被定位为建议进入的市场。而以德阳为首的另外5个城市整体实力在所有二线城市中也名列前茅，被定位为适度进入的城市，可以做探索性的进入。剩下的二线城市或多或少都存在不利进入的因素，因此目前建议暂不考虑。

四川省二线城市投资潜力评分结果　　表12-4

类别	数量	城市	城市特点				备注
			常住人口（万人）	房地产投资额（亿元）	人均可支配收入（元）	销售面积（万m²）	
建议进入	1	绵阳	90以上	60以上	15000以上	200以上	
适度进入	4	南充、达州、泸州、宜宾	40～60	40以上	14000以上	150～200	南充人口达到86万，市场容量大，但购买力有限
建议观望	8	德阳、自贡、遂宁、眉山、内江、达州、资阳、攀枝花	20～60	20～60	12000以上	100～180	遂宁、达州、房地产投资额高，突破50亿，但城市面积较小
暂缓进入	5	广安、西昌、广元、巴中、雅安	30以下	25以下	11000～13000	130以下	广安、西昌、雅安可支配收水平较高

资料来源：四川中原市场研究中心。

图12-3　四川省内二线城市市场容量及市场购买力二维坐标分类

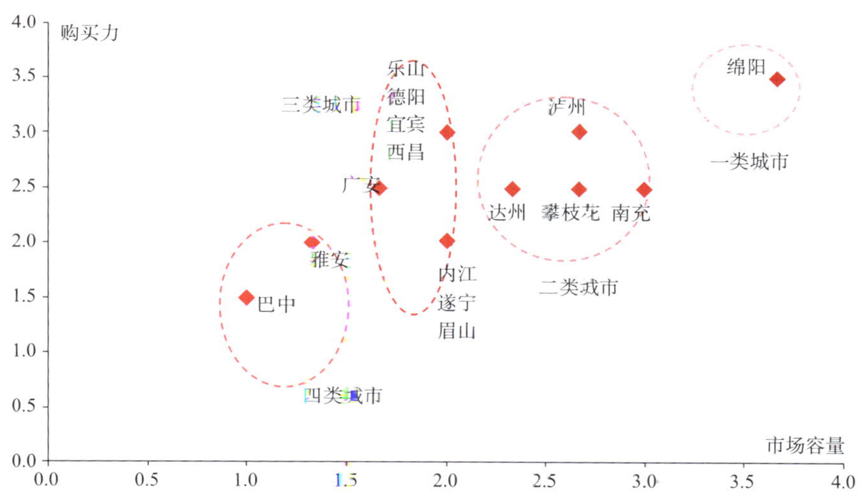

资料来源：四川中原市场研究中心。

① 行业发展分值=（行业地位分值+销售额分值+销售面积分值）/3
市场容量分值=（城市人口分值+城市面积分值+房地产投资额分值）/3
市场购买力分值=（居民可支配收入分值+社会消费品零售总额分值）/3

图 12-4　四川省内二线城市行业发展以及市场容量二维进行分类

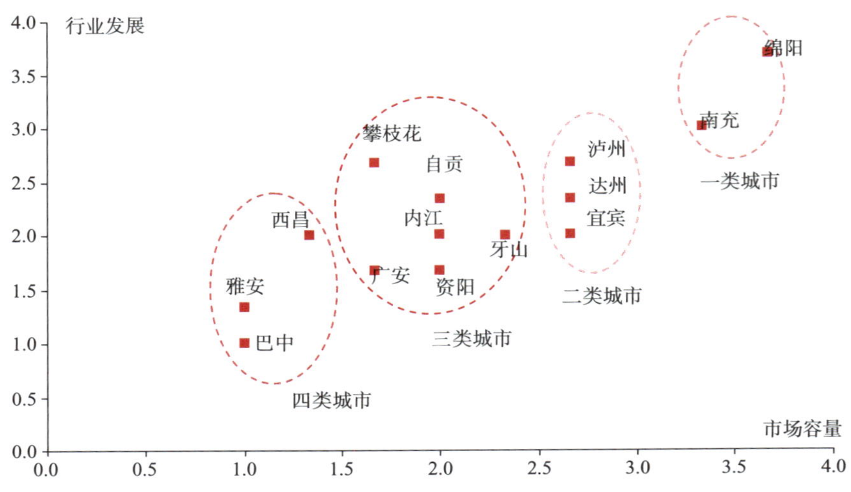

资料来源：四川中原市场研究中心。

12.3 川内二线城市市场特征

12.3.1 市场容量有限

二线城市建设规模不大，人口基数较小(川内的二线城市城镇人口为30万～100万人)，以当地需求为主体。通过调查发现二线城市的需求一般分为两种情况：一种为新增供应刺激需求升级，一种为龙头产业带动新增需求。前者主要是由于城市环境的改善以及商品房产品开发水平提高引导了新的居住观念，使市场活跃，如绵阳市；后者主要是由于大型龙头企业投资生产带来的产业人口引发的市场需求结构的改变，使当地住宅物业档次有了翻倍的提升，还促进了房地产市场发展多元化，如鲁能集团进驻宜宾的“山水绿城”项目。

四川省二级城市房地产市场分类　　表 12-5

	发育型市场	成长型市场	分裂型市场
消费人群结构	贫困阶层中等收入阶层较多，高收入阶层很少	中等收入阶层众多，高收入阶层和贫困阶层	社会两极分化，高收入和贫困阶层很多，中等收入阶层匮乏
市场结构	金字塔型	纺锤型	哑铃型
需求成长性	较好 但总体需求层次较低	好 市场需求潜力很大	较差 市场需求小，缺乏发展潜力
代表城市	南充	宜宾、泸州等	广安、雅安等

资料来源：四川中原市场研究中心。

12.3.2 开发成本低廉

川内绝大多数二线城市低廉的开发成本、相对较大的价格空间正是吸引部分开发商进行跨区域投资的最大"诱饵"。但若对该城市的价格增长弹性，消费结构判断偏差太大，这个"诱饵"就变成了"陷阱"。

特别是在一些恩格尔系数较高城市中，消费者对于价格极为敏感，开发商因开发成本低廉而冒然进驻，可能将会在后期的产品销售上遇到很大阻力。

12.3.3 尚处起步阶段

川内的大部分二线城市的房地产市场仍处于发展的初级阶段，消费者的需求并未完全反映在市场上，因此需充分考虑城市经济及产业发展对房地产市场类型及人口消费结构的影响，具有前瞻性判断未来市场发展的趋势。外来开发商若盲目凭借其先进的开发技术和项目运作经验，总是瞄准中高端或高端市场，盲目抬高市场售价，不顾及二线城市消费特征的特殊性复制一线城市成功案例，都可能会出现“水土不服”的现象。准确判断当地市场所处的发展阶段是投资二线城市的关键。

第13章　重庆市五大重点区域房地产市场特征分析

重庆中原市场研究部　李　娇　陈　洁　吴　伟　魏家苹　刘鑫华

重庆作为中国最年轻的直辖市，是中国重要的中心城市之一。随着近年重庆经济的飞速发展，城市建设的加快，重庆的房地产市场也迅速成长，逐渐成为二线城市的代表性城市。重庆特有的地理条件形成了区域组团式发展的特征，房地产市场的发展程度也与各个区域的发展有着紧密的关系。而在重庆的房地产市场中，江北区、北部新区、南岸区、九龙坡区及沙坪坝区五大区域在一定程度上代表了重庆整体市场的发展水平，也成为重庆房地产市场发展的一个缩影。

重庆市五大区域基本情况表（2009年）　　表13-1

区域	总面积（km^2）	常住人口（万）	户籍人口（万）	区域概述
北部新区	130	29.97	26.73	具有中国西部惟一的集水运、航空、公路、铁路于一体的立体交通运输网络优势。将建设成为我国内陆开放型经济示范区，形成高新技术产业研发、制造及现代服务业聚集区
江北区	221	69.16	53.50	是重庆市规划的信息、金融、文化艺术中心，是涉外领事馆区和交通枢纽。区域定位为重庆新兴金融中心、重庆新兴商贸中心、重庆最大的物流中心，重庆集约发展的现代制造业基地、总部企业的区域基地“五大功能定位”
南岸区	265	71.52	58.37	以城市为主的都市工业区、中央商务区、国际会展区、风景旅游区和对外开放的“窗口” 它横跨主城五大片区的南部片区与东部片区，包括南坪与茶园两个城市副中心以及弹子石CBD中央商务南区，正在逐步形成都市工业区和商贸繁荣区相融合的城市总体格局
九龙坡区	437	100.82	80.62	在重庆空间发展格局中，九龙坡区位于重庆中部城市产业密集区，处在西部成渝产业聚合带的起点上，是重庆主城经济布局向西拓展的战略枢纽和桥头堡
沙坪坝区	396	91.40	76.70	是重庆市的科教文化中心和工业基地。是西部的人才聚集区。域内历史文化积淀深厚，城市发展繁荣兴旺。重庆沙坪坝历史上是与江津白沙坝、成都华西坝、北碚夏坝齐名合称为四川著名的文化四坝；也是中国大后方四大文化区之一

注：北部新区人口数据为2008年。
资料来源：重庆中原市场研究部根据公开资讯整理所得。

重庆市五大区域国民经济主要指标表（2009年）　　表13-2

区域	GDP			三次产业结构	人均年可支配收入（元）
	2009年（亿元）	同比增长（%）	人均GDP（元）		
北部新区	544.98	16.5	—	—	—
江北区	325.39	17.2	47051	0.8 ∶ 38.8 ∶ 60.4	17263
南岸区	300.15	15.3	42307	1.1 ∶ 61.4 ∶ 37.5	17210
九龙坡区	500.03	12.1	49916	1.3 ∶ 47.2 ∶ 51.5	17210
沙坪坝区	347.69	12.2	38286	1.3 ∶ 48.9 ∶ 49.8	17361
全市	6528.72	14.9	22916	9.3 ∶ 52.8 ∶ 37.9	15749

数据来源：重庆中原市场研究部根据2010年重庆统计年鉴整理所得。

重庆市五大区域房地产投资情况（2009年）　　表13-3

区域	固定资产投资（亿元）		房地产开发投资额（亿元）	
	2009年	同比增长（%）	2009年	同比增长（%）
北部新区	278.00	24.66	101.60	
江北区	325.11	22.96	175.46	20.85
南岸区	306.06	14.33	159.60	11.40
九龙坡区	240.23	18.96	116.35	35.10
沙坪坝区	248.98	32.20	84.57	31.89
全市	5317.92	31.50	1238.91	25.00

数据来源：重庆中原市场研究部根据2010年重庆统计年鉴整理所得。

重庆市五大区域别墅市场格局分析（2010年上半年）　　表13-4

区域	供应档次	产品特点	价格分析	销售分析
北部新区	开发规模（部分为当期指标）均在20万m²以下，物业类型以联排别墅为主，在市场中的开发品质以中高档居多	以欧美建筑风格为主，少量拥有湖泊及江景等自然景观资源，多数别墅社区具有学校，商业街，运动等生活配套及俱乐部，会所等商务配套	独栋别墅价格均在20000元/m²以上，联排别墅在11000～20000元/m²之间；联排别墅的总价以200～300万/套为主力供应，其中部分小型别墅的总价在150万～200万/套之间	北部新区的别墅项目多数采取少量多开的推盘节奏，旺销期推盘节奏在2至3个月，推量在几十余套不等，开盘销售在20余套居多，个别销售较好的项目，如“逸翠庄园”、“龙湖江与城”开盘销售可达30～50余套
江北区	“金科太阳海岸”是区域内目前惟一在售的别墅项目，总占地约500亩，总建筑面积34.8万m²，容积率0.79，建筑密度30%	“金科太阳海岸”是纯正的北美风情舒适型的联排别墅，一共分7期开发，建筑形态主要以联排别墅为主	一期5、7、8联排140万～220万，3、4联排260万～500万，CEO官邸310～390m²别墅300～500万元/套，CEO公馆170万/套起	“金科太阳海岸”作为金科地产在渝首个别墅项目，市场影响力较高。2009年11月28日首次开盘，共计推出203套房源，约6.5万m²，截至6月底共售出160套整体销售较好
南岸区	仅有2个纯别墅项目在售：“庆隆南山高尔夫国际”和“坡岭顿小镇”，均位于茶园新区	■庆隆高尔夫主推的是独栋别墅和联排别墅，其户型面积合理，跨度不大，独栋面积330～435m²，联排面积238～282m²； ■“坡岭顿小镇”全为独栋别墅，其分为小独栋和大独栋，面积从260～700m²不等	“庆隆南山高尔夫国际”一直走性价比路线，所以其去化速度较快 “坡岭顿小镇”的价格波动更小，近2年以来，价格几乎无变化	“庆隆南山高尔夫国际”2007～2008年的销售速度一直较为平缓，尽管推量不小，但销售表现平平； “坡岭顿小镇”2007年开盘销售理想，此后加推新房源，销售情况差强人意，致使其开发周期拉长
九龙坡区	目前在售别墅项目唯有“协信·彩云湖1号”及“常青藤缇香小镇。 协信·彩云湖1号”占地面积15.6万m²，总建筑面积25.4万m²，容积率1.19。 “常青藤缇香小镇”占地面积2000亩，建筑面积53.3万m²，容积率0.4	“协信·彩云湖1号”以异域的西班牙风格为主调。产品形态包括：联排别墅、双拼别墅、叠加联排及独栋别墅；“常青藤缇香小镇”全为类独立别墅，户型沿袭常青藤的一贯主张，坚持2+1户型格局（即地上2层，地下1层），户型面积在350～600m²之间	“协信·彩云湖1号”目前联排别墅价格12000～13000元/m²之间；独栋别墅价格在19000～20000元/m²。 “常青藤缇香小镇”别墅价格在10000～16000元/m²，总价在400～700万/套	“协信·彩云湖1号”于2007年12月首次开盘销售，截至目前已加推完全部别墅359套，已售出344套，整体销售率96%； “常青藤缇香小镇”于2009年11月正式开盘销售，截至目前已推出别墅95套已销售72套，整体销售率76%。其中2010年1至6月共推出约30套，已销售近20套，销售率67%
沙坪坝区	别墅项目非常少。近几年随着大学城板块房地产市场的开发，陆续有低密度产品入市且多为品牌开发商开发项目，该板块区域潜力价值大，产品品质较高	区域内别墅产品主要以联排为主，辅有少量双拼及叠加。联排产品面积在150～240m²，双拼产品254～304m²，叠加产品面积在123～160m²，建筑风格主要为英伦及托斯卡纳风格	除“富力维多利亚庄园”联排价格在9300元/m²外，“龙湖东桥郡”和“融城华府”联排价格都在13000元/m²； “东桥郡”双拼别墅价格达到15000元/m²，“融城华府”叠拼别墅价格在9000元/m²，价格已接近三北区域	“龙湖东桥郡”从2008年底首次开盘至今，销售率达90%以上； “富力维多利亚庄园”从2009年8月首次开盘截至2010年5月，销售率达93%； “金融街融城华府”从2009年12月首次开盘至2010年5月，销售率78%

资料来源：重庆中原市场研究部。

重庆市五大区域花园洋房市场格局分析（2010年上半年）　表13-5

区域	供应档次	产品特点	价格分析	销售分析
北部新区	区域在售洋房项目较少，代表项目万科缇香郡为非纯洋房项目，产品介于花园洋房和小高层之间	户型设计为豪华型的两房和三房，明显偏大	清水开盘均价为9700元/m^2，精装均价为10300元/m^2	该项目凭借产品稀缺性及自身品牌影响力，开盘销售达90余套，市场认可度较高
江北区	无洋房在售。潜在项目中，鸿恩寺保利·江上明珠、首创鸿恩寺等			
南岸区	无纯洋房项目在售，均是以洋房产品为主力销售，辅以其他高层或别墅产品	6F左右的洋房产品相对较多，"同景国际城"、"中铁·山水天下"和"海昌加勒比"均是顶楼为小户型，面积层层缩小。尽管底楼面积最大，但赠送面积相应也最大，由于底楼户型为数不多，实得面积较大，此类产品销售速度较快，深受客户喜爱	茶园新区的"同景国际城"和"中铁·山水天下"的售价最低。"海昌加勒比"和"山千院"的价格相当，学府大道的"天景·雨山"前为目前市场上洋房产品价格最高的楼盘，成交均价11000元/m^{2}左右	"同景国际城"的去化速度最快，主要是其价格优势明显，深受众多客户青睐； "天景·雨山前"因推量小，自然环境资源优越，也颇受中高端客户的追捧； 其他3个项目的销售表现相对较差，楼盘自身优势不突出，人气冷清
九龙坡区	在售花园洋房项目共有3个，总规模为75.4万m^2，均为中高档项目，其中金科阳光小镇体量57.9万m^2，为区域内代表性洋房项目	在售产品为户型面积73～240m^{2}的5+1、6+1花园洋房，其主力户型面积为80～120m^2。建筑风格包括现代乡村风格、北美风情及托斯卡纳风情	成交均价呈上升趋势，并在4月突破7000元/m^2，上升到7413元/m^2。但4月也是转折点，新政出台后成交均价开始下跌，但并未低于1月份成交均价	2010年1至6月整体供应644套，体量9.4万m^2。其1至6月的销售套数为614套，销售面积为9万m^2，其中2月和4月为销售高峰期，新政后，5月销售量急降，6月有所回升
沙坪坝区	区域内仅有2个项目含洋房产品	产品户型在90～200m^{2}之间	集中在7000～8000元/m^2	"蓝溪谷地"从2006年9月首次开盘至2010年5月，销售率66%； "龙湖花千树"从2010年5月首次开盘至2010年5月，销售率达93%

资料来源：重庆中原市场研究部。

重庆市五大区域高层住宅市场格局分析（2010年上半年）　表13-6

区域	供应档次	产品特点	价格分析	销售分析
北部新区	高层在售项目总建筑规模约1166万m^2，占北部新区所有在售项目规模的95%以上。以中大型社区为主，其中规模在10～50万m^{2}的项目个数占到68%	以二房和三房户型为主，占到总量的70%；单配和一房约占23%；四房及跃层仅占7%。从各户型的面积分析来看，部分两房达到100m^2，三房达到120～140m^2	2010年1～6月各月的平均开盘成交价格均在7000元/m^{2}以上，受春交会影响供应较大的4月份，成交价格也明显升高，达到7742元/m^2	2010年上半年销售率约70%左右。在新开盘项目中，总价较低、地段稀缺及品牌开发商开发的三类物业销售较好，其开盘销售率可达到50%以上
江北区	高层产品项目共20个，项目总规模达到1022.5万m^2，占江北区所有在售项目规模的94%。规模在20～50万m^{2}项目居多，占高层产品项目总数的45%，50万m^{2}以上的大型项目占25%，其中也不乏个别单体小项目	两房和三房成为主力供应户型，其中两房面积区间48～83m^2，三房面积区间64～125m^2。作为目前发展迅速的区域，其投资价值不言而喻，因此单间配套成为广大投资客户的不二之选，2010年上半年江北区单间配套成为第三大主力供应户型	1～5月江北区商品房成交均价维持在建面6000元/m^{2}以上。其中4月最高达到7210元/m^2，新政出台之后，楼市大环境受到一定的影响，4月之后，成交均价整体下滑，其中高层均价整体变化不明显	1～6月江北区高层整体供应房源5507套，供应总体量48万m^2，上半年整体销售房源3824套，去化率达到69.4%，其中4月受到春交会利好政策的影响，大量商品房集中成交，达到上半年的销售高峰
南岸区	高层在售项目总建筑规模约1612万m^2，占南岸区所有在售项目规模的80%左右。以大中型社区为主，其中规模在20～50万m^{2}及50万m^{2}以上的项目个数相当，各占约36%，20万m^{2}以下项目略少	2010年1～6月南岸区高层供应以一房和两房户型为主，占到总量的一半；其次是三房和跃层各占近20%左右，其中小跃产品主要由"同景国际城"、"万友7季城"和"云天·锦绣前程"集中供应	南岸区普通高层价格大致在7000元/m^{2}左右，而南坪中心区域和南滨路的高层因精装或是滨江资源的优势，价格相对较高，普遍在10000元/m^{2}以上。2010年2季度普遍比1季度整体销售价格有所上扬	2010年1～6月南岸区高层整体销售房源约8970套，仅次于九龙坡区的销售套数。新推项目中，性价比高，总价低和品质高的项目深受不同客户青睐

续表

区域	供应档次	产品特点	价格分析	销售分析
九龙坡区	高层在售项目为26个，总规模为709.8万m^2。10万m^2以下小型项目及20～50万m^2的中大型项目，分别占高层项目总数的34%。另10～20万m^2的中小型项目占高层项目总数的20%，50万方以上的大型项目占12%	在售高层项目以两房、三房为主力供应户型，四房户型在高层中主要体现为江景豪宅产品。其两房的户型区间为55～80m^2，三房户型区间为72～115m^2	该区域的商品房成交均价主要集中在建面5200～6300元/m^2之间，其中4月因为春交会的利好因素达到建面5729元/m^2。新政后，成交均价下滑并不明显	整体供应高层产品12169套，供应总体量106.3万方，1～6月整体销售10685套，去化率达88%。其中4月因为春交会的利好因素而达到销售高峰
沙坪坝区	高层在售项目为11个，总规模为1009.4万m^2。其中10万m^2以下小型项目占18%；10～20万m^2的中小型项目占18%；20～50万m^2的中大型项目占27%；50万方以上的大型项目占37%	在售高层项目以两房、三房为主力供应户型。其两房的户型区间为53～78m^2，三房户型区间为80～120m^2	该区域的商品房成交均价主要集中在建面6500～8600元/m^2之间，其中4月因为春交会的利好因素达到建面6700元/m^2。新政后，成交均价下滑并不明显	整体供应高层产品5133套，供应总体量42.1万方，1～6月整体销售3982套，去化率达77%

资料来源：重庆中原市场研究部。

重庆市五大区域各板块特点分析（2010年上半年） 表13-7

区域	重点板块	板块特点	产　品	价　格	销　售
北部新区	金开板块	区域内开发较早板块，品牌开发商云集，质优项目多，物业类型丰富，高端物业集中，发展潜力巨大	以舒适型及奢侈型户型产品为主，社区品质较高档	别墅价格在11000～20000元/m^2之间，高层物业均价约6900元/m^2	在售项目中大部分处于旺销期且后期供应充足；“爱加西西里”、“龙湖悠山时光”、“奥林匹克花园”三个项目去化率高
	新牌坊～加州板块	区域内热点供应板块之一，地理位置优越，交通便利，生活配套齐全	以小面积及紧凑型户型产品为主	高层物业均价约7800元/m^2，与去年同期相比，涨幅在1500～3000元/m^2之间	在售项目新增房源去化率均在50%以上，在售楼盘整体销售进度较快，成交量高于其他版块，后期供应充足
江北区	观音桥板块	江北区中心板块，楼市较活跃。从在售项目规模来看，小于10万m^2项目占43%，规模在10～20万m^2项目占43%，50万m^2项目占14%	单间配套成为主力供应户型，一房、两房面积控制在45～72m^2，大小适中	售价位居区域内各板块之首，整体销售水平较高。观音桥奥板块在售住宅成交价格在8500～10000元/m^2，公寓成交价格从12000～18000元/m^2不等	板块内项目均保持不错的销售态势，可售货量较小
	北滨路板块	目前关注度较高的板块，区域项目规模较大	滨江楼盘居住舒适性较高，两房和三房成为主力供应户型，单配和跃层比例较小	售价在江北区各板块中排名第二。目前，“招商江湾城”在售看江户型均价15000元/m^2，“龙湖·春森彼岸”看江高层均价14000元/m^2	由于区域价格水平较高，且户型偏大，整体销售水平一般
	龙头寺板块	2010年上半年板块内供应量19.4万m^2，供应房源1925套，占江北区总供应量的30.6%，其中住宅1903套	两房和三房是主力供应户型	价格适中，销售均价约8150元/m^2	“鲁能星城”整体销售较好，“仁安·龙城国际”销售缓慢；中爱都会相对户型偏大，单价优势不明显，销售平平
南岸区	南坪中心板块	南岸区核心板块，交通便利，配套成熟，中心区域土地资源日益稀缺	以中小户型产品供应为主，2010年上半年一房和两房的供应比例各占40%左右	楼盘售价领跑区域内其他板块。板块成交均价从4月开始有所上调，2季度价格基本持平	2010年上半年，“亚太商谷”供应量大，销售乐观；“上海城”和“重庆万达广场”销售进度几乎一致，但“重庆万达广场”上半年以销售写字楼为主

续表

区域	重点板块	板块特点	产品	价格	销售
南岸区	南滨路板块	区域内在售项目最多板块，项目推盘时间较早	供应户型面积最为全面，“融侨城”和“龙湖郦江”以舒适型产品为主力，三房的供应最多，其次是单配和两房	4月春交会期间，价格出现分水岭：部分上涨，另部分价格下调。涨幅最大的是“阳光100国际新城”和“骏逸·第一江岸”，价格下滑最明显的是“武夷滨江”和“长江国际”	“和黄·珊瑚水岸”、“武夷滨江”和“蓝滨城”上半年以老房源销售为主，去化速度相当缓慢；“龙湖·郦江”板块内销量第一，其次是推盘频率较高的“融侨城”
	新南湖板块	■2010年上半年区域内供应量最大的是“雅居乐国际花园”，两次开盘共推出508套房源，板式通透户型； ■“万友7季城”有5万m^2的供应量，合计推出948套房源，主推小户型产品； ■“天景·雨山前”上半年分3次加推，别墅和洋房均有少量推出	跃层供应比例最高，舒适型三房次之，四房供应最小	2010年上半年价格变化较大的是“雅居乐国际花园”和“天景·雨山前”，其他楼盘的价格变化不明显	■“万友7季城”坚持性价比路线，销售火爆； ■“渝能国际”所推房源以小户型为主，价格适中，面市颇受购房者青睐； ■“雅居乐国际花园”因总价过高，销售表现平平
	弹子石板块	在售项目较少，2010年上半年仅有“中海·国际社区”推出“江御”组团	以大户型产品为主，其中三房比例占了六成，两房和四房的供应比例各占两成	除“中海·国际社区”外，其他楼盘的价格半年内波动不大	可售房源不多，整体销量不大，“中海·国际社区”4月加推后，销售情况良好
	茶园新区板块	主要有4个项目在售，分别为2006年～2008年开盘发售的楼盘。2010年上半年仅有“同景国际城”和“庆隆·南山高尔夫国际”有新房源加推	以洋房和别墅产品供应为主，户型面积相对较大	除“坡岭顿小镇”的价格无变化外，其他项目价格小幅波动	同景国际城和“庆隆南山高尔夫国际”均有房源加推，销售良好；“中铁·山水天下”和“坡岭顿小镇”去化速度较缓慢
九龙坡区	杨家坪板块	区域内商业环境最成熟的版块，区域楼市最为活跃	两房户型为绝对主力，占供应总量46%，面积区间54～102m^2；其次为三房，占供应总量26%，面积区间66～103m^2	在售项目的整体均价为7116元/m^2，其中“华润·二十四城”目前在售房源为靠近九滨路的江景房，所以均价较高，约为8200元/m^2	“华润·二十四城”加推两次房源共788套，均于当天售罄；“首创·I home”加推项目最后271套房源，已售罄
	彩云湖板块	政府重点打造的西城居住区，2010年上半年该板块目前在售项目4个，总供应量为8.3万m^2	一房及两房占比28%，面积区间36～58m^2；三房占比30%，面积段在123m^2左右；四房及四房以上占比38%，面积区间122～231m^2；另有少量75m^2的小户跃层	别墅项目拉升该板块整体均价，2010年1至6月该板块在售项目整体均价为8875元/m^2	在售项目供应房源433套，截至6月底去化率79%，月均售出57套
	华岩新城板块	在售项目有4个，整体规模116.6万m^2，1个洋房项目、3个高层项目	2010年上半年供应房源中，两房户型为主力，占比42%，面积区间49～53；四房级以上户型次之，占比35%，面积区间83～240m^2	售价为区域最低，2010年上半年整体均价5975元/m^2。其中“金科·阳光小镇”目前售均价7000元/m^2；“斌鑫·西城绿锦”5200元/m^2	在售项目供应房源1796套，截至6月底共销售1492套，月均去化249套
	九滨路板块	2010年上半年在售项目4个，整体规模124.4万m^2。一个复合性项目，三个高层项目	两房户型是供应主力，占总供应量57%，面积区间61～75m^2；三房户型占比16%，面积区间83～129m^2；单间配套占总供应量14%，面积区间31～33m^2；一房户型占比12%	2010年上半年在售项目整体均价为9000元/m^2。其中“奥园康城”均价为8500元/m^2；“华宇·春江花月”均价7200元/m^2；“丽水菁院”均价10000元/m^2；新项目“金科·VISAR国际”均价10300元/m^2	在售项目供应房源1292套，截至6月底共销售794套，月均去化132套

续表

区域	重点板块	板块特点	产品	价格	销售
九龙坡区	高九路板块	2010年上半年在售项目4个，整体规模50.9万m²，均为高层项目	两房户型是供应主力，占总供应量52%，面积区间57～70m²；其次一房户型占总供应量23%，面积区间30～58m²；跃层户型占总供应量17%，面积区间55～75m²；三房户型仅占供应量10%，面积区间72～88m²	2010年上半年在售项目的整体均价为6800元/m²。其中"志龙·玖嘉怡"在售均价8700元/m²；"兴茂·晶蓝公馆"均价6500元/m²；"恒鑫名城"二期均价6200元/m²；"沥鑫·四季香山"均价5800元/m²	在售项目供应房源1518套，截至6月底销售共计1381套，月均去化230套
沙坪坝区	大学城板块	成长型区域，未来发展重点在西永组团，现西永片区已经开始成为房地产开发的热点，进入的开发商包括龙湖、富力、融侨和金融街	除龙湖的别墅和洋房面积偏大外，其他项目的联排别墅面积基本集中在150～200m²。大学城作为新兴开发区域，开发商采取比较保守的策略，以经济性别墅的做法换取利益的最大化；在中档高层项目上，几个项目的面积段比较趋同，集中在30～170m²，面积跨度大	新兴热点板块，配套有待提高，但其产业定位和高校的人文聚集，加上政府的强力打造，发展潜力巨大。高端项目的售价已逐步比较三北区域；高层项目的售价和主城区有一定的差距，但提升速度较快	三北地区的富裕阶层是大学城房源的主要购买群体，各楼盘较畅销
	沙区中心板块	区域中心，开发趋于饱和，供应产品多为城市综合体或小户型公寓项目	板块内土地供应稀少，项目体量较小，户型以中小户型为主，兼顾投资与自住需求	在售高层目前均价集中在6500～7500元/m²，"煌华新纪元"为地处步行街的精装公寓，投资潜力巨大，售价较高，均价水平在16000元/m²，清水房价格在13000元/m²	"融汇国际温泉城"体量较大，项目采取低开高走的定价策略，销售一直保持较好势头
	沙滨路板块	发展相对其他区域滨江板块较为缓慢，产品供应多为中等规模项目，档次中等，定位为居家型社区	以两房和三房为主，面积段主要集中在70～100m²	售价目前集中在6700元/m²，由于交通和配套等方面的局限，滨江物业的价值没有得到充分体现	目前项目较少，多为中等体量，客户多来自沙区本地或项目周边旧城改造和拆迁原住民，各项目整体销售较好

资料来源：重庆中原市场研究部

重庆市五大区域房地产市场特征总结（2010年上半年） 表13-8

区域	供求特征	项目特征	区域优劣势分析
北部新区	供应稳定，价格上涨较快 ■ 上半年市场供应总量略低于2009年同期水平，但整体仍保持稳定 ■ 上半年的成交价格较2009年上涨了1388元/m²，26.61%的涨幅达到历史新高 ■ 从项目的开盘价格走势来看，仅1至6月份便有多数楼盘上涨了400～1900元/m²不等	项目以高层为主 ■ 在售项目以高层为主，而高层又以居住型社区为主力供应 ■ 小型公寓及精装房项目较少 ■ 舒适型及奢侈型的高层户型产品逐渐增多，吸引了注重居住品质的特定人群 别墅和洋房明显减少 ■ 1～6月在售的别墅及洋房项目仅6个，市场供应明显减少 ■ 主要原因是较早开发的别墅项目已逐渐开发完毕，而新项目由于受政策限制、市场环境等因素影响也越来越少	区域优势加强，发展潜力巨大 ■ 已成为主城区内最为适宜居住的区域之一，在交通，市政规划，居住环境等方面优势明显，品牌开发商及高品质楼盘云集于此 ■"两江新区"的成立，北部新区将享受更多更优惠的国家政策，吸引外资，带动区域内经济快速发展。作为经济的支撑产业和民生行业，房地产市场具有很大的发展空间，未来发展潜力巨大

续表

区域	供求特征	项目特区	区域优劣势分析
江北区	新增项目少，供应规模小 2010年上半年江北区整体呈现后续房源供应不足的情况，新增房源供应缓慢。1~6月江北区新增项目4个，分部于观音桥板块和龙头寺板块，其中包括1个公寓项目，1个写字楼项目	高层小高层供应为主，别墅洋房供应少 ■ 高层、小高层项目供应量占92.5%，成为主力供应物业 ■ 在售别墅仅有“金科太阳海岸”，并且供应量小 ■ 无洋房项目供应 业态匮乏，定向客户群流失 ■ 区域物业形态呈极端化的差异，业态匮乏，从而也导致定向客户群的流失，在未来供应的新项目的中，将会逐渐弥补这一不足，达到各类物业均衡发展	鸿恩寺板块崛起 ■ 经过2009年的拿地热潮，今年下半年将会出现新一轮集中供应，主要集中在大石坝鸿恩寺板块 ■ 以东原、保利、首创、凯嘉城、华润为首的五家实力强大的房企汇集于此，带来中高端等不同的客群，配套共享，形成一个全新的居住大社区 ■ 坐拥重庆市目前最大的森林公园鸿恩寺公园，毗邻江北区经济核心观音桥商圈，未来发展前景不可限量
南岸区	供应量减少，新盘供应不足 ■ 由于2009年市场火爆，供需两旺，加上今年市场先热后冷的局面，造成了众多开发商推迟开盘计划，继而供应量缩减，主要以消化前期房源为主 ■ 上半年不仅供应量减少，且全新项目仅有3个开盘，分别是东原·长江畔1891、协信城和雅居乐国际花园。其中惟有雅居乐国际花园继首度开盘后，再度加推部分房源，其他2个项目各自推出一栋楼，预计下半年会有新房源入市	高层产品仍占据主流，未来高端物业供应集中 ■ 户型面积区间跨度大，可供选择面较广 为数不多的高端类物业主要集中在茶园新区和南山片区。从项目潜在的情况和土地成交情况来看，未来的洋房和别墅项目仍然以这2个板块为主力供应 精装房供应增大，接受度日益增高 ■ 在售精装项目有7个，主要分布于南滨路和南坪中心板块 ■ 区域内精装产品的比例高于往年，不仅供应量增加，同时去化速度也明显加快，可见此类产品逐渐被更多的客户接受和青睐，未来仍有相当大的升值空间	重点板块不突出 前些年，南坪中心、南滨路、新南湖板块为南岸区重点板块，因其位置优越，滨江资源丰富，供应量大等，而一直受市场关注。但从去年开始，板块之间的差异日益模糊，各个板块的供应情况都比较活跃，使得除南山以外的板块，均有不少的大型重点项目供应
九龙坡区	物业供应——高层为主 ■ 仍以高层为主流。该区域虽各种物业兼具，但随着别墅稀缺、洋房尽管有所增加，但该区域未来物业供应仍是高层为主 ■ 高档物业主要体现在主城边缘的华岩板块、陶家板块	产品丰富，热点板块众多 ■ 彩云湖板块恒基项目独占舞台； ■ 九龙园区板块未来新盘众多如（“保利可爱岛”、“巴国御景”、“东海阿特豪斯”、“千叶项目”、“朵力项目”共5盘），将是未来竞争激烈的热点供应板块 ■ 华岩板块将面临全新时代。金科、斌鑫等开发商在华岩新城“深耕”多年，恒大、和泓两家开发商也在华岩新城拍得多幅土地	区域价值提升，备受客户青睐 随着该区域城市化发展、生活配套日渐齐全、新兴的娱乐休闲区域迅速拓展、交通规划逐步到位、众多知名开发商入驻，除本区域客户为消费主力，也备受区外客户青睐
沙坪坝区	供应量有所减少 上半年供应面积有所放缓，预计全年的供应基本与2009年持平 土地资源的日益匮乏 沙坪坝主城区面积很少，加之地形，不易向外拓展，可供房地产开发的土地已越来越少 供应向重庆大学城方向拓展 重庆市已将西部新城规划为主城拓展区的重要组成部分，也是沙坪坝区域发展的重点，其发展的潜力确实是不容小视的	别墅、花园洋房项目稀少 在售项目以高层为主体，且价格有较强的增长势头 项目主打文化牌 区内高校林立、人才荟萃，众多楼盘都不约而同地打起了“文化牌”	住宅市场消费潜力巨大 ■ 国家公职人员的比例远高于全市其他区域 ■ 文化和商业氛围的良好融合，吸引了大批的中青年创业人士 吸引区外客户的能力较差 地理位置最为独立，同外界交流不很充分，吸引外区客户的能力也明显不够

资料来源：重庆中原市场研究部。

第14章　地产巨头云集重庆大石坝

重庆中原市场研究部　魏家苹

根据规划，重庆大石坝区域将围绕1200亩城市森林公园打造出重庆地区一个最具“城市与森林完美结合”的高品质新区，未来有望成为重庆江北区最繁华的居住区域。因此，近几年来，大石坝组团成为了全国地产“大鳄”角逐的对象。

早在2007年，华润置地就一举拿下该组团在江北大石坝三村前卫仪表厂的土地，地块占地面积为17.17万m^2，可开发楼盘建筑面积为67万m^2。2008年3月，首创置业同新加坡政府投资机构有限公司“GIC”共同拿下江北区大石坝的一块土地，该土地可开发楼盘超过80万m^2。到2009年，大石坝土地市场越来越暴热，争夺地块的“大鳄”也越来越多。6月，保利地产以38.1亿元拿下江北大石坝K分区的“鸿恩寺地王”，总建筑面积达到125万m^2；同日，东原地产以17.1亿元拿下大石坝K分区一地块，土地面积23.4万m^2，可开发楼盘约100万m^2。

截至目前，大石坝组团已集中了国奥投资、绿地、保利、东原、首创、华润等9家地产“大鳄”，而其中的鸿恩寺板块更是密集了嘉凯城、保利、东原、华润、首创等5家地产“大鳄”。该组团不仅吸引了越来越多的“大鳄”争相抢夺，在全市的楼盘交易量也遥遥领先。现在，重庆大石坝组团地块正在走向成熟、潜在价值日趋显现。

14.1 配套日趋成熟　板块价值逐步彰显

14.1.1 地处江北核心　城市未来发展重点

图14-1　重庆市大石坝组团区域分布

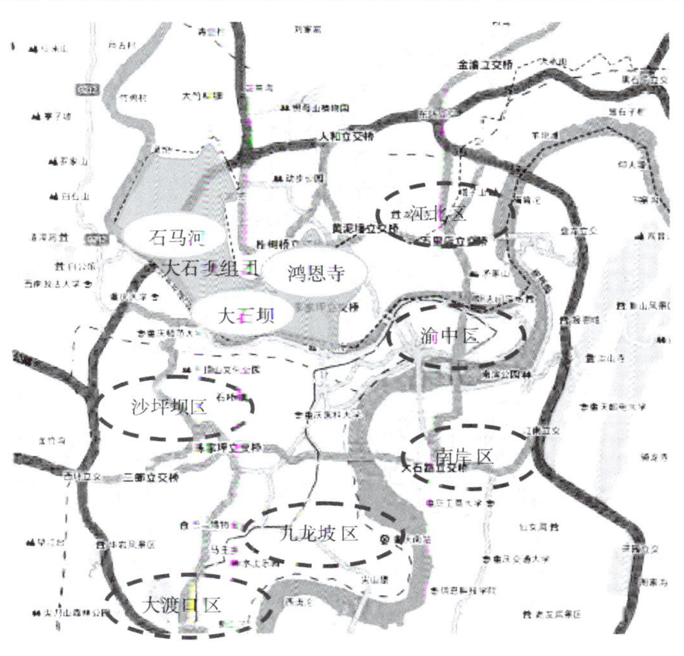

图片来源：重庆中原市场研究部。

大石坝位于江北区西部，东与观音桥商圈为邻，南依嘉陵江，西经石门大桥与沙坪坝接壤，北接石马河街道，由石马河板块，大石坝板块以及鸿恩寺板块构成。其中鸿恩寺板块作为大石坝组团的新兴板块，环绕主城最大的城市森林公园鸿恩寺公园，紧邻江北区观音桥商圈，依托公园加快周边地区的开发和配套建设，板块价值显现。

随着城市向北发展，江北区楼市发展日趋成熟，作为江北区规划中的核心区域，大石坝组团将成为未来城市发展的重要板块。因此，敏感的“大鳄”们早就闻到其中蕴含的商机，难免怦然心动。

14.1.2 交通条件提升 居住环境逐渐完善

从大石坝组团的各项具体配套现状来看，这里的基础设施和配套条件正在逐步趋于成熟。

目前辖区交通条件正在逐步改善，红石路横贯大石坝东西，石门大桥、嘉华大桥经过辖区。根据重庆市“十一五”道路规划，主城将建设“5纵6横1环7联络”的道路网络。江北区计划到2012年，基本建成江北区“3横6纵1射线10联络”的骨架路网，并实现“10分钟周边”、“20分钟对外”的目标。届时，大石坝组团的交通将得到极大的提升，多条线路可到达主城各区，双碑大桥、红岩村大桥2012年将建成通车。此外，规划中的3条轻轨交通线3、5、6号线更是贯穿整个地块，组团交通将得到极大提高。

图14–2 重庆市大石坝组团交通规划

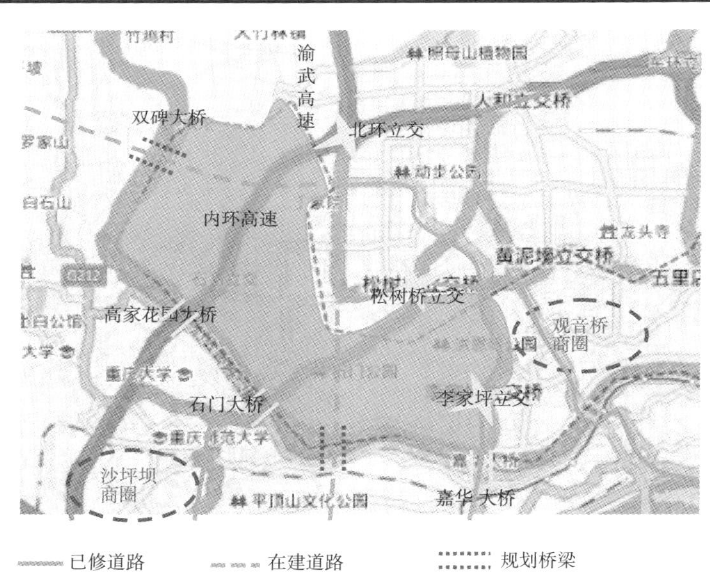

图片来源：重庆中原市场研究部。

目前辖区内的商业配套也在加速完善之中。大石坝要作为真正意义上的生活居住区，目前辖区内的商业配套尚不够齐全。特别是规模化的商场、超市，餐饮、休闲等设施还比较欠缺，整体环境还是呈现老城区生活模式。大石坝组团中石马河板块以农产品批发销售为主，大石坝片区则以建材批发及汽车销售维修为主。鸿恩寺作为未来一匹“黑马”，目前周边只有儿童公园和鸿恩寺公园两个绿化公园。但随着区域整体的发展，大石坝地区的居住环境将趋于完善。特别是整个大石坝组团将有石门公园、玉带山坡地公园、石马河绿色公园、石子山体育公园等，绿化环境优美。

14.2 土地市场活跃　多元社区加速形成

14.2.1 土地交易活跃

图 14-3　重庆市大石坝组团土地成交量价情况（2007～2010年上半年）

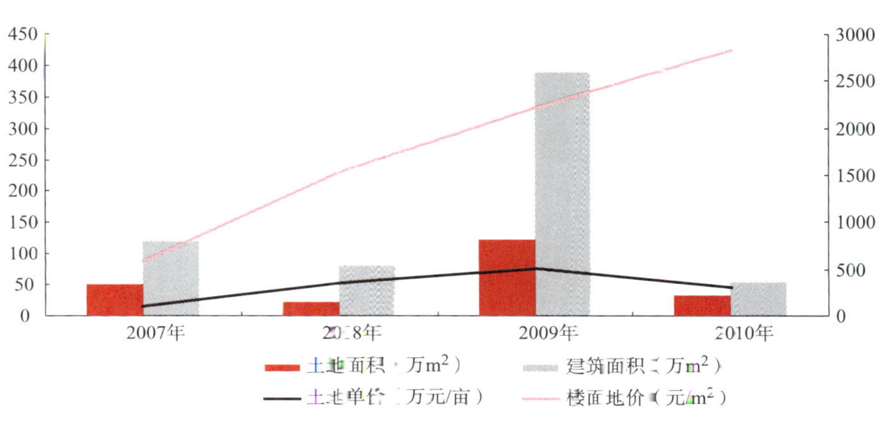

数据来源：重庆中原市场研究部。

正是由于区域规划、交通以及配套设施的逐步完善，大石坝组团的土地市场近几年呈现火红态势。

随着江北区楼市的发展日趋成熟，鸿恩寺森林公园的完善，华润、首创、东原、保利等开发商云集于此。2007年至2010年上半年，大石坝组团房地产用地出让面积总计达到228.08万m^2，出让总金额达到128.68亿元。从近几年土地成交情况看，2009年是大石坝组团土地交易最活跃的一年，土地总成交面积为123.3万m^2，成交金额约95.08亿元。

"大鳄"的聚集致使土地市场竞争激烈，直接拉高了大石坝的地价。大石坝的土地楼面价由2007年的500元/m^2左右，一路飙升至目前的近3000元/m^2。根据目前房地产市场状况看，大石坝片区未来1至2年内土地开发量将突飞猛进，未来总建筑面积可达到700万m^2，仅鸿恩寺板块的总开发量都将超过400万m^2。由于品牌发展商的聚集，大石坝组团的房地产市场将逐步从量变转向质变，最终达到质的飞跃，可望成为重庆市江北区最繁华、最高档的居住地带。

14.2.2 物业形态多元

2010年上半年大石坝板块整体供应量仅100余万m^2，在售项目体量在10万m^2以上的项目有"元合悠哉悠宅"、"壹江城"、"海悦蓝庭"、"东方明珠"，均属高层物业为主。由于在售项目配套设施不够完善，物业形态单一化，尚不能满足客户日益多样的购房需求。再加上此前该片区区域发展相对滞后，因此在售房源销售缓慢。目前，小规模项目的销售基本过半，而"海悦蓝庭"的剩余体量较多。

图 14-4 重庆市大石坝板块在售楼盘概况（2010 年上半年）

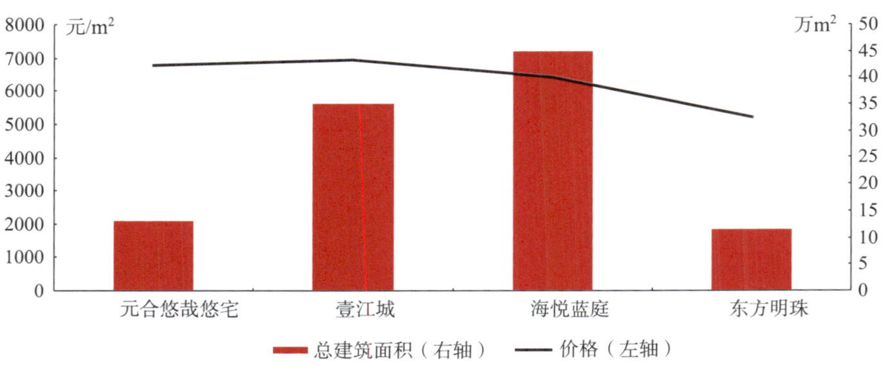

数据来源：重庆中原市场研究部。

图 14-5 重庆市大石坝板块在售楼盘分布

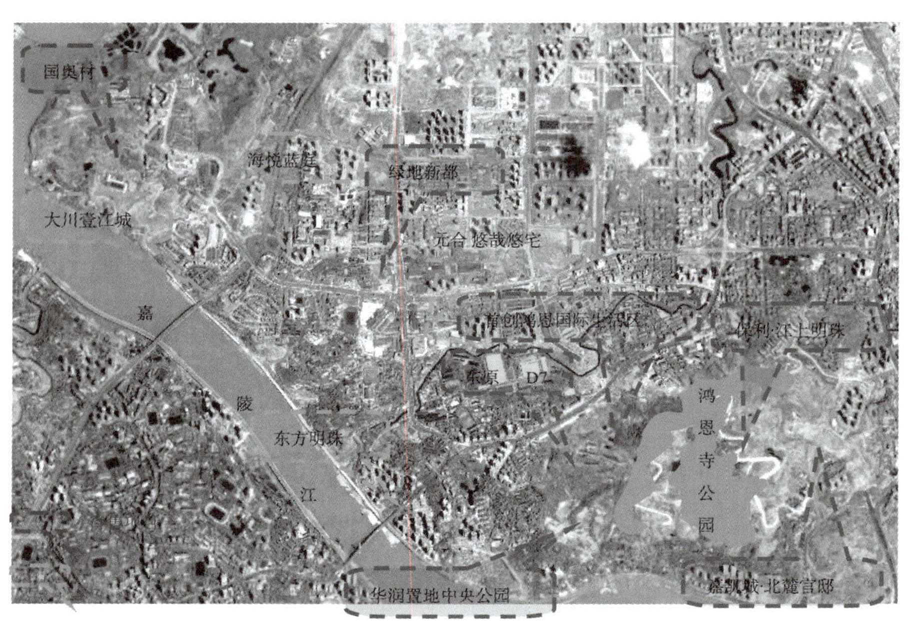

资料来源：重庆中原市场研究部。

从潜在项目来看，大石坝组团未来将形成高层住宅为主，物业形态多元化发展的高端大型住宅社区。在鸿恩寺板块，仅东原、首创、华润和保利四家企业开发体量的总和，就将达到近400万m²。保利的“江上明珠”受鸿恩寺公园影响最大，作为2009年地王项目，定位以高端物业为主；东原D7区，商业面积占22%，将形成一个大型城市综合体；华润置地的“中央公园”、首创的“鸿恩国际生活区”都以高层为主，以品质生活为前提，目标客户群体大多集中在中层消费；而嘉凯城的“北麓官邸”定位将打造成城市商圈别墅，预计单价将达到30000元/m²。因此，一个大型的物业形态多元化的居住社区即将形成。

重庆市大石坝组团潜在项目概况　　表14-1

项目名称	总建筑面积（万m^2）	物业形态	面积区间（m^2）
保利江上明珠	125	别墅、洋房、高层	洋房：120～280　别墅：320～380
东原D7区	122	高层	35～97
华润置地·中央公园	67	高层	66～127
首创鸿恩国际生活区	100	高层、多层	40～120
嘉凯城·北麓官邸	40	别墅	
绿地新都会	13	高层	公寓：20～30　高层：60～85
国奥村	75	别墅、小高层、高层	小高层：80～170　别墅：170～220

资料来源：重庆中原市场研究部。

14.3.3 鸿恩寺成发展重点

在几个大型项目的共同影响下，2010年的大石坝正在成为重庆楼市关注的焦点，而鸿恩寺则是其中最耀眼的板块之一。该板块自从保利2009年拿下地王后，发展备受瞩目，先后进驻的几大品牌开发商更是加快了该地区的发展，配套设施也将逐渐完善。板块内将先后建成几十条公交线路，可通达沙坪坝、观音桥、解放碑等地，轻轨3、5、6号线以及轻轨环线都将环绕贯穿组团。观鸿大道（观音桥到鸿恩寺）通车后，大大缩小了鸿恩寺与观音桥商圈的距离。交通配套的完善将极大地改变辖区未来的发展。

目前，板块中东原的D7项目，包括22万m^2超大商业体量，是片区内面积最大的，集SHOPPING MALL、高层住宅、SOHO公寓等于一体的大型城市综合体。整个商业集中项目预计于2013年完工并投入使用，届时将形成江北的又一商业副中心。

另外，板块中最大的城市森林公园鸿恩寺公园正在积极建设当中。公园内设立了公园餐饮、休闲配套服务区，以“心理健康”为主题，将是全国最大的参与性特色项目。建成后市民们可在此品尝到巴渝的特色美食，还能让都市的人们在此发泄自己的情绪，缓解压力，保持良好的心境和心态。

重庆市大石坝地区出让待开发地块一览（2007～2010年上半年）　　表14-2

土地位置	用　途	出让面积（万m^2）	可建建筑面积（万m^2）	成交金额（万元）	出让方式	竞得单位	竞得时间
B、E、G标准分区G20-8/02号宗地	商业金融业、居住	3.72	10.25	6100	拍卖	重庆皇冠建设开发有限公司	2007-5-30
K分区K03-2/02号宗地	二类居住	22.93	80.26	122500	挂牌	重庆首创新石置业有限公司	2008-3-1
K分区K02-1/02、K02-2/02、K01-2/02、K04-2/02、J17	二类居住、商业金融业用地	28.37	100.07	171000	拍卖	重庆贵拓贸易有限公司、无锡同鑫资产监管有限公司	2009-6-25
K分区K10-1/02、K10-5/03、K10-6/03、K11-1/02、K13	一类居住、二类居住	59.65	125.31	381000	拍卖	保利（重庆）投资实业有限公司	2009-6-25
E分区E3-1/02（地下）、E3-3/02号宗地	商业金融业、文化娱乐、仓储用地	3.37	8.84	10806	挂牌	重庆永辉超市有限公司	2009-6-17
B分区B3-2、B3-4号宗地	二类居住、商业金融业、防护绿地	22.44	94.08	228000	拍卖	重庆嘉逊地产开发有限公司	2009-9-25
E分区E22-2/02号宗地	二类居住、商业金融业	14.17	59.49	160000	拍卖	保利（重庆）投资实业有限公司	2009-9-25

续表

土地位置	用　途	出让面积（万 m^2）	可建建筑面积（万 m^2）	成交金额（万元）	出让方式	竞得单位	竞得时间
A分区A1-3/01、A1-6/01号宗地	二类居住	12.87	18.85	67500	拍卖	中航技房地产开发有限公司	2010-1-7
A分区A1-5/01、A1-7/01和A1-8/01号宗地	二类居住	18.81	36.63	76019	挂牌	中航技房地产开发有限公司	2010-1-7

资料来源：重庆中原市场研究部。

大石坝未来供应项目概况　　表14-3

项目名称　东原D7区	
项目地址	江北区建新西路鸿恩寺公园旁 
开发商	重庆东原地产开发有限公司
占地面积（万 m^2）	23.31
建筑面积（万 m^2）	122
商业体量（万 m^2）	—
物业形态	高层
预计开盘时间	2010-9
预计开盘均价（元/m^2）	—
总套数	2853套
项目点评	是集SHOPPING MALL、高层住宅、SOHO公寓等于一体的大型城市综合体。东面近邻国家级城市森林公园——鸿恩寺森林公园，项目主要以高层为主，即将推出户型面积35～97m^2一房到三房，项目的商业、生活设施配套完善，丰富的物业形态，升值潜力大

项目名称　保利·江上明珠	
项目地址	江北区观音桥鸿恩寺公园旁 
开发商	保利（重庆）投资实业有限公司
占地面积（万 m^2）	57.2
建筑面积（万 m^2）	125.3
商业体量（万 m^2）	—
物业形态	别墅、洋房、高层
预计开盘时间	2010-8
预计开盘均价（元/m^2）	洋房：12000-15000 别墅：25000
总套数	—
项目点评	作为2009年“地王”地块项目，以鸿恩寺公园为中心环绕分布，区域价值明显，项目规划由别墅、洋房、高层组成，打造重庆主城豪宅项目，5+1电梯森林洋房和162席别墅，其中洋房面积区间120～280m^2，别墅面积区间320～380m^2。首次将推出5+1电梯洋房，户型面积120～230m^2四房至六房，此外还将推出户型面积250m^2叠拼别墅，市场关注度高

项目名称	凯嘉城·北麓官邸
项目地址	江北区观音桥鸿恩寺公园旁
开发商	上海嘉凯城
占地面积（万m^2）	
建筑面积（万m^2）	40
商业体量（万m^2）	
物业形态	别墅
预计开盘时间	2010年下半年
预计开盘均价（元/m^2）	30000
总套数	
项目点评	作为鸿恩寺的别墅项目，仅300余席，位于观音桥商圈内，是独特的商圈别墅，背倚鸿恩寺公园，又具有郊区别墅的特征，使它的稀缺性越显突出。项目自身定位为以私人会所概念打造的高端别墅

项目名称	绿地新都会
项目地址	江北大石坝往南桥寺九村车站附近
开发商	重庆绿地申润房地产开发有限公司
占地面积（万m^2）	3.72
建筑面积（万m^2）	12.68
商业体量（万m^2）	
物业形态	高层
预计开盘时间	2010年下半年
预计开盘均价（元/m^2）	
总套数	978套
项目点评	项目扼守着江北、渝北、沙坪坝三区两岸交界处，辐射三区两岸数十万人流。绿地新都会是一个集商业、投资公寓、高层住宅于一体的城市综合体，区域价值明显。项目主要以高层住宅为主，其中包括20～30m^2精装公寓，低总价低首付，60～85m^2街景高层，空中院馆赠送，空间价值最大化

项目名称	重庆国奥村
项目地址	江北北滨路国奥片区大石坝D标准分区
开发商	重庆国奥实业有限公司
占地面积（万m^2）	32
建筑面积（万m^2）	75
商业体量（万m^2）	
物业形态	别墅、小高层、高层
预计开盘时间	2010年下半年
预计开盘均价（元/m^2）	
总套数	4836套
项目点评	国奥村地处大石坝北滨路，依山傍水，大社区大配套，项目采用20余项低碳减排技术，树立重庆低碳地产标杆。一期推出130～220m^2坡地叠院、宅院，80～170m^2空中院墅，最大赠送面积超200%，值得期待

续表

项目名称	华润置地·中央公园	
项目地址	江北北滨1路中段	
开发商	华润置地（重庆）有限公司	
占地面积（万m^2）	19	
建筑面积（万m^2）	67	
商业体量（万m^2）	—	
物业形态	高层	
预计开盘时间	2010-9	
预计开盘均价（元/m^2）	—	
总套数	—	
项目点评	是华润地产在渝又一高层项目，该项目毗邻鸿恩寺公园，居住环境舒适性高，小区打造东南亚园林风情，户型面积66～127m^2，选择空间较大，值得关注	

项目名称	首创洪恩国际生活社区	
项目地址	江北鸿恩寺公园旁红石路	
开发商	首创置业（重庆）公司	
占地面积（万m^2）	22.9	
建筑面积（万m^2）	100	
商业体量（万m^2）	—	
物业形态	高层、多层	
预计开盘时间	2010-9	
预计开盘均价（元/m^2）	—	
总套数	7179套	
项目点评	打造100万m^2核心大盘，结合五大公园打造万国风情主题公园，大社区大配套，居住环境舒适，升值潜力大。首批由7栋户型面积区间为40～120m^2的高层景观洲际公寓组成，多元化生活空间，受到市场的高度关注	

资料来源：重庆中原市场研究部。

第 15 章　重庆典型热销项目分析

重庆中原二级市场事业部　肖　练/何　艺/陈明强

2010年上半年的重庆楼市与全国楼市一样经历了前热后冷的局面。年初商品房延续着2009年的涨势，商品房成交量价齐升且屡创历史新高；从第二季度开始楼市调控加码，在本轮号称有史以来最严厉的调控“新政”的压力下楼市开始降温，供应量减小、成交价格下降。在市场供应和成交连连下挫的情况下，部分开发商项目却逆市飘红，开盘热销的消息频频传出，这无疑羡煞了其他开发商。其中，“大城小爱”、“中渝都会首站”和“中交丽景”是热销楼盘的典型代表。

15.1 项目概况

15.1.1 地处主城区　定位投资性

“大城小爱”、“中渝都会首站”和“中交丽景”等三个项目均定位于投资性产品，销售以小户型为主，在投资地产市场上具有一定的竞争优势。从位置上看，三个典型项目均位于重庆主城区。“大城小爱”地处高新区石桥铺南方香榭里，“中渝都会首站”位于渝北区龙溪镇金山路，“中交丽景”位于大渡口泛二郎双山大片区双龙路。

具体来说，“大城小爱”项目是南方东银继重庆首个娱乐社区一米阳光项目之后，为重庆的青年们量身打造推出的以青年情感为主题的小户型花园社区。“中渝都会首站”是重庆北部核心加州－新牌坊板块即将拔地而起的超大型城市综合体项目首篇之作，定位于投资、居住、商务型社区。“中交丽景”项目定位于打造与公园绿地穿插渗透的高品质生态人性化居住小区、特色商业街及集中商业。

图 15–1　重庆市典型热销项目区位分布

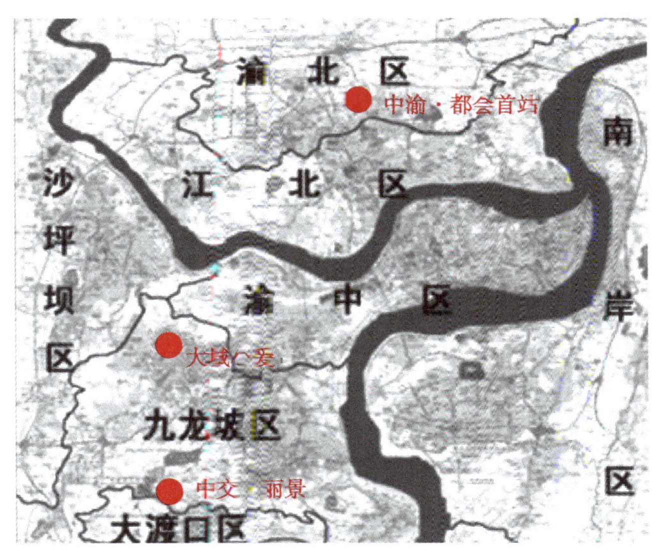

资料来源：重庆中原市场研究部。

重庆市热销典型项目基本指标

表 15-1

项目名称	区 域	占地面积（万m^2）	建筑面积（万m^2）	容积率	物业构成
大城小爱	九龙坡区石桥铺板块	3.0	15.0	4.50	6栋34层高层及1栋4层多层
中渝都会首站	北部新区新牌坊-加州板块	2.7	14.0	4.89	4栋国际精品公寓及1栋写字楼
中交丽景	九龙坡区杨家坪板块	21.3	90.6	3.49	13栋高层住宅

资料来源：重庆中原市场研究部。

重庆市典型热销项目销售概况

表 15-2

项目名称	开发商	开盘时间	开盘均价（元/m^2）	当时周边房价（元/m^2）	推出楼栋	户型面积区间（m^2）	推出套数（套）	开盘当天销售（套）
大城小爱	南方东银	2009-10-24	5500	5100	1、2号楼	39~63	585	售罄
		2009-12-19	6100	5500	3号楼	39~63	288	售罄
		2010-1-17	6200	5700	5号楼	40~63	320	220
		2010-3-21	6500	6000	6号楼	40~63	320	售罄
		2010-4-25	7200	6200	4号楼	39~63	288	170
中渝都会首站	中渝置地	2010-1-31	8080	7000	3号楼	49~72	328	290
		2010-4-10	9200	8200	1、2号楼	38~64	760	580
		2010-9-5	12000	9300	写字楼	27~47	624	售罄
中交丽景	中交集团	2010-4-24	5800	6500	4、11、12号楼	59~102	636	618
		2010-6-13	6000	6700	8号楼	68~94	198	190
		2010-8-21	6500	7000	5号楼	68~104	198	178

资料来源：重庆中原市场研究部。

15.1.2 开盘均热销　风骚领市场

“大城小爱”自2009年10月首期开盘就以短时间蓄客、开盘热销的强劲势头领军重庆小户型市场。2009年10月24日首次开盘，2010年8月10日清盘，月均去化速度约180套。项目共5次推盘，3次开盘售罄。开盘销售均价为套内5500元/m^2，最后尾盘销售均价为套内7200元/m^2，涨幅约30%。

“中渝都会首站”目前共三次开盘，每次开盘当天的销售率均超过80%。购买客户除了本地高端客户外，还吸引了部分来自台湾、温州、上海等外地投资客。

“中交丽景”自2010年4月首度开盘至今，四个月内连续开盘三次，累计销售房屋1032套，实现销售总金额逾5亿元，提前四个月完成2010年度销售任务。“中交丽景”以微小的开盘次数，优良的销售业绩，一举成为重庆楼市的一匹黑马，并逐步开始领跑重庆西区的房地产市场。

15.2 热销原因分析

主打投资概念的三个典型项目逆势热销，连续创造销售神话，其公司品牌效应、地段优越性、独特的产品设计及灵活的营销方式是成功的主要原因。

15.2.1 知名开发商　品牌效应成保障

在目前低迷的市场环境下，购房者的信心大幅受挫，因此资金实力雄厚的品牌开发商无疑是对项目和购房者最好的保障。三个典型项目的开发商分别是南方东银、中渝置地和中交集团。中渝置地已深耕重庆地产市场多年，开发了多个质优产品，深受本地客户欢迎，树立起良好的公司品牌形象。南方东银置地作为央企10强中国兵器装备集团控股的大型房地产开发企业，坚持以近乎苛求的标准开发地产臻品，在短时间一跃成为业界不可忽视的新兴地产开发力量。“一米阳光”与“大城小爱”两个项目的相继推出，搭建了南方东银“青年楼盘”代言开发商的地位。中交集团是世界500强企业、央企前5强、中国内地建筑企业第1位，为中国建筑行业最具代表性的公司。它是建设世界的中国力量，世界基建行业的标杆之一，中国建筑行业领军企业，良好的品牌形象给购房者注入了强大的信心。中交地产作为地产新兵，以亲民地产的姿态切入市场，“中交丽景”作为其进驻重庆市场的1号作品引得众人关注。

15.2.2 地段优越性 配套设施较成熟

三个典型项目均位于重庆房地产发展水平较为迅速和成熟的区域，区域内市场需求较稳定，财富人群聚集。区域周边交通便捷，到市内各主要商圈的距离较短，时间较少。

“大城小爱”项目位于重庆市高新区石桥铺华宇名都城附近，项目旁边是三条线路公交车的起点站。近邻高九路快速公交干道已经建成通车，在建地铁一号线高庙村站、石桥铺站亦环绕项目两翼，交通出行非常方便。项目距离渝中区、沙坪坝、九龙坡区车行距离都在30分钟以内，项目区位交通优势凸显。

“中渝都会首站”位于新溉路与210国道交界的新牌坊立交旁，堪称雄踞城市的黄金口岸，是步伐渐进的“两江新区”的门户核心。周边已经形成了市级行政中枢、商业配套、产业孵化、金融监管和运营中枢以及对外关系中枢六大功能，成为重庆经济北移的核心。新牌坊区域也是重庆最大的富人集居地，周边中高端物业供应量约400万m^2，集中了水晶郦城、MOCC中心、紫都城、香樟林别墅、中华坊、财富中心等重庆知名的品质居住社区，汇集了约30万左右的中高端收入人群。该区域临水、陆、空三栖交汇枢纽要地，江北机场、寸滩保税港口、重庆北火车站（高铁、城铁）、轻轨（3、6号线）等机场、港口、陆路轨道交通构建立体交通网络。周边配套成熟完善，满足一站式居住需求，全面兼顾都市人群对商务和娱乐的多重需求。

“中交丽景”位于重庆西城的中央生活区，区域价值堪比重庆北区新牌坊，以后将是重庆西城乃至全市最好的居住区之一。经过多年开拓，泛二郎生活圈已经日渐成熟，各项配套逐步开始满足周边居住需求。加上项目毗邻的巴国城和二郎商业步行街，重庆西城中央居住区已经拥有比较成熟的商业、餐饮、娱乐休闲配套。

15.2.3 产品小而精 特性分明迎需求

三个典型项目的产品特性可以简括为“小而精”，户型功能分明，简洁流畅，户型配比适中，产品设计密切贴合投资客的购房置业需求。

“大城小爱”每个户型功能分区明显，方正适用，均拥有双阳台设计。在户型面积控制上，利用阳台改造成居住房间的设计方式将两房控制在50m^2左右，三房控制在63m^2以内，使项目整体销售总价具有较好的市场竞争力。项目在景观园林、社区配套都一改小户型产品孤立、单体无内部景观氛围营造的劣势，真正为年轻人营造一个专属的社区。

“中渝都会首站”集甲级写字楼、超五星级铂金酒店、生活品位型商业、国际精品公寓等业态于一体。采用经典的NEO-DECO（新装饰主义）建筑风格，单栋配置5部高速电梯，高端、奢华的入户大堂、电梯厅、标准层过道以及重庆绝无仅有的层高达2.8m的电梯轿厢等等，无不彰显出其独特的尊贵气质。主力35～71m^2灵动户型设计，可满足城市精英及财富人群投资、居住、商务接待等多种功能需要。

“中交丽景”是一个近100万m^2的城市休闲体，融高层、小高层、洋房、商务公寓、酒店式公寓、商业街于一城。1000m范围内就有4大公园，是一个集公园、商业、居住、办公、休闲等多种功能于一体，量身订造的国际休闲城。一期推出的60～102m^2的户型正好切合购房者的需求。

15.2.4 营销有手段　模式创新贴产品

三个典型项目针对各自产品的特点，辅之以适合的营销手段。以“大城小爱”项目为例，在产品推广的各个环节都与项目的主题思想相融，这一精细营销的模式是其热销的关键。在整体营销规划上，选择王力宏演唱的大城小爱歌曲作为项目的案名和主题宣传曲，体现出项目呵护男女之间爱情的主旨思想。在销售道具方面，设计播放“大城小爱”歌曲的音乐楼书，互动性的项目主题网站等，体现出与一般小户型产品简陋包装的与众不同。在宣传渠道上，通过创新性的运用移动电视高频率包月投放、电影院贴片、手机彩铃等手段，全方位地将“大城小爱”情感主题传达到目标客户中。“中交丽景”则采用现场推销和线下推广相结合的销售模式，前期辅助大量商圈巡展、扫楼、商家资源联谊，为积累客源奠定了坚实的基础。

15.3 市场影响

三个典型项目的热销对市场具有重大的意义。作为一个投资型产品，在市场力图挤出投资需求的大环境下取得如此好的销售业绩实属不易，亦对未来该类产品的发展具有极其有益的借鉴因素：第一，投资型产品应尽可能在地段上做文章，投资型产品卖的是未来升值潜力，应尽可能地在城中具有较好基础环境和未来发展前景的区域选址；第二，在地段优势的基础上，规划能满足目标客户需求的、具备实用性的产品，产品设计亦在可实现的基础上尽可能加以创新以吸引眼球；第三，开发商应具备良好的品牌形象，树立客户信心。

在“大城小爱”项目之后，重庆房地产小户型市场陆续出现适婚社区，婚房等着力于青年适婚人群的项目宣传，“大城小爱”成为一个小户型细分客户市场上成功的营销经典案例。城市未来发展、区域内首席大盘的市场形象、良好的产品品质支持着“中渝都会首站”项目整体价值，未来升值潜力巨大，已经成功成为了重庆市场中一流大盘。在价格方面，该项目从今年年初开盘的8080元/m^2上涨到目前11100元/m^2，短时间内良好的升值能力更为项目带来了巨大的市场影响力，在客户群中产生了良好的口碑效应。“中交丽景”获得重庆5月楼市成交金额、成交面积、成交套数三冠王。它的出现，填补了西城大盘生活的空缺，中交地产也将成为西城大盘生活的开拓者。

第16章　轨道交通　城市发展引擎

四川中原市场研究中心　张　静
重庆中原市场研究部　孙　刚

近年来，重庆和成都两市的城市建设日新月异，城市范围不断扩大，与城市发展息息相关的交通条件加速升级改造。目前，成渝两市轨道交通的建设正在如火如荼的进行。未来几年，两市市域内将逐渐建成轨道交通网络。轨道交通，作为城市发展的引擎，不仅有效地缓解城市交通压力，同时更有力地带动区域经济发展，并催生出一种独特的经济——轨道经济，对房地产市场的发展也起到了积极的推进作用。

16.1 城市发展　成渝步入轨交时代

16.1.1 缓解交通　轨交规划成网络

图16-1　重庆市轨道交通远景规划

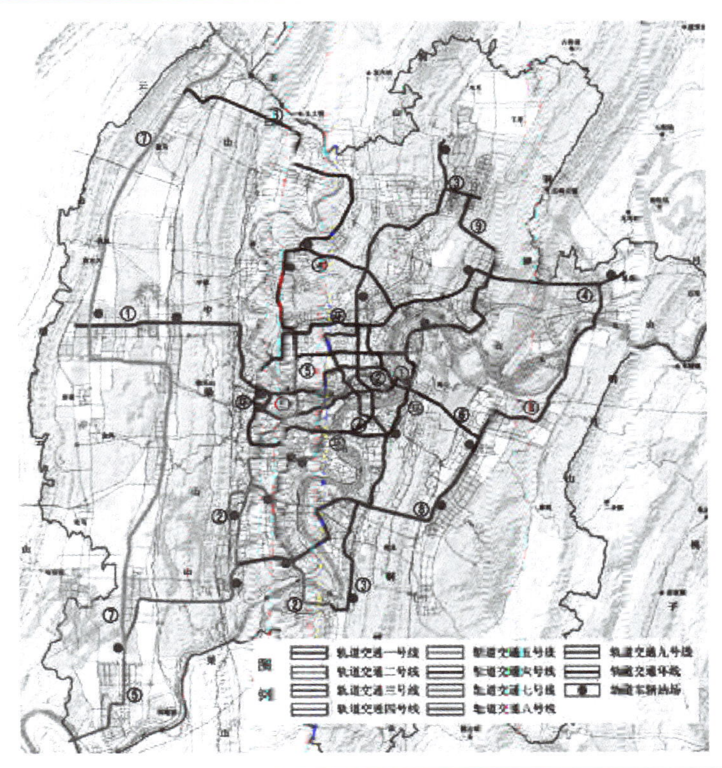

资料来源：重庆市规划局。

随着成渝两市近几年的飞速发展中，城市交通压力逐渐凸显，而轨道交通的建设也成为了改善城市交通状况的重要举措之一。2007年5月，重庆正式通过了《重庆市主城区轨道交通线网控制性详细规划》，规划了包括轻轨、地铁、城际铁路3种形态在内的一条轨道线（“一环九线”），轨道线路总长513km，车站270座。“一环九线”的确定将之前的重庆轨道建设规划进行了进一步的优化和调整，将形成覆盖中心城区、衔接主城区与各外围组团的快速轨道交通网络，带动周边区域房地产开发建设，极快地推动城市化进程。成都的轨道交通建设也在提速之中。成都规划中的地铁线将由7条线路组成，覆盖成都全域，形成巨大密实的线网。

图16-2　成都市快速轨道交通线网规划

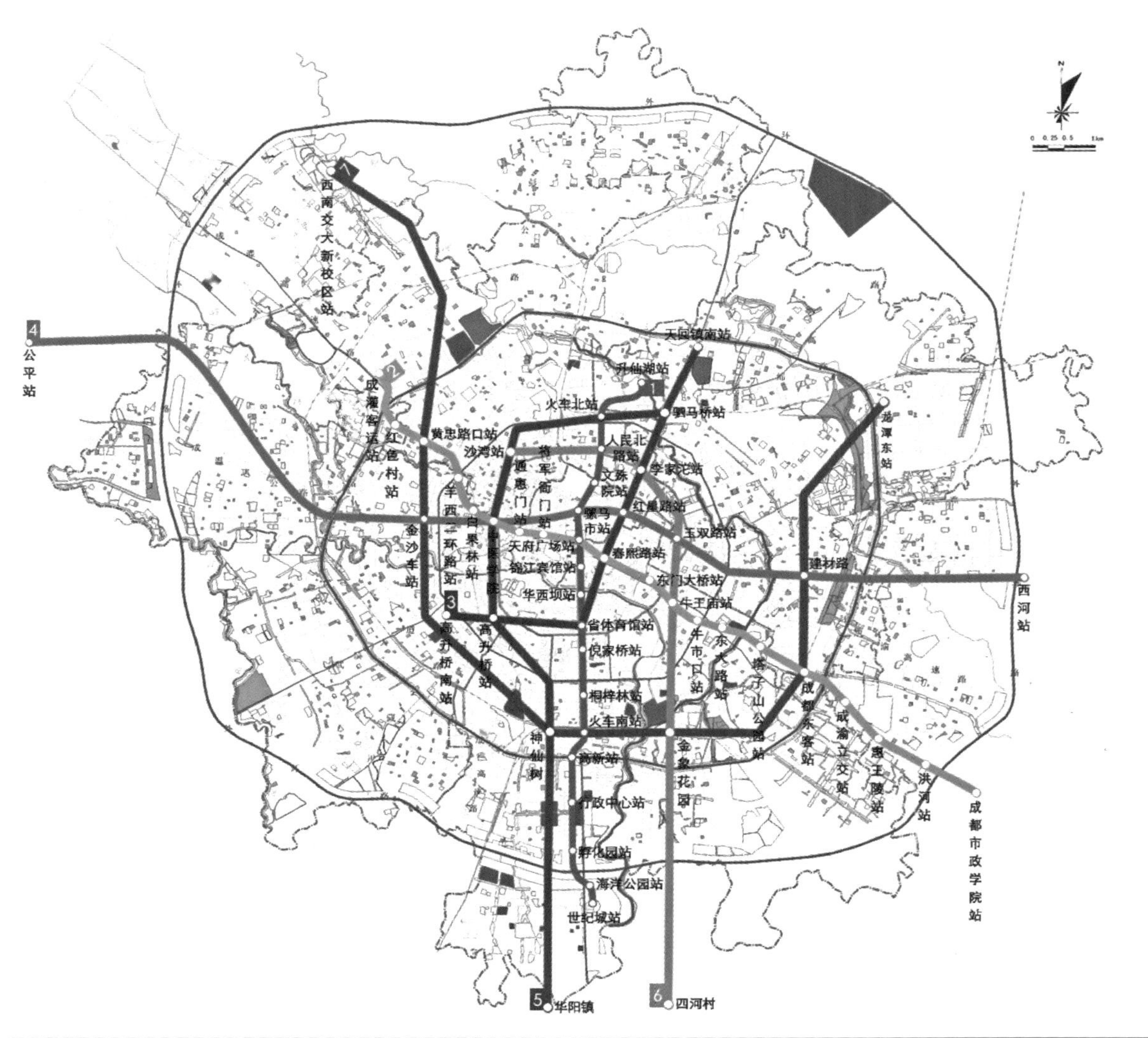

资料来源：成都地铁公司。

16.1.2 分期建设　城市开启新纪元

轨交网络的建设非一日之举，分期分段建设是两市均采取的举措。重庆“一环九线”的建设将分成三大阶段，主要目标也将从缓解核心区交通拥堵的基础目标，逐渐转变成为形成覆盖主城区各个组团的轨道网络的主要交通方式，从而使轨道交通真正成为城市发展所必不可少的重要因素。目前，重庆轨道交通2号线于2005年和2006年分别完成一、二期建设并通车运行，有效的连接了渝中区、九龙坡区、大渡口三个行政区域。2007年，轨道1号和3号线相继开工建设，与已运行的2号线共同形成“大”字型的轨道交通骨架。2009年，轨道6号线动工建设，预计到2012年，主城各区将通过轨道达到完全联系，城市轨道的交通网络初步形成。

重庆市轨道交通建设周期　表16-1

阶　段	目　标	建成后
近期建设	至2013年，建设“四线十段”共177.6km，加上已通车的2号线19km，共建成196.6km的运营网络。日客运量达到200万人次	打基础，一环内建成骨架：建设1、2、3、6号线的主要区段，缓解核心区的交通拥堵
中期建设	至2020年，建设“六线一环”364km线网和60个重要的换成枢纽。日客运量达到600万人次	上台阶，二环内形成网络：建设2、3、6号线各延伸段及支线和4、5号线及环线等，形成主城区综合换乘枢纽和轨道网络，成为主城区客运交通骨干，促进各组团同步发展
远期建设	至2030年，建设“九线一环”513km线路和270座车站的轨道交通网络（其中地下线221km，枢纽站108座。）日客运量达到800万人次	提水平，完善网络功能：建设“六线一环”以外的其他线路，有效衔接二环内外各种交通方式，紧密联接“一小时经济圈”卫星城重要交通枢纽，成为都市区客运交通骨干，增强都市区聚集辐射能力，促进城市经济圈的新发展

资料来源：重庆市轨道交通集团。

2010年5月8日，成都第一条轻轨成灌快铁（成都至都江堰）运行。成灌快速铁路从2008年10月份开始动工修建，全长68.1km、共13个站，其中郫县境内全长31km。快铁的建成，使郫县成为15分钟经济圈。此外，全长37.59km的地铁1号线一期工程将于2010年10月正式投入运行，该线路北起升仙湖，南止世纪城，共17个站。目前，成温邛线、成龙线也在规划中，未来将初步形成中心城与郫县、温江、龙泉驿3个外围组团及成都、温江、邛崃城市发展走廊之间的轨道交通体系。另外，成都至南充、重庆的轻轨也在规划中。巨大的交通网络将为成都房地产发展带来无限机遇。

16.2 轨道交通　成渝楼市催化剂

在影响房地产的各种因素中，交通无疑是其中最重要的因素之一。交通的便捷程度决定了居住者出行是否便利，在很大程度上也对房地产的价值产生了一定的影响。随着城市人口越来越多，城市变得越来越繁忙，道路交通拥堵严重，轨道交通逐步成为大城市人们出行的主要方式，是否拥有便捷的轨道交通成为区块房地产价值的重要因素。

16.2.1 打破现有格局　改写“地段”概念

轨道交通在为城市带来交通的改变、经济的发展的同时，也将改变人们对房地产市场发展的观念。传统的所谓“地段”概念今后将会随着轨道交通的延伸而得到极大的改观。通过轨道的连接，缩小了市中心和郊区的通勤时间，市中心和非市中心的交通时间差将淡化，使轨道线附近尤其是原先较偏远地区的有效需求放大。重庆目前组团式发展的特征令各区域自产自销的特点比较明显，区域之间的购房流动性较差，形成特有的购房格局。轨道交通的建设将逐步打破区域间的壁垒，拉进巴南区、渝北区、大渡口区以及其他偏远组团与中心城区的距离，令购房需求在各大范围内释放。

随着地铁和轻轨的陆续开通，成都将浮现一些巨大的卫星城，诸如郫县、犀浦、华阳、温江、双流将会随着轨道的开通，不断升级其规模。成都将会改变传统的网状格局，沿着轨道两侧及重要站点就会逐步发展为一个个的新的住宅区以及商业中心。由于成灌快铁的开通，郫县、都江堰、青城山开始进入置业者“第一居所”的选择行列，快铁拉近了郊区与城市的距离。以郫县为例，几年前郫县的房地产市场发展非常滞后，如今其楼盘单价已卖到5000元/m^2以上。

16.2.2 商业价值凸显　商办物业受宠

随着轨道的建设，庞大的人流量无疑将带来巨大的商务机会，轨道周边的商业价值也越来越被看好，成为众商家投资的热点。以重庆为例，目前已初具规模的袁家岗中新城上城、解放碑轻轨名店城即是轨道商业地产的代表。而随着轨道交通网络的实现，轨道交通所聚集的人流对于以上两种类型的商业提供了强有力的发展支撑，必将促进轨道商业地产的迅速发展。

在成都，轨道交通对商用物业的影响更多地体现在写字楼投资价值的升值。目前全球资本巨鳄都将触角伸入成都，有力推动了城市商务的迅速崛起。占据了成都地铁沿线核心地段的高端写字楼已成为资本市场瞩目与追逐的对象。地铁沿线热点区域的高档写字楼物业，因其升值空间不可限量而格外受宠。地铁一号线开通以来，沿线多个写字楼物业价值得到大幅提升。

成都市地铁1号线沿线典型写字楼升值情况　　表16–2

物业名称	沿线站点	物业升值概况
高新国际广场	高新站	从2005年地铁规划出台到2010年6月，价格涨幅达到了71.43%
新希望大厦	桐梓林站	还未开盘之前，前来咨询的客户就络绎不绝，从2009年4月开始出售以来，价格一路飙升，短短一年间，其价格由12000元/m^2涨到了19000元/m^2，涨幅达58%，目前出售率在90%以上
丰德国际广场	桐梓林站	2005年的销售价格为5300元/m^2，目前的二手写字楼价格达到了10800元/m^2，价格涨幅竟高达103.77%

资料来源：四川中原数据库。

16.2.3“地铁楼盘”升值　沿线房价飞涨

轨道交通会形成人们的“时间可控”，地铁、轻轨缩短城市距离，出行的经济成本降低，人们选择居住考虑的面也会变得更广，因此，临近轨道交通的“地铁楼盘”由于轨道交通所带来的便利性，其价值也将会高于其他同类型物业。在不考虑其他因素情况下，轨道物业的价格是以站点为圆心向外逐渐降低。车站附近楼盘的价格要高于位于两站点间的楼盘价格。

目前，成渝两地已建成的轨道交通沿线楼盘升值幅度普遍高于全市水平。以重庆2号线袁家岗站点和大渡口站点为例，从2005年至2010年6月附近楼盘均价分别上涨了112%和120%，而同期重庆主城区住宅均价上涨幅度为90%。成都从2005年到2010年，位于地铁1号线升仙湖站点附近楼盘价格涨幅高达120%；从地铁1号线规划出台到2007年，升仙湖站点附近楼盘销售价格稳步上升，地铁效应初步显现；从2008年到2010年，地铁效应显著呈现，涨幅巨大。而位于地铁1号线高新站点附近的楼盘，从地铁规划出台到目前地铁即将投入运营，涨幅同样翻了一倍多，2009至2010两年间涨幅更是十分突出，其涨幅均远高过成都一手商品住宅成交价格的涨幅。

重庆市大渡口区轨道代表项目价格变化明细（2006～2010年上半年）　　表16–3

楼盘分类	2006年		2007年		2008年		2009年		2010年上半年	
	名称	价格	名称	价格	名称	价格	名称	价格	名称	价格
轨道楼盘	锦天康都	3100	新宝龙易城	3400	新宝龙易城	4800	新宝龙易城	5200	新宝龙易城	7000
无轨道楼盘	宝辉怡康苑	2440	顺祥壹街区	3300	顺祥壹街区	4300	顺祥壹街区	4600	恒通御景天都	6200

注：对比楼盘的价格确定均为同时期、同类型项目的套内销售价格（单位：元/m^2）。
数据来源：重庆中原市场研究部。

图 16-3　重庆市轻轨 2 号线附近典型楼盘价格走势（2005～2010 年上半年）

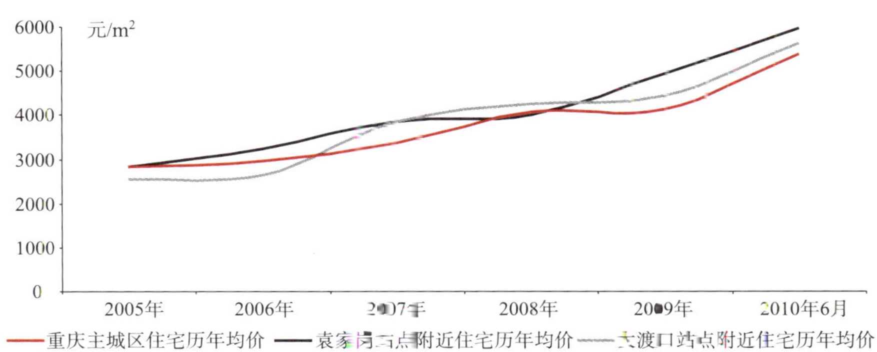

数据来源：重庆中原市场研究部。

图 16-4　成都市地铁 1 号线附近典型楼盘价格走势（2005～2010 年上半年）

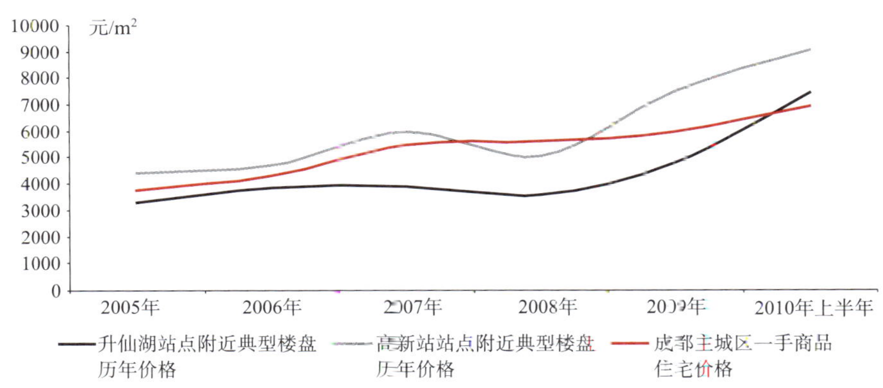

数据来源：四川中原数据库。

第17章　各路神仙竞技　角力成都市场

四川中原市场研究中心　周　觅

成都，作为中西部重要的中心城市，西南地区的科技中心、商贸中心、金融中心和交通通信枢纽，经济发展及消费水平使其跳脱于其他西部其他省区，位居全国二线城市的中游。中国内地地区机构、央企及外企在西部或西南区域总部驻地基本都设立在成都市。

成都市共辖9个区、6个县、4个市，1个独立核算的国家高新技术产业开发区。得天独厚的自然条件以及超长的辐射半径，使得成都市房地产市场具有极其广阔的发展前景，自然也吸引了大批开发商前来淘金。据中原地产不完全统计，截至2010年6月，成都市已有各类大小开发商1626家，国内房地产巨头绝大多数都已落地成都，同时香港、台湾、新加坡、美国等开发商也已程度不等地涉足成都市房地产市场。

近年来，外来企业凭借其自身优势占据了成都市房地产业半壁江山，不仅在开发体量上遥遥领先于成都本地房企，同时在市场份额、开发产品的影响力、销售率及价格等方面都取得了明显的优势。据中原地产统计，2010年1至6月，成都市本地开发商与外来开发商的新增供应面积分别为163万m^2和312万m^2，本地开发商和外来开发商的新增供应面积占全市的比重分别为34%和66%。

17.1 八仙过海，各显神通　本土房企三足鼎立

17.1.1 蓝光：全面开花　业务联动促发展

蓝光，作为曾经蝉联过7年成都楼盘销量冠军的本土大佬，是继龙湖、金科之后的第三个进军北京市场的西南地区开发商。2010年6月，蓝光北京项目“蓝光云鼎”亮相；2010年下半年，蓝光在成都首次推出的精装豪宅项目“公馆1881”及“蓝光云鼎”即将公开发售。作为本土房企龙头老大的蓝光，在历经了多年积累之后，开始不再局限于本地及现有产品模式的开发，试图在高度及广度上进行突破，进军高端物业产品开发及一线城市，这标志着蓝光正在从区域性房企向全国性城市运营商转型。

蓝光的业务触角还渗透至二手房市场。早在2009年10月，蓝光就已推出“蓝光嘉宝易居”品牌，开始进军房地产中介市场，业务内容涵盖房屋买卖、租赁、按揭贷款办理等。随着市区土地资源的日益稀缺，城市中心区域房屋市场交易将向二手房市场倾斜。正是瞄准这一机遇，蓝光才将业务范围扩大至一般开发商并不重视的中介市场。

一、二、三级市场联动、高中低端产品并存，立足本土、向外延伸的发展模式，显示着蓝光已经摆脱了本土企业的局限性，开始企业远景的战略布局。

成都市蓝光成都项目一览表（2007～2010年上半年）　　表17-1

名　称	状　态	占地面积（万m^2）	可建面积（万m^2）	已开发面积（万m^2）
凯丽美域	售完	2.57	—	—
富丽碧蔓汀	售完	5.99	—	—
蓝光凯丽香江	售完	3.30	—	—
东方溪谷	未售	8.89	44.43	—
花满庭	在售	8.27	34.69	36.83
云鼎	待售	1.48	—	—
公馆1881	在售	4.01	15.24	1.31
青羊区培风村10组、万家湾村6组	未售	3.14	11.30	—

数据来源：四川中原市场研究中心。

17.1.2 置信：壮士断腕　务实的探索先驱

置信，作为早期成都房地产市场中的“当家小生”，近年来却在住宅市场中逐渐式微。2010年上半年成都市销售10强榜单中，置信的项目无一上榜，主要原因是置信目前在售项目基本分布于三环外、郊县，产品类型也偏离目前主流开发商所专注的住宅产品，而注重于高端的复合旅游地产及工业地产等，代表项目有：“芙蓉古城”、“国色天乡”、“青羊绿洲”。

早在20世纪90年代后期，成都本地房地产尚处于起步阶段，置信作为本土开发商，在口碑以及品牌形象等方面均得到了市场认可，是当年当之无愧的“本土天王”。彼时，蓝光还仅仅是局限于商业地产开发的“小弟”。随着万科、中海等外地大鳄进军成都，本土开发商在资金、经验、品牌认可度等方面均难以抗衡。自忖无法与全国标杆房企正面碰撞的置信，开始把更多的精力放在了住宅产品以外的开发。除二级市场外，置信对一级土地市场整理也多有涉及。置信已与郫县政府签订了“198”[1]整体建设项目战略合作协议，将参与郫县“198”项目的土地一级整理及其他建设，同时与武侯区、温江万春镇等也签订了大量的土地开发协议，而已运营多年的青羊绿洲项目更是成都工业地产成功的典型代表。

作为曾经的本土住宅开发先驱，置信在激烈的市场竞争中，逐渐放弃了住宅市场，开始了战略转型，寻找市场空白点，最终走上了在本土独树一帜的发展道路。

17.1.3 万华：深耕细作　名利双收的新科状元

与蓝光、置信等在成都各处布点，早已功成名就的本土开发商相比，万华只能算是后起之秀。低调的作风使其并不为外人所熟知，仅凭借一个项目良好的口碑就在业内声名鹊起。作为成都最成功、最成熟的高尔夫社区，“麓山国际社区”多年来一直保持着良好的销售势头，多次名列销售排行榜前列。众所周知，万华拥有上市酒业集团背景。正是因为“麓山国际社区”的成功开发，不仅将其业务顺利拓展至利润丰厚的地产行业，也撬动了整个麓山板块，引得雅居乐等外来实力开发商纷纷入驻。

从2002年至今，万华地产在成都仅有一个在售项目，即多年专注经营铸就的、成都最长寿的项目“麓山国际社区”。正是这样一个长达8年的社区，在近几年成都房地产业高速发展、各类项目如雨后春笋纷纷冒出之际，不仅未显颓势，反而焕发青春，勇夺2010年上半年成都房企销售金额第一名，不得不说是一个奇迹。

成都市房企销售金额十强（2010年上半年）　　表17-2

排　名	企业名称	金额(亿元)	来　源
1	万华地产	23.98	本地
2	华润置地	17.06	国企
3	蓝光和骏	14.77	本地
4	森宇置业	14.03	本地
5	中海外	13.06	国企
6	万科集团	13.05	深圳
7	龙湖集团	11.74	重庆
8	瑞升地产	10.42	本土
9	恒大地产	10.35	广东
10	和记黄埔	9.06	香港

数据来源：四川中原市场研究中心根据公开信息整理。

---

[1] 2007年成都市政府正式启动了“198区域”的规划建设。“198区域”是指环绕成都中心城区的198平方公里的非建设用地，主要位于三环路之外、外环路以内（包括外环路外侧的500米生态保护带），涉及成都五城区（含高新区）深入外环路以内的地区，共11个区、县。

当“麓山国际社区”开发进入收尾阶段，外界纷纷猜测万华是否将如置信、蓝光等老大哥一样，大展拳脚踏足全城乃至其他城市之时，却发现2010年的年初，万华已经不声不响地在双流重镇华阳拿下了4幅共计3208亩土地，打好基础、深耕双流的盘算不言而喻。

万华地产成都市拿地一览表（2010年1～8月） 表17-3

宗地位置	出让方式	净用地面积（万m^2）	成交单价（元/m^2）	竞得人
华阳镇香山村	挂牌	55.12	1935	万华地产
华阳镇沙河村	挂牌	53.41	1935	万华地产
华阳镇香山村	挂牌	52.82	1935	万华地产
华阳镇香山村	挂牌	52.53	1935	万华地产

数据来源：双流县国土局、四川中原市场研究中心。

随着社会经济的不断向前发展，成都市房产业也整体升级换代。本土巨头们悄悄变脸，经营策略、开发理念发生重大改变，以前粗放式经营的情况越来越少，逐渐向专业化、精细化发展。不论是正在转型抑或是高速发展的房企，面对外来房企激烈的竞争和冲击，都聪明且务实地选择了最适合自己的经营模式及发展方向，调整自己以适应市场。

17.2 你方唱罢我登场　外来和尚淘金忙

17.2.1 衣食无忧　一线房企笑看风云

作为有着深厚国企、央企背景，及丰富开发经验的全国性上市标杆房企，保利、华润、万科等外来开发商在成都一直呈快速及良好的发展势头。万科自不用赘言，作为最早进入成都的外来开发商之一，在成都的开发项目数量数遥遥领先，东南西北遍地开花。坚持高端路线的中海也拥有着为数不少的拥趸，位于城市边缘的“中海国际社区”的热销即是最好的证明。而“翡翠城”、“二十四城”等华润系项目的成功开发，已然使华润将品牌影响力转化为了实实在在的购买力和认可度。

特别值得一提的是近两年来才在成都崭露头角的保利。2010年是保利进驻成都的第三个年头，从位于郊区的“保利198”，到处于城市各热点区域的“保利中心”、“保利花园”、“保利金香槟”等项目，保利已经完成了在成都的基本布局。新政后各大项目的逆市热销，也无不显示了其作为央企的绝对实力。

拥有强大的资金实力，丰富的营运经验和多年累积的品牌优势，渡过了最初落地适应期的外来大鳄们已经完全适应了成都的土壤。在对房企资金、经验、管理要求越来越高的生存环境里，越发风光无限。

17.2.2 蓄势待发　二线央企兵临城下

成都作为西南地区的中心，巨大的市场潜力及相对较低的门槛，使得各类开发商趋之若鹜，纷纷前来“报到”。中海、华润、保利、中电、中粮、中信等央企背景的开发商在成都都有不同程度的发展，央企国企们从未停止过进军成都市场的步伐。

2010年上半年特别是楼市调控新政以来，由于政策迷雾尚未拨开，楼市前景不明，各大开发商不约而同地放缓了推盘及土地储备的速度。就在这样人人自危的背景下，以中铁建、中冶为代表的二线央企却异军突起，砸下重金在全国大肆拿地。据统计，2010年上半年，中铁建共花费132亿元购地，仅在成都购地已近17亿。

相对于保利、华侨城等早已声名鹊起的央企巨头，中铁建的名号相对陌生，但作为获得国资委“认证”的以房地产业为主营业务的央企，实力绝不容小觑。随着北京、上海等一线城市竞争加剧，开发成本较低、前景更为广阔的二线城市就成为其布局扩张的新战场。成都，这个能够辐射整个西南、西北的中心城市，自然成为竞相争抢的“肥肉”。

部分央企在成都市拿地情况（2010年上半年） 表17-4

宗地位置	净用地面积（万m²）	可建面积（万m²）	楼面地价（元/m²）	成交总价（万元）	竞得人
郫筒镇洪石村二、三、四社	5.38	21.54	1050	22616	中冶科工
郫筒镇洪石村二、四、五社	8.[illegible]5	32.59	1057	34465	中冶科工
郫筒镇洪石村二、五社，菠萝村二社	8.59	34.75	1057	36750	中冶科工
南部新区仁和片区	8.03	24.09	5100	122879	中国铁建
成华区青龙场镇7号	6.37	19.39	2271	44028	中国铁建

数据来源：成都市国土局、四川中原市场研究中心。

17.2.3 强势进入 外来房企占据主导

在成都市招拍挂土地市场，一直存在着外来开发商唱主角的情况。本土开发商除了个别龙头企业外，发展受困，局面难以打开，更多的转向于成都近郊、郊县或者川内的二级城市。在国内房地产市场中活跃的各地开发商中，绝大多数在成都已有开发项目或者土地储备，如重庆的龙湖、金科、华宇；广东的恒大、合景泰富、富力、雅居乐、佳兆业、花样年；大连的万达、海昌；上海的绿地、华敏、复地；福建的建发、滕王阁等等。可以说，外来开发商已占据了成都市房地产市场的绝对主力位置。随着房地产市场的日益规范化，拿地及开发成本的提高，都让本地中小开发商难以承受，不得不退出优质地块的争夺。这些不差钱的上市公司及实力企业凭借着雄厚的资本以及丰富的操作经验，疯狂地抢夺市场份额，其发展速度之快令本土企业望尘莫及。

部分外来开发商成都市主城区储地及开发情况一览（2007～2010年上半年） 表17-5

开发商	总土地储备（万m²）	可建面积（万m²）	已开发面积（万m²）	待开发面积（万m²）
万科	19.12	80.31	35.10	45.21
保利	51.63	168.13	16.98	151.15
龙湖	18.45	69.11	5.00	64.11
绿地	39.30	143.69	5.43	138.26
中海	38.57	106.03	38.04	67.99

数据来源：成都市国土局、四川中原市场研究中心。

17.3 行业洗牌优胜劣汰 两极分化加剧

随着成都市房地产业不断向前发展，消费者日趋成熟，市场规范及市场准入门槛的提高，以往良莠不齐的开发商及产品并存的情况将得到根本性的改变。拥有强大资本资源后台的央企、国企自不用说，大型跨地域房企继续扩张的态势已不可逆转。本土开发商如果没有抓住机遇做大做强，在这一波又一波的竞争及调控浪潮中难免不被倾覆。这一趋势在2010年开始愈发明显，几乎所有热点地块都被大开发商拿下，中小开发商市场份额进一步减少，生存空间受到严重压制，行业洗牌极有可能使其从“配角”沦为“客串”，强者恒强、弱者式微将是成都市房地产市场最为明显的发展趋势。

第18章　成都商务公寓应市而生

四川中原市场研究中心　张双红

近年来，成都房产市场上出现不少40年土地使用年限的商住两用公寓，一般称为40年产权商务公寓。这些产品大多是“商改住”项目，只有40年或50年的土地使用年限，水电收费标准高，一般不通天然气，成为住宅中的“异类”。有人把这类公寓称为“伪公寓”，更有甚者将其比喻为“人妖”。尽管“出身”不好导致“短命”，且水电收费普遍的非“民”待遇以及天然气等住宅必备设施的缺失，但由于这些项目多为小户型、售价低，具有“宜商、宜居、宜投资”等多重特色，因此几乎没有受到“新政”的影响，市场销售情况较好。

商务公寓作为功能复合的双面产品，能实现商住合一，满足了特定的市场需求，短期内还有可能存在。但商务公寓是市场不规范运作的产物，从长远来看，操作风险将逐渐加大，未来这类项目将会淡出市场。

18.1 商务公寓“商改住”分三类

40年或50年产权公寓的出现，源自开发商在商业产品开发难度较大的情况下，将商业办公用地修建成商住两用的边缘产品出售。开发商业产品对地块条件、开发的专业性水平、资金实力等方面要求较高，开发的风险高且开发难度大。相反，市场对住宅产品尤其是小户型的投资型产品一直保持需求的旺盛。在缺少政策约束的条件下，开发商大打政策“擦边球”，在不改变土地性质的前提下，在产品设计、推广上更多的偏向住宅进行操作，轻松实现“商改住”。于是，成都大量商务公寓应运而生。商务公寓由于产品规划不同而形态各异，大致上可以归纳为以下三种类型。

第一类为纯居住型。此类产品与住宅项目基本相同，在规划上完全按照普通住宅来进行，从建筑外立面到内部户型设计、小区绿化、物业管理等多个方面都着眼于居住功能。除了房屋产权的差异，与普通住宅并无区别。例如“鸿运之星”、“玉林品上”、“花样年华好圆”等项目。

第二类为小户型单身公寓或酒店公寓。这类产品多规划为30～50m^{2}小户型，打着酒店式公寓的旗号，主要满足居住功能。以小面积低总价吸引投资者及青年置业者。这是目前市场上最流行的商务公寓。典型的项目有“龙湖三千星座”、“鑫苑名家·新青年”、“浅水80俊”、“中海部落阁”、“正成双楠格调”等。

第三类为商住混用型。此类产品同样是规划为小户型，既可以满足办公需求，也可以用于居住或者是SOHO办公。与一般商住楼不同，由于土地的商用性质，这类商务公寓可以注册公司。“万科蚂蚁工坊”、“金府SOHO”，“成功银玺国际”、“天紫界胶囊商务舱”等就属于此类产品。

18.2 供求活跃　市场特征鲜明

18.2.1 供应逐年增　精装成趋势

40年产权公寓从2005年以后开始逐渐盛行，发展到2010年，新项目层出不穷。由于一线品牌开发商如万科、龙湖、中海、保利等的加入，将商务公寓市场开发热度推向了新高点。自2005年到2010年上半年期间，成都市主城区共有59个商务公寓项目取得71个预售许可证，市场供应量达到31115套。商务公寓供应逐年增加，2009年超过8000套，2010年仅上半年供应就超过7000套，几乎与2009年相当。

此外，商务公寓精装修已渐成趋势。此前，由于商务公寓产品功能定位不明确，难以确定精装修的方向，操作上较为困难，市场上精装项目较少。2010年以前，仅有“龙湖三千星座”、“叠翠峰”、“正成双楠格调”等少数项目为精装修。进入2010年，随着酒店公寓项目的增多及功能定位的日益清晰，精装修逐渐成为潮流。2010年开盘的9个项目中，有6个为精装修项目。这些项目受到市场的认同，并且精装修有可能成为商务公寓未来的发展趋势。

图18-1　成都市商务公寓供求情况（2005～2010年上半年）

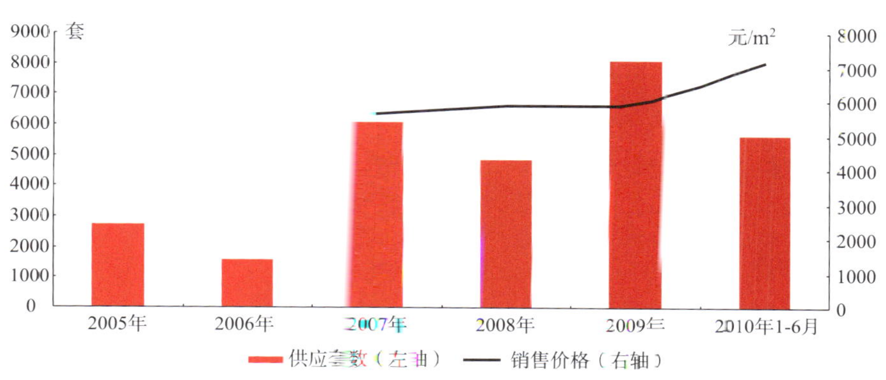

数据来源：四川中原数据库。

18.2.2 价格优势明显　两极分化现端倪

对于大多数40年产权公寓来说，在价格方面都具有较大杀伤力。从近几年价格发展趋势上看，商务公寓价格呈平稳上升的态势，但升幅较小，主要是由于地理位置缺陷导致价格上涨乏力。产品销售均价从2007年的5635元/m^{2}上升到2009年的5961元/m^2，2010年达到7153元/m^2。2010年由于多个项目以精装房的形态出现，导致价格上涨较快，但价格优势依旧明显。

同一个板块内，在周边环境、交通、配套等各方面条件相当的条件下，40年产权公寓售价普遍比周边70年产权住宅项目售价低15%～20%。同一个项目中，有部分楼栋、单元或楼层设计为40年产权商业性质，尽管在环境、景观、配套等方面基本一致，但因产权年限不同导致的价格差异同样达到15%～20%之高。

成都市同一板块40年产权公寓与70年住宅价格比较　　表18-1

板　块	40年产权（元/m^2）	70年产权（元/m^2）	相差幅度（元/m^2）	相差比例
金沙板块	5300	6500	1200	18.5%
驷马桥板块	4300	5400	1100	20.4%
双楠板块	5500	6800	1300	19.1%
建设路板块	5600	7000	1400	20.0%

数据来源：四川中原数据库。

成都市同一项目40年产权公寓与70年住宅价格比较　　表18-2

项目名称	40年产权（元/m^2）	70年产权（元/m^2）	相差幅度（元/m^2）	相差比例
东立国际广场	4200	5200	1000	19.2%
仁和金沙	4500	5600	900	16.1%
金沙西园三期	4600	5500	900	16.4%
鸿运之星	4000	5000	1000	20.0%

数据来源：四川中原数据库。

2009年开始，40年产权公寓的价格开始出现两极分化趋势。一极为中低端项目，以绝对价格优势作为市场竞争的砝码，例如“东立国际广场”均价不足5000元/m^2；另一极为高端产品，品牌开发商精装修产品冠以SOHO、酒店公寓等旗号，定价在市场上独领风骚。例如，“万科蚂蚁工坊”商务空间均价9500元/m^2，“龙湖三千星座”酒店公寓价格9000~10000元/m^{2}等。

18.2.3 销售良好 投资客为主

40年产权公寓以较大的价格优势吸引着众多购房者。2009年，在住宅市场销售火爆的情况下，40年产权公寓也普遍热销，推出的项目大都销售完毕或接近清盘状态。2010年，在“新政”的影响下，住宅市场一片萧条，商务公寓由于商业产权性质，在贷款方面政策不变，受“新政”的影响较小，市场发展状况依旧较好。

从客户群体来看，40年产权公寓的客户群体较为宽泛。归纳起来，可以分为三类。第一类：纯粹的投资客，因其地段好、总价低、易出租及投资回报率较高，40年产权公寓成为投资客青睐的投资产品。第二类：首次及过渡性置业者，多为刚参加工作，支付能力相对有限的青年置业者。通过购买此类产品满足其过渡型居住需求，同时兼有一定的投资功能。但是受首付五成及贷款年限10年的影响，首付及月供压力依旧较大，产品对其吸引力有限。第三类：成长型的中小企业及创业者，商业立项的公寓因为可以注册公司，加上总价低、物业管理费低，办公的同时可以居住，成为中小型企业及SOHO办公群体的选择目标。在以上三类客户群体中，投资客占据了主导地位。

18.2.4 产品特色鲜明 优劣势突出

40年产权公寓作为一种“中间”型产品，存在的“非议”较多。综合40年商务公寓的特征，与70年产权公寓相比较，可以发现这类产品的优劣势都较为明显，其最显著的优势在于价格，而其最突出的劣势则在于品质不高、适用度低。

由于商务公寓原土地性质是商业用地，多为临街小规模地块，经济技术指标为写字楼的标准。临街、容积率高、绿化率低、建筑密度大、楼间距小、公摊大、无景观配套已成为商务公寓产品的基本建筑特征。商务公寓建筑内部多为通廊式设计，一层楼从十多户到几十户不等，住户密集，而电梯只有3~5部，高峰时段电梯拥挤不堪，运载负荷极高；商务公寓户型一般设计为30~50m^{2}的标间，空间局促，在采光、通风等方面普遍存在不足，居住及办公的舒适度大打折扣，产品品质普遍不高。

商务公寓由于功能定位不明确，产品适用度较低。作为典型的投资型产品，具有典型的“住者不买，买者不住”的消费特征。建筑特性导致这些产品可用于居住，但舒适度不高，比不上普通住宅；可用于办公，但空间局促，比不上一般的写字楼。无论是作为住宅还是办公，都有不可克服的缺陷。

近年随着城市化的发展，40年产权公寓的地理位置优势正在丧失。早期40年产权公寓多集中在市中心，如“金色夏威夷”、“东恒国际”等项目多位于市中心优质地段，坐享核心商圈的繁荣与便捷。由于市中心土地供应的日益稀缺，此类产品供应开始外移。至2009年，商务公寓项目基本聚集在二环至三环间，逐渐远离市中心向外围扩散。由于外围城区的市场发育成熟度难以支撑该区域商业产品的开发，为了规避风险，开发商不得不另辟蹊径，将以写字楼报建的项目改造成40年产权公寓出售。成都的城北是40年产权公寓的集中爆发区，如驷马桥片区，金府片区都聚集着较多以写字楼立项的商务公寓。

成都市40年产权公寓与70年住宅优劣势比较　表18-3

优势	劣势
1. 紧临城市主干道，交通可达性好	1. 按揭最低五成10年，1.1倍利率，首付压力较大，不能使用公积金
2. 面积小、单价低、总价低，适合投资，满足过渡性需求	2. 水电费商用、不通天然气、生活成本较高
3. 商业性质，无购买套数限定，受“新政”影响较小	3. 不能解决入户问题，商住混杂，物业管理困难
4. 可以注册公司，适合新成立小企业办公	4. 公摊较大、户梯比较高，住户密集，电梯拥挤，居住舒适度低
5. 易出租、租金回报率较高	5. 不能享受住宅相关税收优惠，交易税费较高
6. 中小型企业自用办公成本的控制	6. 土地使用年限为40年，土地出让金标准未知

资料来源：四川中原市场研究中心。

18.3 短期存在　最终淡出市场

40年产权商务公寓作为一种复合功能的双重产品，能实现商住合一，是市场细分的结果，满足了特定的市场需求，未来一段时间内还有可能存在。尤其是在写字楼市场供应压力依旧较大的情况下，商业金融用地开发为商务公寓的情况还将继续出现。商务公寓由于具有商住两用的特征，功能可变性强，市场操作的空间较大。在住宅市场及写字楼市场任何一方发展条件较好的情况下，产品都能依附其中一方获得较大的生存空间。因此，商务公寓在一定时期内还将存在。

然而，商务公寓的操作风险正在加大。2011年5月20日，北京市住建委、发改委、规划局等部门联合发布了《关于加强酒店类项目销售管理有关问题的通知》，明确规定酒店项目一律禁止分层、分单元销售，禁止向个人出售。此外，北京多个部门正在制订关于加强规范非住宅项目销售管理的办法，禁止开发商将非住宅项目当住宅开发销售。北京政策的出台预示着“商改住”项目操作的政策风险正在加大，也为其他城市敲响了警钟。

从长远来看，40年产权项目为一种“中间型”产品，体现了产品性质与功能的错位，是市场不规范运作的产物，未来这类项目将会逐渐淡出市场。首先，这种过渡型产品本身存在较多硬伤，产品功能定位不清晰，未来发展空间将逐渐减小。其次，商业用地土地拍卖价格走高导致“商改住”项目在成本控制方面高于住宅。一旦在价格上失去优势，“商改住”产品的竞争力将大为削弱，逐渐将被市场淘汰。最后，随着房地产市场管理的日益规范化，项目严格按照土地性质修建，对“商改住”项目的审批也会越来越严格，城市建设将更多按照既定的规划运行，商业用地也将逐渐还原其本来的功能。

第19章　成都写字楼投资价值彰显

四川中原市场研究中心　张双红

成都是西部地区的交通、通信、金融、商业及科技中心，无论是从经济总量、经济结构、经济增长速度、城市规模、还是从交通条件、基础设施建设、人才储备等多个方面条件来看，条件都较好。作为西部大开发的领头羊，容易获得中央政策方面的倾斜。成都优越的投资环境正吸引着大量的国内外知名企业进驻。据统计，2010年已经有175家世界500强企业落户成都，位居西部之首，在全国也处于领先水平。

随着大量外企进驻，本土企业也处于不断发展壮大过程中，这些构成了对写字楼市场的强大需求。近年来，成都写字楼市场发展一直较为平稳，写字楼销售价格较低，租金水平和投资回报率较高，一度被喻为投资的“香饽饽”。尽管2010年以来，写字楼价格有所飙升，似乎正在透支写字楼未来的增值空间；同时，需求增长相对较为滞后，短期供过于求的情况开始显现；然而，通过重新权衡成都写字楼投资的成本及收益可以发现，成都写字楼的投资优势仍然明显。

在当前市场环境下，通货膨胀显现，投资渠道收窄，住宅市场投资门槛升高，政府宏观调控严厉。总体来看，成都写字楼发展较为稳健，投资优势明显，市场发展前景较好，并且有政府保驾护航，写字楼依旧是投资的较好选择。

19.1 政策保驾　长期供求平衡

19.1.1 优惠政策保障

纵观成都市政府对楼市的宏观调控，基本上是针对住宅市场，对商业地产的调控极少。为了维护楼市的稳定，必须保证投资性需求有一定的出口。在对住宅的购买限制趋严的同时，对写字楼、商铺的政策保持不变，逐步将楼市投资资金引导流向商业地产领域。从长远来看，商业地产的宏观调控政策将趋于稳定。

写字楼是成都市政府发展“楼宇经济”重点扶持发展的对象，在未来较长时间内，写字楼的发展都会得到政府的保驾护航。发展楼宇经济，必须先行发展写字楼，通过写字楼的修建为经济活动提供载体，吸引广大企业入驻，为当地的税收作出贡献。地方政府为了鼓励写字楼的发展，采取一系列的政策支持，不仅有针对开发企业修建写字楼的建设补贴，更有针对入驻企业的直接租金补贴，从而为写字楼的发展创造了良好的外部环境。成都市及各区县近年来即出台了一系列针对写字楼的优惠政策。

成都市写字楼优惠政策一览表　　表19-1

时　间	政　策	内　容
2004-6-03	锦江区《关于进一步加快总部经济发展的意见》	对新引进的总部企业可根据年纳税额连续3年享受15～30元/m^2·月的写字楼租金补贴
2009-2-11	成华区《关于促进总部经济发展若干政策的意见》	新入驻的年纳税额在200 万元以上的总部企业，新购置自用写字楼按500元/m^2给予一次性补贴；租赁自用写字楼按 10 元/（m^2·月）给予 2 年租金补贴
2009-3-13	青羊区《关于促进青羊区经济又好又快持续发展的试行意见》	新建顶级写字楼投入使用后补贴300万元，新建甲级写字楼补贴100万元
2009-4-9	成都市《关于进一步加快金融业发展的若干意见》	凡进入东大街、南部新区金融集聚区的金融机构，购买自用写字楼给予一次性1000元/m^2购房补贴；租赁自用写字楼给予连续3年20元/（m^2·月）的租金补贴；自建自用写字楼所需土地可按照土地拆迁整理成本挂牌出让，补贴总额最高可达500万元
2009-5-1	金牛区《关于进一步促进金牛区房地产业健康发展的实施意见的通知》	新建甲级及以上写字楼投入使用后补贴300万元，新建乙级写字楼补贴200万元。重大招商引资项目，入驻企业给予30 元/（m^2·月）写字楼租金补贴

数据来源：成都市及各行政区政府网站。

19.1.2 长期供求平衡

从2007年开始，成都写字楼供应逐年增大。2009年写字楼的供应面积突破100万m^2，2010年上半年供应达到55万m^2。据不完全统计，目前市场已知但尚未推出的写字楼项目约50多个，按照每个项目4～5万m^2的体量计算，潜在市场供应量至少达200～250万m^2。随着这些项目的推出，未来市场放量明显。

写字楼供应过快增长而需求增长相对较为平缓，在短期内存在一定的“过剩”危机。一方面，写字楼的“过剩”将加剧市场竞争，形成优胜劣汰，加剧投资风险。但从另一方面来看，一定程度的供过于求有利于买方市场的形成，也有利于促使开发商认真做好产品研究，开发出适合市场需求的产品。

然而，市场的自发调节与政府的宏观调控都将促使市场供求最终趋于平衡。一方面开发商会根据市场情况调整开发策略，放缓写字楼的开发节奏或转变物业用途。另一方面，政府会通过宏观调控手段维护市场供求关系的平衡，如减少商业金融用地的供应，通过“住宅禁商令”迫使企业办公地点由住宅小区搬至写字楼中，以及在招商引资方面给予较大的优惠政策吸引实力企业进驻。

成都正处于城市发展的快速上升时期，其他城市在写字楼的快速发展期都曾出现过供应集中放量的情况，每年的供应量达到几百万m^2。随着经济的发展，成都写字楼最终逐步被市场消化。

19.2 价格速涨　投资优势仍存

2009年，成都甲级写字楼价格基本维持在12000～14000元/m^2的水平。进入2010年，成都写字楼销售价格上涨幅度较大。在售及即将出售的甲级写字楼销售价格达到18000～20000元/m^2。准甲级写字楼销售价格则从2009年的7000～8000元/m^2上升到2010年的10000～12000元/m^2。相比之下，租金上涨较为平缓，投资回报率已经有所下降。但是，通过将成都与其他城市进行比较可以发现，成都写字楼投资优势仍然存在。

19.2.1 投资成本低

购买成本低

成都写字楼起步时间较晚，价格较低。2007年开始进入快速发展通道，2008年又连续遭遇了地震及金融危机的影响。在市场低迷的情况下，销售价格上涨乏力，保持在较低水平。从2009年下半年开始，随着经济的复苏，写字楼价格才开始迅速攀升。

尽管成都写字楼的价格提升较快，但是从全国范围内来看，一、二线城市的写字楼价格均出现较大幅度上涨。相对于这些城市来看，成都写字楼销售价格仍处于较低水平。2010年上半年，甲级写字楼售价18000元/m^2，准甲级写字楼为10000元/m^2，远远低于北京、上海等一线城市水平，也低于天津、杭州等二线城市水平。

全国部分城市写字楼销售价格比较（2010年上半年）　表19-2

城　市	甲级写字楼（元/m^2）	准甲级写字楼（元/m^2）
北京	35000	22000
上海	50000	35000
深圳	30000	20000
杭州	23000	20000
天津	25000	12000
成都	18000	10000

数据来源：四川中原数据库。

持有成本低

写字楼的持有成本主要是指在持有环节所要支付的各种税费。随着时代的发展，写字楼持有环节成本有不断增高的趋势。尽管如此，成都的写字楼持有成本相对于其他城市却要低得多。

第一：物管费低。写字楼通常存在一定的空置期。对于空置的写字楼，业主需要承担物管费。以甲级写字楼为例，一线城市由世界五大行管理的写字楼物管费普遍集中在20～30元/（m^2·月）。成都同样是由五大行提供服务的写字楼物管费大多集中在15～20元/（m^2·月）。物管费较低减轻了业主在空置期的支出，降低了空置期间的持有成本。

第二：出租税率低。按照税法规定，出租方承担房屋出租税，出租环节所涉及的税种较多，主要包括出租税、营业税及附加、个人所得税等。而成都地方政府在此方面的税收较为优惠。2009年6月开始，成都试点的出租税以1500及5000元为划分标准，对出租税分三个等级征收，并且为综合税税率。

相比之下，成都写字楼的出租所需缴纳的税费远远低于其他城市，最高仅为租金总额的10%，不到其他城市税率的50%。这大大降低了出租期间业主的税收支出，使持有成本保持在较低水平。

交易成本低

写字楼交易环节同样存在的一系列税费构成了交易成本，主要包括营业税及附加、土地增值税以及个人所得税等。这些税费的存在导致写字楼的交易成本居高不下。尤其是土地增值税占增值部分30%～60%的征收比例，导致写字楼增值部分被大大压缩。

相比之下，成都的写字楼交易环节税费较为优惠。交易涉及的税种有营业税及附加、印花税、个人所得税以及少量的手续费、工本费等。营业税及附加按照差价5.55%计算，个人所得税按照指导价格或交易价格的1%征收，此外无土地增值税，从而为投资者保留了较大的增值额，导致交易成本大大降低。

将成都与上海进行比较可以发现，同样的增值额，由于所需负担的税费差异，导致投资获利差异悬殊。 增值额越大，两者之间的差距就越大。成都市由于地方政府对写字楼物业在交易税费方面较为宽松，为投资者保留了较多的利润空间，增值额能充分被投资者享有，更加突显出成都写字楼的投资优势。

成都市与其他城市写字楼出租税率比较 表19-3

城　市	写字楼出租税
其他城市	租金总额：12%出租税，5.5%营业税及附加，20%个人所得税，综合起来税率占租金收入的23%～24%
成都	三个等级征收：1500以下税率4%，1501～5000元税率6%，5001元以上税率10%，综合起来税率最高占租金收入10%

数据来源：成都地方税务局。

成都市与上海市写字楼交易税费比较 表19-4

城　市	购置价格（万元）	卖出价格（万元）	税费合计支出	获利（万元）
上海	100	200	营业税及附加5.55万，印花税0.1万，土地增值税32.46万，个人所得税12.37万，合计50.48万	49.52
成都	100	200	营业税及附加5.55万，印花税0.1万，个人所得税2万，合计7.65万	92.35

注：不含交易登记费、手续费。
数据来源：四川中原地产研究部根据税法及地方税收管理规定计算。

19.2.2 投资回报率高

成都投入使用的写字楼租赁状况都较为良好。一方面租金水平平稳上升，甲级写字楼的租金集中在100～150元/（m^2·月）之间，准甲级写字楼集中在60～90元/（m^2·月）之间；另一方面市场需求旺盛，空置率持续走低，在短期内能达到较高的入住率。

从投资回报率来看，几大城市写字楼的税前投资回报率均在8%～9%之间。加上税费方面的差异，税后投资回报率差异加大，成都在几大城市中依旧保持较高水平。

19.2.3 物业增值空间大

成都写字楼占据中心城区的优质地段，一般靠近主干道，交通可达性好，配套完善。随着城市规模的扩大，中心城区的土地供应有限，物业增值的空间较大，可以轻松坐享土地增值的红利。

成都写字楼市场正处于快速上升期，几大商务板块还在逐渐的分化与走向成熟的过程之中。随着商务板块的逐步成熟，区域内的写字楼租金看涨，而租金的提升将带动区域内写字楼价值增值。例如人民南路的“汇日央扩国际广场”、“商鼎国际”以及东大街的“东方广场”等写字楼由于租金的上涨带动二手房价格的冲高。

全国部分城市写字楼投资回报率比较　　表19-5

城　市	单价（元/m^2）	租金（元/m^2·月）	税前投资回报率	税后投资回报率
北京	35000	260	8.9%	6.9%
上海	40000	280	8.4%	6.5%
深圳	30000	200	8.0%	6.2%
杭州	30000	200	8.0%	6.2%
成都	18000	140	9.3%	8.4%

数据来源：四川中原数据库。

成都市部分写字楼租金售价情况　　表19-6

项目名称	2008年		2009年		2010年1-6月	
	租金（元/m^2·月）	售价（元/m^2）	租金（元/m^2·月）	售价（元/m^2）	租金（元/m^2·月）	售价（元/m^2）
汇日央扩国际广场	125.4	13550	135.6	15792	143.5	17533
商鼎国际	75.9	9908	76.5	12552	86.8	13267
东方广场	65.3	7313	72.1	8675	74.7	11517

数据来源：四川中原数据库。

ABB
on
off
Photo by: Hu wenkit 胡文杰 (www.pdoing.com)

Data 数据

成 渝 | CHENGYU

重庆地产数据

成都地产数据

第20章 重庆地产数据

20.1 房地产投资环境

重庆市历年房地产市场主要指标表（2009～2010年上半年） 表20-1

指 标	2009年	2010年上半年
GDP（亿元）	6528.72	3634.61
GDP增长率（%）	14.90	17.60
固定资产投资额（亿元）	5317.91	2554.36
房地产投资额(亿元)	1238.91	649.63
住宅投资额(亿元)	789.02	598.05
写字楼投资额(亿元)	22.08	13.52
商铺投资额(亿元)	116.76	32.91
商品房施工面积(万m^2)	13052.60	12969.46
住宅施工面积(万m^2)	10338.12	10266.64
写字楼施工面积(万m^2)	210.29	188.13
商铺施工面积(万m^2)	1344.49	1270.49
商品房新开工面积(万m^2)	3813.68	2851.75
住宅新开工面积(万m^2)	2989.72	2375.81
写字楼新开工面积(万m^2)	62.98	18.73
商铺新开工面积(万m^2)	404.15	198.54
商品房竣工面积(万m^2)	2907.05	1042.96
住宅竣工面积(万m^2)	2384.51	863.67
写字楼竣工面积(万m^2)	46.36	12.96
商铺竣工面积(万m^2)	258.40	96.09
商品房销售额(亿元)	1377.76	649.63
住宅销售额(亿元)	1231.71	598.05
写字楼销售额(亿元)	15.08	13.52
商铺销售额(亿元)	112.28	32.91
商品房销售面积(万m^2)	4002.89	1689.57
住宅销售面积(万m^2)	3771.22	1602.26
写字楼销售面积(万m^2)	29.15	17.26
商铺销售面积(万m^2)	157.15	49.62

数据来源：重庆市统计局。

重庆市主要房地产政策一览表（2009～2010年） 表20-2

政策名称	颁布日期	实施日期	发布单位	对房地产市场的影响
《重庆市关于住房公积金管理有关具体问题的规定》	2009-01-21	2009-01-21	重庆住房公积金管理委员会	扩大缴存对象，降低首付比例，提高贷款限额，延长还款期限，放松了第二套房限制
《重庆市商品房预售信息监控管理规定》	2009-02-12	2009-05-01	重庆市国土房管局	开发商须备案及公示商品信息，对捂盘销售制订认定及处罚标准，整顿了销售秩序
《重庆市人民政府关于扩大内需促进房地产业健康发展的实施意见》	2009-01-20	2009-01-20	重庆市财政局、市地税局、人民银行重庆营管部	对普通商品住房（含二手住房）、高档住房、商业用房和办公用房（含写字楼）的契税、营业税和手续费等减免。促进各类房屋销售

续表

政策名称	颁布日期	实施日期	发布单位	对房地产市场的影响
新《重庆市物业管理条例》	2009-10-01	2009-10-01	重庆市政府	保障业主权益，业主可和物业管理公司在合同中约定安保责任，一旦签订合同后业主家失窃，物管将按照合同承担责任
《重庆市人民政府关于调整城市建设配套费征收标准的决定》	2009-11-23	2009-11-24	重庆市政府	主城区城市建设配套费每m^2提高60～100元等，从长期来看提高商品房成本
《重庆市地方税务局关于进一步加强房地产开发企业土地增值税征收管理的通知》	2010-05-04	2010-05-01	重庆市地税局	非普通标准住宅（单套建筑面积在144m^2以下、住宅小区建筑容积率1.0以上、成交价格低于同级别土地上住房平均交易价格的1.4倍）土地增值税由1%增加到2%
重庆地方版新政细则出台（“渝十条”）	2010-05-21	2010-05-21	重庆市政府	共提出四方面的要求和具体十条调控措施。重点着眼于加强住房保障、增加有效供给、规范市场秩序等，未对三套房停贷作出限制，同补助首次按揭购房者

资料来源：重庆中原市场研究部。

20.2 土地市场

重庆市历年土地出让主要指标表（2009～2010年上半年） 表20-3

	土地公告情况			土地成交情况			
	宗数	占地面积（万m^2）	建筑面积（万m^2）	宗数	占地面积（万m^2）	建筑面积（万m^2）	土地出让金额（亿元）
2009年	247	1615	3023	184	1306	2625	428
2010年上半年	101	680	1018	88	582	877	176

数据来源：重庆中原市场研究部。

图20-1 重庆市最值得关注的15大地块区位分布图（2009～2010年上半年）

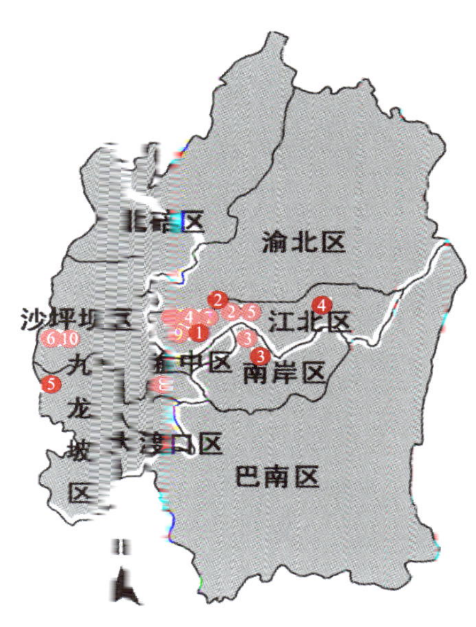

	2009年				2010年上半年		
	公告号	关注点	关注信息		公告号	关注点	关注信息
❶	09038	首宗总价地王	成交总价：38.10亿元	❶	10014	首宗拍卖土地	6.75亿起拍，7.60亿成交
❷	09130	起拍价最高地块	起拍价：36.50亿元	❷	10041	成交金额最高地块	成交金额：24.20亿
❸	09146	成交金额最高地块	成交金额：50.03亿元	❸	10019	单宗面积最大地块	土地面积：45.20hm^2
❹	09096	溢价率最高地块	溢价率：159%	❹	10052	楼面地价最高地块	楼面地价：6255元/m^2
❺	09040	容积率最高地块	综合容积率：9.44	❺	10022/100024	可建面积最大地块	可建面积：100.00万m^2
❻	09141/2/3/4	出让面积最大地块	土地面积：68.20hm^2				
❼	09095	保利年内又一高价地	成交总价：16.00亿元				
❽	09053	万科全年在渝最大宗购地	总面积：28.50hm^2				
❾	09042	大石坝高价地	成交总价：17.00亿元				
❿	09123	龙湖2009年获取最大宗地块	土地面积：58.80hm^2				

资料来源：重庆中原市场研究部。

重庆市最值得关注的10大成交地块（2009年）　　表20-4

年内首宗“地王”							
开发商	地块名称及位置	公告号	土地面积（万m^2）	用地性质	成交总价（亿元）	楼面地价（元/m^2）	溢价率（%）
保利（重庆）投资实业有限公司	大石坝组团K分区K10-1/02、K10-5/03、K10-6/03、K11-1/02、K13-3号宗地	09038	59.65	一类居住、二类居住	38.10	3040	31
地产点评	2009年6月25日，重庆的首宗“地王”经万科、龙湖、保利多家知名房企在多轮竞价后，由保利以38.1亿元拍得，这也是继2007年10月房地产市场调整以来，全国总成交价最高的“地王”。这宗土地的拍卖揭开了重庆土地市场地王之争的序幕 该幅总占地面积1020亩的土地位于江北区大石坝组团，处于城市未来热点开发区域，主城最大的城市中心公园鸿恩寺公园为其目前仅有的配套，但周边区域的配套相对成熟 土地成交时，周边几个正在销售的楼盘套内价格在5000～6500元/m^2，而该地块的楼面价却已高达3100元/m^2，此地块价格将成为未来重庆房价的风向标						

起拍金额最高的地块							
开发商	地块名称及位置	公告号	土地面积（万m^2）	用地性质	成交总价（亿元）	楼面地价（元/m^2）	溢价率（%）
贵恒投资有限公司（中海、九龙仓）	江北城组团A分区A10-1/03、A10-2/03、A10-4/03、A11-1/03和C分　区C01-3/03、C01-5/03号宗地	09130	26.49	商业金融业、二类居住、游乐用地	51.00	3079	12
地块点评	2009年10月30日中海和九龙仓在江北嘴CBD江北体育公园取得一宗起拍价高达36.5亿元的土地，起拍价的综合楼面地价达到2741元/m^2，是重庆历史上起拍价格最高的土地。土地最终以41亿元成交，此成交价格更一举刷新3个多月前保利拍下的鸿恩寺地块的38.1亿元的地王记录 政府对该地块有非常具体和苛刻的招标内容，拍卖会采取全封闭式拍卖，仅有中海、九龙仓和香港置地两家企业参与竞价 该地块虽然楼面地价高达3079元/m^2，却是以商务办公定位的江北城惟一有住宅性质的地块，可观长江和嘉陵江在朝天门的交汇，具有重庆最好地块美誉。目前江北城无任何可售物业，但作为重庆国际大都市标志性形象的江北城地块价值是无法估价的						

续表

成交金额最高的地块								
开发商	地块名称及位置	公告号	土地面积（万m^2）	用地性质	成交总价（亿元）	楼面地价（元/m^2）	溢价率（%）
誉越有限公司（招商）	弹子石组团G分区宗地	0[illegible]45	33.66	居住、公建及相关配套设施用地	50.03	3335	0
地块点评	2009年12月30日，招商地产间接持股50%股权的子公司誉越有限公司通过挂牌方式，取得位于重庆市南岸区弹子石组团G分区宗地的土地使用权 弹子石是重庆CBD的重要组成部分，未来的升值潜力较大。早在2007年就诞生过总价75亿、楼面价3260元/m^2的地王。近两年区域各项配套设施完善速度加快，目前该区域已有中海、九龙仓、龙湖、富力等知名地产企业的项目面市，使该地块价值提升						

最高溢价率地块							
开发商	地块名称及位置	公告号	土地面积（万m^2）	用地性质	成交总价（亿元）	楼面地价（元/m^2）	溢价率（%）
重庆嘉逊地产开发有限公司（龙湖）	大石坝组团B分区B3-2、B3-4号宗地	[illegible]096	22.44	二类居住、商业金融业、防护绿地	22.80	2424	159
地块点评	2009年9月25日，龙湖旗下公司嘉逊地产以22.8亿元，溢价159%拿下江北区大石坝一宗土地，这是今年重庆土地拍卖溢价最高纪录，在竞买过程中还吸引了金科、保利等多家地产商，最终经过87轮激烈竞价，溢价近14亿元成交 预计2010年大石坝区域全年开工总体量将超过400万m^2，在未来几年内将成为重庆房地产开发的热点区域。虽然地块溢价率较高，但该地块可与周边几个龙湖已开发的成熟项目连成一片，提升龙湖物业的整体价值						

容积率最高地块							
开发商	地块名称及位置	公告号	土地面积（万m^2）	用地性质	成交总价（亿元）	楼面地价（元/m^2）	溢价率（%）
重庆市江北嘴置业有限公司、重庆银行股份有限公司	江北城组团A分区A01-1/03、A01-2/03、A01-3/03、A02-1/03、A02-2/03、A02-3/03、A03-1/03、A03-2/03、A04-1/03、A04-2/03、A04-3/03、A05-1/03、A05-2/03号宗地	09040	9.48	居住、商业金融业	20.24	2263	0
地块点评	2009年6月25日重庆市江北嘴置业有限公司、重庆银行股份有限公司取得该地块，综合容积率达到9.44。此宗土地是江北嘴公司开发金融城的开始，最终的金融城将包括顶级写字楼、五星级酒店、高档商业设施等，重庆银行的总部也将落户其中 CBD规划的江北嘴将打造成中资金融机构在全国战略性网点布局之地，以及主要外资银行、外资保险机构、外资证券基金公司、世界500强企业在西南地区总部的首选地。重庆建立的证券场外交易市场、全国性电子票据交易中心、期货交易所等，也计划落户在这里。此宗土地的出让也标志着江北嘴的金融工程建筑拉开了序幕						

出让面积最大地块							
开发商	地块名称及位置	公告号	土地面积（万m^2）	用地性质	成交总价（亿元）	楼面地价（元/m^2）	溢价率（%）
重庆金科房地产开发有限公司	西永组团U分区U7-4-1/02、U7-4-3/02、U7-7-1/02、U7-[illegible]/02、U7-8-4/02、U7-6-1/02、U7-[illegible]-2/02、U7-9-2/02号地块	0914[illegible]-4	68.16	二类居住	12.15	2424	7
地块点评	2009年12月21日，金科在沙坪坝向西永大学城拍得四块相连的住宅用地，四宗土地的总面积达到1022亩，是2009年出让面积最大的土地 大学城是政府300亿重点投入、43万新城人口规划，属重庆六大城市副中心区。规划有两大高速路，轻轨7号线、地铁1号线经过。经过几年的发展，大学城已云集了众多教育机构，区内的低密度物业群也有较快发展						

续表

保利又一高价地							
开发商	地块名称及位置	公告号	土地面积（万m^2）	用地性质	成交总价（亿元）	楼面地价（元/m^2）	溢价率（%）
保利（重庆）投资实业有限公司	大石坝组团E分区E22-2/02号宗地	09095	14.17	二类居住、商业金融业	16.00	2690	152
地块点评	保利继6月在江北大石坝取得重庆年度首宗地王后，2009年9月25日又在同一区域拍得一宗高价地 此宗土地有绿地和中冶与保利竞拍，竞争激烈。起价为6.33亿元的土地最终以高于起拍价2.5倍的16亿元成交，溢价9.6亿元 这宗土地区域配套相对较好，江北大石坝良好的区域前景吸引了众多的知名开发商在此争夺土地，不断抬高区域地价，印证了这里将成为重庆地产新的热土						

万科全年最大宗土地							
开发商	地块名称及位置	公告号	土地面积（万m^2）	用地性质	成交总价（亿元）	楼面地价（元/m^2）	溢价率（%）
万科（重庆）房地产有限公司	大杨石组团D分区D14-2-3/02、D14-2-1/02、D15-1/02号地块	09053	10.55	商业金融业兼容二类居住	11.20	2084	6
地块点评	虽然2009年上半年万科参与了重庆多宗地王的争夺均未果，但6月重庆万科在三个工作日内连拍得主城三个区域的三宗土地，总面积达到427亩，总金额超过20亿元，其中6月29日拍得的渝中区大石杨片区的土地最为瞩目 宗地位于渝中区大石杨片区，与解放碑一脉相连的核心路段，区域配套相当成熟。地块周边有龙湖以30亿和恒大以25亿拍得的两块高价地，三大房企业在该片区必将形成三足鼎立之势，并带动区域整体价值提升						

大石坝高价地							
开发商	地块名称及位置	公告号	土地面积（万m^2）	用地性质	成交总价（亿元）	楼面地价（元/m^2）	溢价率（%）
重庆贵拓贸易有限公司、无锡同鑫资产监管有限公司（东原）	大石坝组团K分区K02-1/02、K02-2/02、K01-2/02、K04-2/02、J17-1/02号宗地	09042	23.37	二类居住、商业金融业用地	17.10	1709	47
地块点评	2009年6月25日东银经过激烈竞争拍得大石坝一宗总价为17.1亿的土地，这宗土地与首创、保利、华润的三宗土地相邻，将共同组成一个居住大社区 大石坝仅2009年就有三宗拍卖土地以超过10亿元的价格成交，未来的两年大石坝将成为重庆楼市最活跃的住宅区						

龙湖年内最大宗土地							
开发商	地块名称及位置	公告号	土地面积（万m^2）	用地性质	成交总价（亿元）	楼面地价（元/m^2）	溢价率（%）
重庆龙湖凯安地产发展有限公司	西永组团U1-4-1/02、U4-1-1/02、U4-2-1/02、U4-2-3/02、U4-4-2/02号宗地	09023	58.82	二类居住、商业金融业用地	10.60	765	2
地块点评	2009年9月29日重庆龙湖在西永大学城拍得一宗土地，占地面积882亩，这是龙湖今年在重庆拍得的面积最大宗地块，而此前龙湖在西永大学城已有四个房地产项目面市，该地块的获取将加快龙湖在西永的造城计划 虽然各种配套设施相对落后，但仍吸引了龙湖、富力、金科等品牌开发商在此不断拿下大宗土地，吸引了沙坪坝甚至全市的有意购买低密度物业的消费者						

资料来源：重庆中原市场研究部。

重庆市最值得关注的4大地块（2010年上半年） 表20-5

2010年首宗拍卖土地							
开发商	地块名称及位置	公告号	土地面积（万m²）	用地性质	成交总价（亿元）	楼面地价（元/m²）	溢价率（%）
中航技房地产开发有限公司、QUEENTON INVESTMENTS LIMITED	大石坝组团A分区A1-3/01、A1-6/01号宗地	10014	12.87	二类居住	6.75	3581	60
地块点评	2010年1月7日，具央企背景的中航技房地产公司与QUEENTON INVESTMENTS LIM竞得江北大石坝的一地块，成为重庆土地2010年第一拍，成交价为6.75亿元，溢价率高达60%。另外，该公司还以挂牌方式取得一宗与该拍卖地块相邻的土地，总价7.6亿，两宗土地的总面积达到475亩，总金额达到11.8亿元。 该地块的规划为包括城市公园、体育及居住为主的综合功能片区，高达3581元/m²的楼面地价，成为大石坝区的新地王。						

2010年成交金额最高土地							
开发商	地块名称及位置	公告号	土地面积（万m²）	用地性质	成交总价（亿元）	楼面地价（元/m²）	溢价率（%）
金融街重庆置业有限公司	观音桥组团O分区O15-1/02（部分）、O20-4/02（部分）、O15-3/02（部分）、O23-1/03、O27-7/03（部分）、O22-1/02、O27-8/03（部分）号宗地	10041	16.18	商业金融业用地、二类居住用地	24.22	2912	0
地块点评	2010年5月21日金融街在江北区观音桥以挂牌方式取得一宗总价达到24亿元的土地，同时以14.6亿元拍下相邻的另一宗土地，两宗土地总价达38.82亿元，是重庆2010年成交金额最高的土地 两宗地东为江北嘴中央商务区，西为繁华观音桥商圈，南濒嘉陵江，地理位置极佳、配套相当成熟。两宗土地的总面积达28.47万m²，总建筑面积达132.36万m²，是江北区观音桥组团近年来少有的大面积地块。平均楼面地价虽达到2968元/m²，但相对于观音桥上万元的住宅均价而言，仍是物有所值						

单宗面积最大地块							
开发商	地块名称及位置	公告号	土地面积（万m²）	用地性质	成交总价（亿元）	楼面地价（元/m²）	溢价率（%）
北京大成开发集团有限公司	黄桷垭组团B、C分区宗地	10015	45.13	一类居住、二类居住、商业金融业	12.10	2789	5
地块点评	2010年3月4日，一宗位于南岸区南山黄桷垭组团的土地经过两家开发商7轮竞价以12.1亿元被北京大成开发集团拍得，土地面积约677亩，是2010年上半年拍出的最大宗面积土地 该地块的综合楼面地价达到2789元/m²，综合容积率不到1，规划为低密度别墅、洋房项目。南山组团销售的多为低密度物业，目前销售的洋房价格在8000元/m²以上，别墅价格超过10000元/m²，但都低于主城区同类产品的价格，依靠南山独有的自然景观，其低密度物业的价格还有进一步上升的空间						

楼面地价最高土地							
开发商	地块名称及位置	公告号	土地面积（万m²）	用地性质	成交总价（亿元）	楼面地价（元/m²）	溢价率（%）
重庆财信玉麟房地产开发有限公司	江北区铁山坪生态区配套服务区控规组团E-1/03、E-2/03、E-4/03、F-1/03号宗地	10052	37.34	一类居住用地、商业金融业用地	7.20	6255	0
地块点评	2010年6月21日，财信取得江北铁山坪生态区配套服务区的一宗土地，37.34万m²的土地可建建筑面积仅为11.51万m²，容积率仅0.31，因此虽然土地价格仅129万/亩，综合楼面地价高达6255元/m²，是重庆楼面地价最高土地 地块所在的云岭天泉养生区位于铁山坪生态区铜锣峡口处，是生态区5大核心功能性项目之一，是未来重庆市商务会议、旅游度假、运动休闲基地的重要组成部分。作为景区内少有的出让土地，垄断性将成为其先天的竞争力						

续表

可建面积最大地块							
开发商	地块名称及位置	公告号	土地面积（万m²）	用地性质	成交总价（亿元）	楼面地价（元/m²）	溢价率（%）
恒大地产集团重庆有限公司	中梁山组团J分区J13-14/02、J13-15/02、J13-17/02、J14-07/02、J14-08/02、J14-12/02、J14-10/02 J13-16/02、L分区L02/02、L05/02、L03-01/02地块	10022/10024	38.84	二类居住、商业金融业	9.83	981	44
地块点评	2010年3月18日，恒大地产以拍卖的方式取得位于九龙坡区中梁山的两宗相邻土地，总建筑面积约100万m²，是2010上半年成交的可建建筑面积最高的土地 九龙坡中梁山组团离中心商圈较远，各项配套设施较少，但相对较低的地价和未来的发展潜力仍吸引了品牌开发商来此抢占先机						

资料来源：重庆中原市场研究部。

20.3 住宅市场

重庆市历年商品房市场主要指标表（2009～2010年上半年） 表20-6

	批准预售面积（万m²）	预售登记面积（万m²）	销售额（亿元）
2009年	3578.26	2418.14	1041.35
2010年上半年	1628.29	1114.35	451.14

数据来源：重庆中原市场研究部。

重庆市商品房供需情况表（2009年） 表20-7

区域	新增供应	销售情况			
	新增面积（万m²）	销售套数（套）	销售面积（万m²）	成交金额（亿元）	成交均价（元/m2）
全市	1789.13	262036	2416.99	1041.37	4309
巴南区	209.09	13943	133.08	40.37	3033
北碚区	88.32	6710	58.24	19.57	3360
北部新区	273.40	24694	291.44	152.03	5216
大渡口区	25.90	6722	57.54	21.77	3783
江北区	180.02	32722	294.63	140.84	4780
九龙坡区	251.30	44643	385.48	150.36	3900
南岸区	373.01	47720	453.26	206.95	4566
沙坪坝区	157.58	31772	274.13	114.52	4178
渝北区	181.17	40193	348.60	138.43	3971
渝中区	49.34	12917	120.59	56.53	4688

注：新增供应量数据为批准预售数据。
数据来源：重庆中原市场研究部。

重庆市商品房批准预售面积季度走势（2009～2010年上半年） 万m² 表20-8

区域	2009年第一季度	2009年第二季度	2009年第三季度	2009年第四季度	2010年第一季度	2010年第二季度
全市	248.92	442.32	493.30	604.59	360.68	453.47
巴南区	18.31	45.11	58.07	87.60	33.12	64.48

续表

区　域	2009年第一季度	2009年第二季度	2009年第三季度	2009年第四季度	2010年第一季度	2010年第二季度
北碚区	3.96	28.74	30.53	25.09	4.89	17.02
北部新区	35.82	87.49	73.92	71.17	40.96	74.87
大渡口区	0.00	6.78	9.57	9.55	13.21	12.80
江北区	31.57	55.19	40.49	52.77	25.05	37.78
九龙坡区	37.46	25.08	64.58	124.18	80.22	65.85
南岸区	70.06	131.59	85.96	85.40	51.78	42.51
沙坪坝区	29.67	23.78	48.69	55.44	41.33	59.76
渝北区	20.59	34.67	52.28	73.63	54.11	66.95
渝中区	1.48	3.89	24.21	19.76	16.01	11.46

注：九龙坡数据包含高新区。
数据来源：重庆中原市场研究部。

重庆市商品房销售价格季度走势（2009～2010年上半年）　元/m²　表20-9

区　域	2009年第一季度	2009年第二季度	2009年第三季度	2009年第四季度	2010年第一季度	2010年第二季度
全市	3757	4254	4211	4790	3757	4254
渝中区	3474	4190	5093	5398	3474	4190
大渡口区	3585	4083	3191	4018	3585	4083
江北区	4309	4727	4647	5302	4309	4727
沙坪坝区	3116	4091	4171	4844	3116	4091
九龙坡区	3415	3773	3443	4283	3415	3773
南岸区	4490	4836	4631	4790	4490	4836
北碚区	2824	3428	3167	4478	2824	3428
渝北区	3429	3804	4071	4460	3429	3804
巴南区	3024	3020	2937	3207	3024	3020
高新区	3542	3874	4234	5006	3542	3874
经开区	3808	3987	4279	4295	3808	3987
北部新区高新园	4617	5483	5050	5962	4617	5483
北部新区经开园	4918	5045	4902	5473	4918	5045

注：九龙坡数据包含高新区。
数据来源：重庆中原市场研究部。

重庆市商品房销售面积季度走势（2009～2010年）　万m²　表20-10

区　域	2009年第一季度	2009年第二季度	2009年第三季度	2009年第四季度	2010年第一季度	2010年第二季度
全市	460.33	654.02	591.93	711.86	460.33	654.02
渝中区	16.44	37.69	27.72	38.74	16.44	37.69
大渡口区	10.41	19.18	12.38	15.57	10.41	19.18
江北区	58.76	94.62	62.61	78.35	58.76	94.62
沙坪坝区	61.81	50.46	56.21	105.35	61.81	50.46
九龙坡区	49.63	53.82	86.66	89.45	49.63	53.82
南岸区	56.73	85.49	88.23	120.20	56.73	85.49
北碚区	12.04	27.40	12.53	6.27	12.04	27.40

续表

区　域	2009年第一季度	2009年第二季度	2009年第三季度	2009年第四季度	2010年第一季度	2010年第二季度
渝北区	77.83	85.84	86.91	98.02	77.83	85.84
巴南区	21.28	46.76	38.81	26.22	21.28	46.76
高新区	19.96	34.85	15.69	35.41	19.96	34.85
经开区	26.50	34.13	18.99	22.99	26.50	34.13
北部新区高新园	22.58	45.94	45.40	33.17	22.58	45.94
北部新区经开园	25.20	37.86	39.78	41.50	25.20	37.86

数据来源：重庆中原市场研究部。

图20-2　重庆市最值得关注的20大住宅项目区位分布图（2009～2010年上半年）

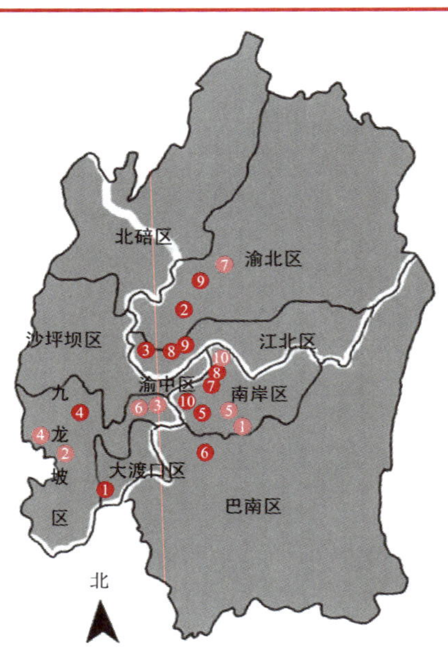

2009年				2010年上半年			
	项目名称	关注点	关注信息		项目名称	关注点	关注信息
1	庆隆南山高尔夫	别墅销售金额第一楼盘	销售金额：17亿	1	中交丽景	销售最好楼盘	首次开盘销售600余套
2	金科阳光小镇	西区洋房价格最低楼盘	均价：7000元/m^2	2	中渝都会首站	最具投资价格清水公寓	售价在近三个月内上涨2000元/m^2，区域优势明显，有较强发展潜力
3	华润24城	九滨路品质最高楼盘	地段好、规划大、江景房	3	保利江上明珠	2009年地王项目	成交总价：38亿元
4	常青藤缇香小镇	西区唯一法式风格别墅	设计风格取材于随意自然的法国田园景观	4	协信天骄城	西区最典型大平层楼盘	最大平层面积达190m^2
5	天景雨山前	唯一在售中式洋房楼盘	品质较高的洋房项目，入户花园、露台、阳台、地下室等一应俱全	5	雅居乐国际花园	南区唯一现房销售楼盘	以全新的“现房实景”销售，颠覆了重庆常规的期房销售模式
6	大城小爱	最热销小户型楼盘	开盘平均销售率达80%以上	6	恒大城	优惠幅度最大楼盘	最大折扣达到75折

续表

	2009年				2010年上半年		
	项目名称	关注点	关注信息		项目名称	关注点	关注信息
7	万科朗润园	总价最低精装小户型楼盘	最低总价：1[illegible]万元	7	长江国际	滨江路最奢侈楼盘	一房面积达99m^2，两房面积192m^2
8	光华观府国际	北区中心区域最大社区	总建筑面积50万平方米	8	东原长江畔1891	滨江路最小户型楼盘	最小户型仅27m^2
9	协信中心	最具投资价值精装公寓	近一年时间公寓单价上涨5000元/m^2	9	保利高尔夫华庭	性价比高、大户型楼盘	售价6300元/m^2起
10	中海国际社区	价格涨幅最大项目	价格上涨1.[illegible]倍	10	融侨城	滨江路最大规模楼盘	总建筑面积：210万m^2

资料来源：重庆中原市场研究部。

重庆市最值得关注的10大住宅项目（2009年）　　表20-11

“庆隆南山高尔夫国际”（重庆市2009年别墅市场销售额第一）		
项目地址	南岸茶园新区玉马路1号	
开发商	庆隆屋业/众诚物业	
占地面积（万m^2）	500.0	
建筑面积（万m^2）		
开盘时间	2007-11-10	
现时均价（元/m^2）	14000（独栋）8600（联排）	
总套数/销售套数	—/1500	
销售面积（万m^2）	38.0	
销售金额（亿元）	33.0	
项目点评	该项目规模大，以别墅产品为主，自然景观优势突出，加上重庆少有的高尔夫球场资源，开盘以来一直走超高性价比路线，深受客户青睐，销售情况火爆，并获得重庆市2009年别墅市场销售金额第一的头衔	

金科阳光小镇（西区洋房价格最低）		
项目地址	九龙坡区九龙园华福大道北段18号	
开发商	重庆金科实业（集团）有限公司	
占地面积（万m^2）	26.9	
建筑面积（万m^2）	60.0	
开盘时间	2008-12-19	
当期均价（元/m^2）	7000	
总套数/销售套数	—/1013	
销售面积（万m^2）	11.7	
销售金额（亿元）	7.7	
项目点评	项目是主城西部区域近期少有的大体量、高品质洋房项目。项目由8栋18~34层的高层住宅、1栋25层商务综合体、1栋幼儿园、4栋3层及25层商业建筑以及60栋5~6层的多层及3栋中高层建筑组成。其紧邻华福大道，是内环高速路上的重要节点，也是主城到西彭和江津的必经之路	

续表

华润二十四城（九滨路品质最高）	
项目地址	九龙坡谢家湾正街47号
开发商	华润置地（重庆）有限公司
占地面积（万m^2）	70.1
建筑面积（万m^2）	191.6
开盘时间	2008-11-30
当期均价（元/m^2）	8800
总套数/销售套数	—/2017
销售面积（万m^2）	20.6
销售金额（亿元）	14.4
项目点评	项目位于重庆市九龙坡区谢家湾，原建设厂厂址。项目建成后，将是一个拥有6万居住人口，集万象购物中心、酒店、写字楼、滨江住宅群于一体的大型居住区。一期为40万m^2的高档江景住宅，江景房销售均价超过1万元/m^2，是该区域售价最高的高层住宅

常青藤缇香小镇（西区唯一法式风格别墅）	
项目地址	九龙坡西部新城白市驿陶家片区
开发商	上海德普置业发展有限公司
占地面积（万m^2）	133.3
建筑面积（万m^2）	53.3
开盘时间	2009-11-27
当期均价（元/m^2）	13000
总套数/销售套数	5000/70
销售面积（万m^2）	3.3
销售金额（亿元）	4.3
项目点评	项目所在地白市驿-陶家片区，为中梁山以西、缙云山以东的区域，地形相对平坦，以缓丘地貌为主，素来享有“重庆后花园”之美称。常青藤缇香小镇作为上海德普集团和上海城开集团联合开发的高端别墅项目，其总体景观设计以法国乡村风格为蓝本，设计风格取材于随意自然的法国田园景观。其附近有白彭路、华福大道、内环、中环高速等交通，项目距二郎车程20分钟。是西区少有的高品质别墅项目

天景雨山前（唯一在售中式洋房建筑）	
项目地址	南岸区学府大道69号
开发商	天景置业
占地面积（万m^2）	5.9
建筑面积（万m^2）	5.0
开盘时间	2009-10-28
现时均价（元/m^2）	12000
总套数/销售套数	260/167
销售面积（万m^2）	3.1
销售金额（亿元）	4.0
项目点评	目前重庆主城区市场上在售的洋房不多，该项目是相对品质较高的洋房项目，产品完全按标准洋房设计，入户花园、露台、阳台、地下室等一应俱全，加上北靠南山自然景观优势明显，因此项目虽然在同类产品中价格较高，但销售情况乐观

续表

大城小爱（最热销小户型）		
项目地址	高新区石桥铺	
开发商	南方东瀛置地有限公司	
占地面积（万 m^2）	3.0	
建筑面积（万 m^2）	15.0	
开盘时间	2009-10-24	
当期均价（元/ m^2）	7000	
总套数/销售套数	1826/1766	
销售面积（万 m^2）	9.1	
销售金额（亿元）	5.6	
项目点评	该项目是为初次置业的青年为主要对象的小户型花园社区，小区紧邻以电子、数码产品中心卖场的石桥铺主干道，项目处于三条线路公交车的起点站，紧邻高九路快速公交干道已经建成通车，且在建地铁一号线亦环绕项目两侧，交通出行非常方便	

万科朗润园（总价最低的精装小户型）		
项目地址	渝北区宝圣大道	
开发商	万科（重庆）房地产有限公司	
占地面积（万 m^2）	4.0	
建筑面积（万 m^2）	22.0	
开盘时间	2009-06-27	
现时均价（元/ m^2）	6600	
总套数/销售套数	3248/2458	
销售面积（万 m^2）	14.1	
销售金额（亿元）	9.3	
项目点评	项目位于渝北区西南政法大学对面，是万科进入重庆的首个高层住宅项目，入市以来市场关注度较高，尤其是“甲壳虫公寓”一经面市，700余套房源销售一空，由于推售单价适中，前后价格变动不大，加上知名开发商的强大号召力，整体销售较好	

观府国际（北区中心区域最大社区）		
项目地址	江北区观音桥原江北区政府所在地	
开发商	重庆光华控股有限公司	
占地面积（万 m^2）	6.8	
建筑面积（万 m^2）	50.0	
开盘时间	2009-01-17	
现时均价（元/ m^2）	8700	
总套数/销售套数	3300/1881	
销售面积（万 m^2）	14.9	
销售金额（亿元）	11.2	
项目点评	观府国际地处观音桥商圈核心地段，作为江北区观音桥板块少有的大型住宅社区，配套设施完善，定位为高端住宅社区，项目推出户型以舒适两房和三房为主。该项目2010年上半年单价上调，相比2009年下半年，整体均价上涨约2000元/m^2，涨幅较大	

续表

协信中心（最具投资价值的精装公寓）		
项目地址	江北区观音桥步行街	
开发商	协信地产	
占地面积（万 m^2）	1.2	
建筑面积（万 m^2）	14.8	
开盘时间	2008-11-29	
现时均价（元/ m^2）	18000	
总套数/销售套数	420/395	
销售面积（万 m^2）	2.2	
销售金额（亿元）	3.3	
项目点评	协信中心位于观音桥步行街，定位为重庆市高端精装公寓产品，装修标准达到2500元/m^2，市场关注度高。从2009年上半年到2010年这一年的时间，公寓产品单价上涨5000元/m^2，成交单价在同时期的公寓项目中，排名靠前	
中海国际社区（价格涨幅最大）		
项目地址	南岸区弹子石CBD南区	
开发商	重庆嘉江房地产开发有限公司	
占地面积（万 m^2）	87.2	
建筑面积（万 m^2）	230.0	
开盘时间（首次）	2008-11-02	
现时均价（元/ m^2）	9000	
总套数/销售套数	—/2830	
销售面积（万 m^2）	28.0	
销售金额（亿元）	17.5	
项目点评	该项目为大型综合社区，占据CBD的优越地段，配套齐全，产品符合大众需求，加上开发商的知名度，自2008年底开盘以来，销售一直较为火爆，且价格涨幅较大，截至今年6月底，均价约为10000元/m^2	

资料来源：重庆中原市场研究部。

重庆市最值得关注的10大住宅项目（2010年上半年） 表20-12

中交丽景（历史销售最好项目）		
项目地址	九龙坡区泛二郎双山大片区双龙路2号	
开发商	中交集团重庆两山丽景置业有限公司	
占地面积（万 m^2）	21.0	
建筑面积（万 m^2）	90.0	
开盘时间	2010-04-24	
现时均价（元/ m^2）	5800	
总套数/销售套数	6525/765	
销售面积（万 m^2）	7.0	
销售金额（亿元）	4.0	
项目点评	项目有较高性价比，首次开盘的销售率达到98%，在市场条件不太好的大环境下，开盘销售率仍接近80%。项目规划7万余平方米的休闲商业，包括“品牌综合超市”、“精品酒店”和“商务公寓”；与“爱情公园”紧密结合的“公园独栋商业体”；以及沿项目内部“十”字型道路分布的社区配套商业。 客户以大渡口、九龙坡客户为主，部分渝中、南岸客户，年龄在30～50岁之间，少部分为投资客	

中渝都会首站（最具投资价值的毛坯公寓）

项目地址	渝北区龙溪街道金山路18号	
开发商	重庆中渝物业发展有限公司	
占地面积（万m^2）	2.7	
建筑面积（万m^2）	14.0	
开盘时间	2010-01-30	
当期均价（元/m^2）	10000	
总套数/销售套数	1410/980	
销售面积（万m^2）	6.4	
销售金额（亿元）	6.2	
项目点评	该项目是北部新区新牌坊区域大型城市综合体项目一期，中渝大社区总体量将达到200万m^2，包括甲级写字楼、超五星级酒店、大型商业街、精品公寓等多种业态。一期都会首站由四栋公寓和一栋写字楼组成，以35～71m^2小户为主，自开盘销售以来，深受投资客户喜爱，其销售价格在三个月之内上涨2000元/m^2，由于区域优势明显，具有较强的发展潜力，极大地吸引了外地购房者及投资客，至今两次开盘，销售率均达到80%以上。	

保利江上明珠（2009年首宗地王项目）

项目地址	江北区鸿恩寺森林公园旁	
开发商	保利（重庆）投资实业有限公司	
占地面积（万m^2）	57.2	
建筑面积（万m^2）	125.0	
首次开盘时间		
开盘均价（元/m^2）		
总套数/销售套数		
销售面积（万m^2）		
销售金额（亿元）		
项目点评	作为2009年地王项目，同时是鸿恩寺板块首个住宅项目，市场关注度较高。项目环绕重庆市中心最大的鸿恩寺森林公园建造，环境优美，离观音桥商圈近，配套齐全。项目以别墅、洋房为主，包括部分高层、小高层项目的大型综合居住社区，首期推出洋房产品。看房客户来自江北区居多，未来该区域还将有华润置地·中央公园、嘉凯城·北辰官邸、东原D7区、首创·鸿恩寺国际社区等项目面市	

协信天骄城（西区最典型大平层）

项目地址	高新区创新大道11号	
开发商	重庆协信控股集团远润房地产开发有限公司	
占地面积（万m^2）	8.5	
建筑面积（万m^2）	28.4	
开盘时间	2008-01-26	
当期均价（元/m^2）	7800	
总套数/销售套数	—/1586	
销售面积（万m^2）	19.7	
销售金额（亿元）	12.2	
项目点评	项目被1400亩彩云湖湿地公园、体育公园、生态湿地公园三面环绕，与巴国城公园相邻，三期103～146m^2公园湖景院馆，100%的户型都带院馆，三房变四房，四房变五房，赠送面积近30%。项目有面积达到190m^2的大平层产品，属主城西部区域楼盘中特有的户型	

续表

雅居乐国际花园（南区唯一准现房销售楼盘）		
项目地址	南岸区江南大学城旁	
开发商	雅居乐地产	
占地面积（万m^2）	32.0	
建筑面积（万m^2）	55.0	
开盘时间	2010-05-29	
现时均价（元/m^2）	8000	
总套数/销售套数	3275/148	
销售面积（万m^2）	2.1	
销售金额（亿元）	1.6	
项目点评	该项目为雅居乐地产在重庆的首个项目，以全新的“现房实景”销售，颠覆了重庆常规的期房销售模式。项目包括高层、板式结构小高层、洋房，小区的教育和商业配套齐全，户型大、楼宇间距宽、舒适度强，居家氛围浓厚，单价低，总价高。今年5月底首次开盘，截至6月底，均价上涨约700元/m^2	

恒大城（优惠幅度最大）		
项目地址	巴南区巴南大道9号	
开发商	恒大地产集团	
占地面积（万m^2）	66.0	
建筑面积（万m^2）	118.0	
开盘时间	2008-09-29	
现时均价（元/m^2）	8000	
总套数/销售套数	6924/3820	
销售面积（万m^2）	52.0	
销售金额（亿元）	15.0	
项目点评	项目位于巴南区核心地段，地理位置优越。项目是集小高层、洋房和别墅为一体的大社区，有部分高性价比的精装房最大折扣达到7.5折，加上开发商的强大号召力，销售情况一直不错	

长江国际（滨江路的最奢侈项目）		
项目地址	南滨路海底世界旁	
开发商	重庆迅升房地产开发有限公司	
占地面积（万m^2）	1.2	
建筑面积（万m^2）	15.0	
开盘时间	2009-12-19	
现时均价（元/m^2）	16000	
总套数/销售套数	—/150套	
销售面积（万m^2）	1.5	
销售金额（亿元）	2.3	
项目点评	项目由甲级全江景写字楼、大尺度宽景精装公寓、超五星级丽笙世嘉酒店Radisson Plaza、重庆首家高级私人俱乐部“长江会”四大功能板块组成。户型阔绰，99m^2一房、192m^2两房设计等，超大开间，视野俱佳，精装修标准高，颇受投资客户追捧，外地客户占有相对较高比例	

续表

东原·长江畔1891（滨江路最小户型楼盘）		
项目地址	南滨路80号	
开发商	重庆东原房地产开发有限公司	
占地面积（万m^2）	7.3	
建筑面积（万m^2）	30	
开盘时间	2010-03-27	
现时均价（元/m^2）	15000	
总套数/销售套数	—/230	
销售面积（万m^2）	1.4	
销售金额（亿元）	2.1	
项目点评	项目位于南滨路核心位置，江景资源优越且周边配套完善。项目自身品质较高，精装修销售的住宅采用酒店式管理，某些户型的最高销售均价每平方米超过2万元，深受中高端客户青睐；最小户型仅27m^2，也吸引了众多投资型客户	

保利高尔夫华庭（性价比高的大户型）		
项目地址	北部新区湖云街12号	
开发商	保利（重庆）投资实业有限公司	
占地面积（万m^2）	4.0	
建筑面积（万m^2）	15.0	
开盘时间	2010-06-19	
现时均价（元/m^2）	7550	
总套数/销售套数	969/300	
销售面积（万m^2）	4.5	
销售金额（亿元）	2.8	
项目点评	保利高尔夫华庭是保利高尔夫大社区最后组团，位于保利高尔夫球场东南方向，拥有极佳的高尔夫景观资源，户型面积以73～[illegible]36m^2为主，户型多样。该组团首次开盘便以低价高品质抢占市场，开盘销售近300套，凭借较高的性价比及在区域环境，社区配套，园林景观等方面的优势得到了市场的广泛认可	

融侨城（滨江路最大规模的楼盘）		
项目地址	南岸区融侨半岛	
开发商	融侨长江(重庆)房地产有限公司	
占地面积（万m^2）	100.0	
建筑面积（万m^2）	210.0	
开盘时间	2009-10-31	
现时均价（元/m^2）	小高层12500；高层[illegible]00	
总套数/销售套数	—/490	
销售面积（万m^2）	7.0	
销售金额（亿元）	7.4	
项目点评	项目是总占地1500[illegible]融侨半岛的一部分，融侨城是融侨半岛最大的一个组团，分五期开发，涵盖小高层、高层、洋房和别墅产品。整个大社区已开发多年，配套齐全，并且拥有良好的口碑，融侨城开盘以来销售情况一直[illegible]好	

资料来源：重庆中原市场研究部。

20.4 写字楼商业市场

重庆市销售型甲级写字楼市场新增供应一览表（2009～2010年上半年） 表20-13

区 域	项目名称	项目地址	开发商名称	上市时间	建筑面积（万m^2）	销售价格（元/m^2）
江北区域商圈	协信中心	江北区观音桥步行街	协信地产	2009-10	6.0	18600
	富力·海洋国际	江北区北城天街15号	重庆富力地产公司	2010-01	2.8	15800
	两江星界	北部新区高新园	重庆高科集团有限公司	2010年	4.4	8500
	龙湖国际	北部新区高新园	重庆龙湖地产发展有限公司	2009年	4.6	7500
	土星商务中心	北部新区高新园	重庆渝高新兴科技发展有限公司	2010年	3.3	10000
	财富中心	北部新区高新园	重庆香江高科地产发展有限公司	2009年	3.5	13000
解放碑商圈	创汇首座	渝中区解放碑新华路	瑞安中华汇地产有限公司	2010年	2.2	15000
	新华国际	渝中区解放碑十字金街	重庆新华书店集团房地产开发公司/重庆渝世弟物业发展有限公司	2010年	6.4	19000
	联合国际	渝中解放碑新华路	重庆麦吉可房地产开发有限公司	2009年	9.9	15000
南岸商圈	长江国际	南滨路海底世界旁	重庆迅升房地产开发有限公司	2010-03	5.0	18000
	万达国际	南坪步行街	重庆万达商业广场有限公司	2009-11	12.0	9800
杨家坪商圈	渝高·城市日记	高新区火炬大道朵力车站旁	重庆渝高科技产业(集团)股份有限公司	2009年	3.4	7200
	渝高·智博中心	高新区二郎迎宾大道68号	重庆渝高科技产业(集团)股份有限公司	2009年	4.9	8800

资料来源：重庆中原市场研究部。

重庆市租赁型甲级写字楼市场新增供应一览表（2009～2010年上半年） 表20-14

区 域	项目名称	项目地址	开发商名称	上市时间	建筑面积（万m^2）	租赁价格 元/（m^2月）
南岸商圈	国际金融中心	南滨路烟雨公园旁	重庆泰正（集团）公司	2010-04	5.0	—
北部区域商圈	重庆汉国中心	北部新区金开区	浩辉地产（重庆）有限公司	2009年	5.8	45

资料来源：重庆中原市场研究部。

重庆市甲级写字楼租金季度走势（2009～2010年上半年） 元/（m^2·月） 表20-15

区 域	2009年第一季度	2009年第二季度	2009年第三季度	2009年第四季度	2010年第一季度	2010年第二季度
解放碑商圈	50	60	60	70	70	75
北部区域商圈	40	50	50	50	55	60
南坪商圈	30	30	30	30	30	35
杨家坪商圈	20	20	20	30	30	30

数据来源：重庆中原市场研究部。

重庆市甲级写字楼市场未来供应项目（2010～2011年） 表20-16

项目名称	项目地址	开发商	预计竣工时间	占地面积（万m^2）	建筑面积（万m^2）	项目点评
财信国际	江北区江北嘴	财信地产	2011年	4.0	20.0	项目整体由五星级酒店，国际甲级写字楼，主题商业卖场，休闲会所等多物业形态，写字楼是打造重点
信和项目	江北区华新街	香港信和	2013年	—	103.0	项目集住宅、国际五星级酒店，甲级写字楼、酒店式服务公寓、大型集中商业、滨江休闲商业及学校等物业于一体。总投资120亿元，包括320m的地标性建筑

续表

项目名称	项目地址	开发商	预计竣工时间	占地面积（万m^2）	建筑面积（万m^2）	项目点评
重宾保利国际广场	渝中区民生路235号	重庆鼎瑞地产开发有限公司	2010年	1.0	18.0	项目集合了国际超甲级写字楼、香格里拉酒店、顶级餐娱商业中心三大业态为一体的超高层建筑
日月光中心广场	渝中区校场口民权路88号	重庆鼎固房地产开发有限公司	2015年	4.0	72.0	按城市综合体模式来打造，由5幢螺旋型上升的超高层建筑组成，包括五星、六星级国际酒店、5A级写字楼、中央豪宅以及购物广场等四大业态组合而成
重庆环球金融中心	渝中区民族路188号	重庆华迅地产发展有限公司	2013年	0.5	20.0	涵盖国际奢侈品购物中心，涉外5A甲级写字楼，铂金超五星级酒店和顶级服务公寓
嘉陵帆影国际经贸中心	渝中区化龙桥	重庆瑞安天地房地产发展有限公司	2016年		38.0	项目总规划建筑面积超过68万m^2，由超甲级办公写字楼、超五星级酒店、高端购物中心、奢华服务式公寓和滨江大道休闲区等部分组成
重庆解放碑威斯汀酒店	渝中区五一路	重庆申基实业（集团）有限公司	2011年	1.4	19.0	地处解放碑金融商务街中段，是金融街七个组团中第一个启动项目，是集五星级酒店、5A甲级写字楼、奢侈名品商业为一体的高端城市商务综合体
英利国际金融开发大厦	渝中区校场口	重庆英利国际置业股份有限公司	2011年	0.8	16.0	项目毗邻解放碑步行街，大厦以国际5A级写字楼为主体，配套设有国际精品店、特色餐饮、游泳健身和大型会务等功能
英利大坪商业中心	渝中区大坪	重庆英利国际置业股份有限公司	2012年	2.8	30.0	项目靠近轻轨车站，邻万友康年酒店，是集写字楼、商业、公寓于一体的综合体商业项目
国汇中心	南坪会展中心旁	重庆会展中心置业有限公司	2010-08		2.4	该项目为5A写字楼。其网络地板、办公单元可自由分割等硬件设施均为重庆首创
上海城嘉德中心	南坪西路	重庆嘉发实业有限公司	2011年			项目规模大，交通条件优越，商业氛围浓厚，升值空间较大。预计9月底开盘，均价13000元/m^2左右
北城国际中心	北部新区加州	北城致远集团有限公司			3.0	规划为48层的超高层建筑，将弥补加州板块无高端写字楼的市场空白
线外写字楼	北部新区金开区	百年同创房地产开发有限公司	2011-12		4.8	位于北部新区金开园的中央商务核心区域，是该区域较大体量的商业项目，由5A级生态写字楼、独层商政公馆、国际资本街区以及CEO商务俱乐部组成
中渝都会9号	北部新区加州	重庆中渝物业发展有限公司	2011-07	0.8	4.5	项目位于北部新区核心区域新牌坊，拥有便捷的交通，成熟的商务氛围，区域优势明显
财富中心	北部新区高新园	重庆香江高科地产发展有限公司			3.5	项目位于北部新区写字楼较为集中的高新园，总建筑规模达到180万m^2，包括住宅、公寓、甲级写字楼、星级酒店群、国际购物中心、科技创业园等物业形态城市综合体

资料来源：重庆中原市场研究部。

重庆市租赁型商铺项目新增供应一览表（2009～2010年上半年） 表20-17

区域	项目名称	项目地址	类型	上市时间	建筑面积（万m^2）	租赁价格元/（m^2·月）
解放碑商圈	瑞安重庆天地	渝中区化龙桥	租赁	2010年	8.4	50～100
	日月光中心广场	渝中区校场口	租赁	2009年	16.0	100～600
沙坪坝商圈	卓越熙街	沙坪坝区大学城	租赁	2009年	13.0	20～100
杨家坪商圈	金科·百宴会	九龙坡火炬大道	租赁	2010年	1.5	45
北部区域商圈	长安锦绣城	北部新区加州	租赁	2009年	6.0	170
	协信中心	江北区观音桥步行街	商铺		3.5	300～750

注：建筑面积在1万m^2以上。

资料来源：重庆中原市场研究部。

重庆市销售型商铺市场新增供应一览表（2009～2010年上半年）　表20-18

区　域	项目名称	项目地址	类型	上市时间	建筑面积（万m^2）	销售价格（元/m^2）
沙坪坝商圈	富力城摩登大街	沙区大学城	销售	2010年	17.0	30000
	海航新街口	沙区烈士墓	销售	2010年	2.0	20000～30000
	东方剑桥商业天街	沙区大学城	销售	2009年	3.5	10000
南岸商圈	富力现代广场	南岸区弹子石	销售	2010-06	3.0	20000
	康德国会山	南坪辅仁路	销售	2010-03	2.0	40000
	亚太商谷	南坪会展中心	销售	2010-05	4.0	15000
	阳光100国际新城	南滨路	销售	—	20.0	50000
	中冶城南时光	南岸经开区白鹤路	销售	2010-04	1.4	19000
北部区域商圈	财信城市国际99度时尚商业街	北部新区加州	销售	2010年	4.0	20000～600000
	天下城财满街	北部新区冉家坝	销售	2010年	1.2	40000
	绿地翠谷饕界	北部新区金开区	销售	2010年	2.0	13000
	朗晴广场	江北观音桥步行街	销售	2010-04	2.6	90000～100000
杨家坪商圈	晋愉九龙湾滨江休闲美食街	九龙坡杨家坪直港大道滨江段	销售	2009年	17.0	15000
	正升百老汇广场	九龙坡区杨家坪步行街	销售	2009年	6.5	60000～120000

注：建筑面积在1万m^2以上。
资料来源：重庆中原市场研究部。

重庆市商铺租金月度走势（2009～2010年上半年）　元/（m^2·月）　表20-19

区　域	2009年第一季度	2009年第二季度	2009年第三季度	2009年第四季度	2010年第一季度	2010年第二季度
解放碑商圈	800	1000	1200	1400	1500	1600
观音桥商圈	400	450	450	500	600	800
南坪商圈	300	350	400	450	450	450
沙坪坝商圈	200	300	350	350	350	380
杨家坪商圈	200	300	350	350	360	370

资料来源：重庆中原市场研究部。

重庆市大型集中商业未来供应项目（2010～2011年）　表20-20

项目名称	项目地址	开发商	预计竣工时间	占地面积（万m^2）	建筑面积（万m^2）	项目点评
协信城	南坪南城大道	协信集团	2010年	—	23.0	位于南坪3号步行街，是大型综合体商业，规划包括百货公司、儿童主题公园、五星影城、婚庆广场和书城等
龙湖郦江	南岸区滨江路	龙湖地产	2010-07	—	1.5	是龙湖在南滨路上首个住宅项目的社区商业，在入住率不高的情况下项目商业表现一般
东原长江畔1891	南岸区滨江路中段	东原地产	2011年	—	11.8	项目集餐饮、娱乐、休闲为一体，又处于南滨路的中心地段，有极好的销售前景
国际社区	南岸弹子石	重庆嘉江房地产开发有限公司	2010-08	—	31.5	项目规模大，配套全，前期商业陆续有供应，销售情况较好

续表

项目名称	项目地址	开发商	预计竣工时间	占地面积（万m^2）	建筑面积（万m^2）	项目点评
龙湖春森彼岸	江北区陈家馆A宗E宗	龙湖地产		16.0	78.0	龙湖春森彼岸打造10万m^2商业街，供应社区配套的同时，壮大了北滨路商业规模
东原D7区	江北区观音桥鸿恩寺公园旁	东原地产	2013年	23.4	100.0	项目有22万m^2超大商业体量，是片区内面积最大，集SHOPPING MALL、高层住宅、SOHO公寓等于一体的大型城市综合体，建成后将形成江北的又一商业副中心
东海岸鹦鹉螺商业街	江北区石门北滨路	东海地产	2011年	8.7	46.0	项目有约30000m^2的灯饰批发市场、四大主题多元复合业态，升级北滨核心商业价值

资料来源：重庆中原市场研究部。

图20-3 重庆市最值得关注的10大写字楼项目区位分布图（2008～2010年上半年）

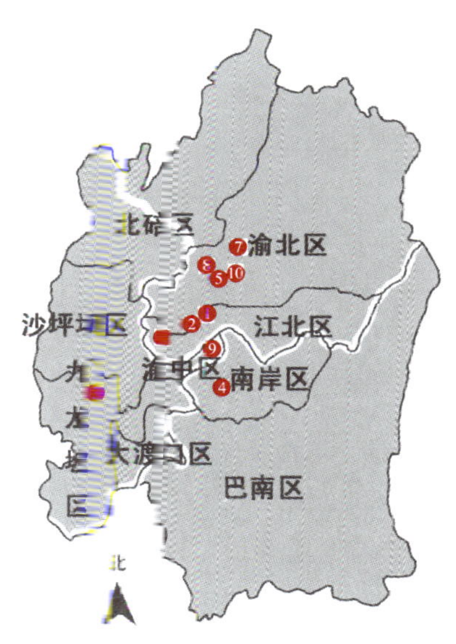

	项目名称	关注点	关注信息
1	富力海洋国际	自用率最高写字楼	自用客户占70%
2	协信中心	重庆最奢侈写字楼	与顶级奢侈品牌商铺结合的6A写字楼
3	渝高城市日记	专业市场集中度最高写字楼	以机电、建材为主
4	万达广场	南区销售最好写字楼	销售率：98%
5	上丁企业园	重庆首个独栋生态办公园区	有39幢商务办公别墅
6	世纪英皇	外立面最时尚	采用玻璃幕墙、圆柱造型
7	线外	销售速度最快写字楼	首次开盘销售率95%以上
8	扬子江商务中心	中小企业买主最集中的写字楼	中小企业购买该写字楼的比例达70%以上
9	新华国际	包含文化产业的写字楼	将建重庆最大的图书音像文化中心
10	龙湖国际	最受个人投资者关注的写字楼	龙湖开发的为数不多的写字楼项目

数据来源：重庆中原市场研究部。

重庆市最值得关注的10大写字楼项目（2008～2010年上半年）　表20-21

富力海洋国际（自用率最高写字楼）		
项目地址	江北区北城天街15号	
开发商	重庆富力地产公司	
占地面积（万m^2）	1.6	
建筑面积（万m^2）	2.8	
租金（元/m^2·月）	—	
管理费(元/m^2·月)	25	
入住率(%)	—	
售价（元/m^2）	15800	
项目点评	作为观音桥少有的在售写字楼项目，关注度较高。与其他写字楼不同的是，海洋国际打造精装修甲级写字楼，由于地处观音桥商业中心，加上销售单价与竞争项目相比有一定优势，因此整体销售较好，海洋国际共23层，自用客户70%，投资客户30%，其中外地客户约占15%；13层以上整层、半层的购买的客户比较多	

协信中心（装修标准最高）		
项目地址	江北区观音桥步行街	
开发商	协信地产	
占地面积（万m^2）	1.2	
建筑面积（万m^2）	6.0	
租金（元/m^2·月）	—	
管理费(元/m^2·月)	13	
入住率(%)	—	
售价（元/m^2）	18000	
项目点评	协信中心作为观音桥步行街另一在售甲级写字楼，单位销售面积为119～457m^2，档次较高，项目定位为观音桥商圈高档写字楼物业，市场关注度极高。客户构成约70%投资客户，30%自用客户	

渝高城市日记（专业市场集中度最高）		
项目地址	高新区火炬大道朵力车站旁	
开发商	重庆渝高科技产业(集团)股份有限公司	
占地面积（万m^2）	0.86	
建筑面积（万m^2）	3.43	
租金（元/m^2·月）	30	
管理费(元/m^2·月)	3	
入住率(%)	25	
售价（元/m^2）	7200	
项目点评	项目位于重庆九龙园区和高新产业园区交汇的核心地段，该区域渝高集团即将打造一座集休闲绿地公园、高层景观住宅、花园洋房、特色商业步行街、综合型商务楼、精装商务公寓、创业园、企业总部基地、超五星级酒店、会展中心于一体的超级城市综合体“渝高翡翠城”。目前宗申、五十铃、建设YAMAHA、机电市场、渝州交易城、八益建材市场、汽车市场专业商业市场及格力、沃尔玛、宝马4S店等数家世界500强企业荟集于此	

续表

万达国际（南区销售最好）		
项目地址	南坪步行街	
开发商	重庆万达商业广场有限公司	
占地面积（万m^2）	9.8	
建筑面积（万m^2）	12.0	
租金（元/m^2·月）		
管理费(元/m^2·月)	11.5	
入住率(%)	未交房	
售价（元/m^2）	9800（建面）	
项目点评	项目是万达广场在南坪核心位置打造的包括住宅、写字楼、商业和酒店在内的大型综合体物业的一部分，万达国际是其写字楼部分，分为A、B两栋楼，万达国际是万达广场最后销售的两栋物业。由于万达广场的商业已于2009年年底开业并吸引了大量人气，写字楼的销售情况一直较好	

上丁企业园7号（重庆首个独栋生态办公园区）		
项目地址	北部新区洪湖西路22号	
开发商	重庆西信产业园开发有限公司	
占地面积（万m^2）	0.13	
建筑面积（万m^2）	2.5	
租金（元/m^2·月）		
管理费(元/m^2·月)	10	
入住率(%)	30	
售价（元/m^2）	平层6800/夹层9500	
项目点评	上丁企业公园位于市政府重点打造的北部新区高新园，整个项目为重庆首个独栋生态办公园区，拥有39栋商务办公别墅，目前已部分投入使用，其客户群体包括通讯、生物、电力、投资、政府部门等行业。上丁企业公园7号于2008年7月5日开盘，是以29~69m^2为主的精装小户型写字楼，户型拆分方便，便于办公布局，而平层3.6m^2，夹层5.4m^2的层高也提高了办公楼的使用性能，由于该项目总价低，自用及投资两相宜，一面市便受到市场的热力追捧，开盘销售逾200套	

世纪英皇（外立面最时尚）		
项目地址	重庆市江北区红旗河沟转盘东南角	
开发商	重庆江州实业（集团）有限公司；重庆林建物业有限公司	
占地面积（万m^2）		
建筑面积（万m^2）	16.0	
租金（元/m^2·月）	55	
管理费(元/m^2·月)	7	
入住率(%)		
售价（元/m^2）		
项目点评	由南、北两栋超高双塔组成，集酒店式公寓、甲级写字楼、世纪英皇大酒店、英皇白金会所、伯爵商务精品馆五大业态于一体，构筑出一个复合型国际酒店商务区。其中写字楼位于北塔，共计29层，体量约2万m^2，采用顶尖商务配套，同时依托观音桥商圈配套，打造酒店式商务甲级写字楼	

续表

线外商政公园（销售速度最快）		
项目地址	渝北区北部新区金渝大道89号	
开发商	重庆百年同创房地产开发有限公司	
占地面积（万m^2）	9.26	
建筑面积（万m^2）	28.0	
租金（元/m^2·月）	—	
管理费(元/m^2·月)	2	
入住率(%)	—	
售价（元/m^2）	8600	
项目点评	位于北部新区金开园的中央商务核心区域，是该区域较大体量的商业项目，由5A级生态写字楼、独层商政公馆、国际资本街区以及CEO商务俱乐部组成。线外商政公园为该项目的三期产品，产品设计为420m^2/层，沿用了其一贯的整层（或半层）的销售模式，并凭借其独特的内部团购的销售手段，以最大的优惠价格获得快速的销售速度，自2008年12月18日首次开盘至今，基本保持了开盘即售罄的销售业绩	

扬子江商务中心·企业港（中小企业购买最集中）		
项目地址	渝北区龙溪镇冉家坝广场	
开发商	重庆市新城开发建设股份有限公司	
占地面积（万m^2）	2.4	
建筑面积（万m^2）	14.0	
租金（元/m^2·月）	—	
管理费(元/m^2·月)	3.5	
入住率(%)	30	
售价（元/m^2）	8000	
项目点评	扬子江商务中心位于渝北区冉家坝，该区域作为新兴区域在市政建设，交通配套及宜居环境等方面具有较强优势。该项目由高层住宅和写字楼组成。扬子江商务中心·企业港于2008年上半年开始销售，户型面积为30～100m^2，采用分零和整层的销售方式，受到了创业青年和中小企业的青睐，目前已经交付使用，入住企业包括贸易、金融等行业	

新华国际（最大文化产业的写字楼）		
项目地址	重庆解放碑民权路步行街中心	
开发商	重庆渝世弟物业发展有限公司	
占地面积（万m^2）	0.3	
建筑面积（万m^2）	6.0	
租金（元/m^2·月）	—	
管理费(元/m^2·月)	10	
入住率(%)	—	
售价（元/m^2）	17000	
项目点评	项目处于中央CBD核心地段，商务氛围浓厚，轻轨和公共交通发达，配套齐全。项目为甲级写字楼，目前暂未入住。其客户构成重庆主城的客户比例较少，占30%；区县客户10%；基本上是外地客户，其中上海、温州的比较多	

续表

龙湖国际（最受个人投资者关注的写字楼）	
项目地址	渝北北部新区新南路160号
开发商	重庆龙湖地产发展有限公司
占地面积（万m^2）	0.6
建筑面积（万m^2）	4.6
租金（元/m^2·月）	
管理费(元/m^2·月)	6
入住率(%)	未交付
售价（元/m^2）	8000
项目点评	龙湖国际位于交通便利的北部新区高新园，是三北地区的核心区域之一，该区域在政府办公、商务洽谈、市政配套等方面优势明显，具有更快的发展速度和升值潜力。龙湖国际是5A级写字楼，北部新区惟一的42层超高建筑，采用炫彩玻璃幕墙，9.7m挑高豪华大堂，8部高速电梯，品牌中央空调，单层建面1300m^2，该项目凭借龙湖的品牌影响力，吸引大批投资客，其中整层认购达到30%以上，开盘销售率达到80%以上

资料来源：重庆中原市场研究部。

图20-4 重庆市最值得关注的10大商业项目区位分布图（2008～2010年上半年）

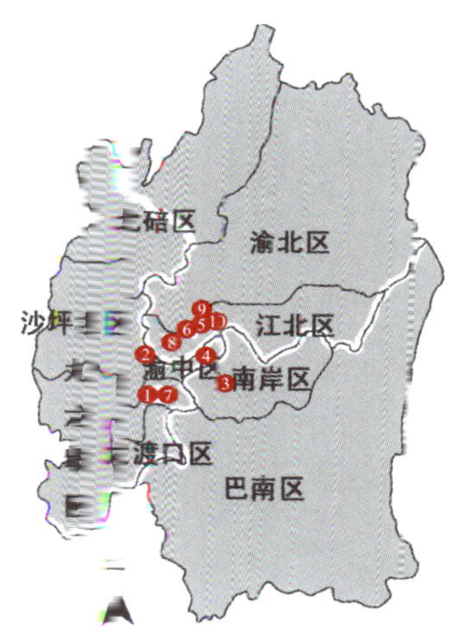

	项目名称	关注点	关注信息
1	西城天街	西区最大SHOPPING MALL	建筑面积25万m^2
2	瑞安重庆天地	最大旧城改造项目商业	项目占地1900亩
3	万达广场	销售最好商业	一年内售罄
4	日月光中心广场	商业包括免税店	拥有重庆首家免税店商业
5	协信中心	规划档次最高商业	引进众多一级品牌
6	朗晴广场	最受关注主题商业	以婚庆为主题
7	正升百老汇广场	西部商圈大体量综合商业	建筑面积16万m^2
8	元佳广场	集商业步行街及市民广场为一体商业	大石坝地区惟一步行街
9	北城中心	交通枢纽中的大规模商业	位于龙头寺交通枢纽附近
10	曼哈顿广场	五里店唯一商业广场	全城交通枢纽五里店惟一商业广场

资料来源：重庆中原市场研究部。

重庆市最值得关注的10大商业项目（2008～2010年上半年） 表20-22

西城天街（西区最大shopping mall）	
项目地址	九龙坡区杨家坪步行街
开发商	重庆龙湖地产发展有限公司
占地面积（万m^2）	3.0
建筑面积（万m^2）	25.0
租金（元/m^2·月）	150～200
售价（元/m^2）	7600
管理费(元/m^2·月)	—
入住率(%)	100
开业时间	2008-03
营业面积（万m^2）	8.0
项目点评	西城天街位于杨家坪核心位置，是西区最具规模的消费场所，极大地拉动区域人气并且提高了西区商业档次。但相比同为龙湖开发的北城天街，其影响力还存在一定的差距，主要原因在于所在区域经济和房地产发展的差距，随着杨家坪商圈对外区消费者的吸引力加强，项目还将有更大的发展潜力

瑞安重庆天地(最大旧城改造项目)	
项目地址	渝中区化龙桥
开发商	重庆瑞安天地房地产发展有限公司
占地面积（万m^2）	3.2
建筑面积（万m^2）	8.4
租金（元/m^2·月）	50～100
售价（元/m^2）	只租不售
管理费(元/m^2·月)	25
入住率(%)	70
开业时间	2010-01
营业面积（万m^2）	7.0
项目点评	重庆天地划分为低地村落、高地村庄、文化剧场、吊脚楼、商业主楼及精品酒店等六个建筑群落。居住、商务、购物、社交等多种功能的综合体配套，预计需要3～5年来培育。未来住宅、写字楼等逐渐完成后将形成一个区域性的成熟社区

万达广场（销售最好的商业）	
项目地址	南坪步行街
开发商	重庆万达商业广场有限公司
占地面积（万m^2）	—
建筑面积（万m^2）	14.0
租金（元/m^2·月）	—
售价（元/m^2）	32000
管理费(元/m^2·月)	4.6
入住率(%)	85
开业时间	2009-12-11
营业面积（万m^2）	—
项目点评（不超过250个字）	该项目于2010年上半年全部售罄，因地理位置优越，商业规模大，业态丰富和万达对商业的精心打造，项目自开盘以来，销售火爆。由于南坪地区交通这一瓶颈限制，以及近期中心商业圈的不断扩大，使其开业以来部分商业的经营状况不乐观，但餐饮方面相对人气较旺

续表

日月光中心广场（设重庆首家免税店商业）	
项目地址	渝中区校场口民权路88号
开发商	重庆鼎固房地产开发有限公司
占地面积（万m^2）	3.6
建筑面积（万m^2）	16.0
租金（元/m^2·月）	100～600
售价（元/m^2）	只租不售
管理费(元/m^2·月)	35
入住率(%)	50
开业时间	2010-01
营业面积（万m^2）	14.0
项目点评	项目由五星、六星级国际酒店、5A级写字楼、中央豪宅以及购物广场等四大业态组合而成。5幢呈螺旋型上升的超高层建筑组成，R1、R2、R3三栋，下面裙楼为商业部分。商业定位为服务于年轻、时尚的消费群体，是目前重庆首个集时尚服饰、餐饮娱乐、数码通讯为一体的一站式购物中心。预计需要3～5年时间培育，未来会成为一个新的时尚消费中心

协信中心（规划档次最高商业）	
项目地址	观音桥步行街
开发商	协信地产
占地面积（万m^2）	1.27
建筑面积（万m^2）	3.5
租金（元/m^2·月）	300～750
售价（元/m^2）	
管理费(元/m^2·月)	
入住率(%)	
开业时间	2010-09-01
营业面积（万m^2）	3.5
项目点评	协信中心商业由协信地产与澳门彩虹集团联合经营，共同出资在观音桥打造星光68国际名品广场。规划建成后将有 Cartier、Burberry、Armani 等上百个奢侈品牌将云集江北协信中心星光68国际名品广场内，打造观音桥高档商业中心

朗晴广场（最爱关注的主题商业项目）	
项目地址	江北区观音桥步行街小苑二村1C号
开发商	重庆汉阳房地产开发有限公司
占地面积（万m^2）	1.1
建筑面积（万m^2）	13.0
租金（元/m^2·月）	350～650
售价（元/m^2）	50000～120000
管理费(元/m^2·月)	8.4
入住率(%)	
开业时间	2010-08-01
营业面积（万m^2）	2.62
项目点评（不超过250个字）	朗晴广场商业共有5层，从负一楼开始依次打造恋恋美食街、爱情情人街、浪漫生活馆、浪漫美食府、婚恋广场，充分融入新古典主义建筑，并倾力打造浪漫商业街。由于该商业地处观音桥步行街，其主题商业的模式吸引了众多客户关注，商业销售异常火爆，但开发商自己持有70%的商业物业自营

续表

正升百老汇广场（西部商圈大体量综合商业）		
项目地址	重庆九龙坡区杨家坪步行街轻轨车站旁	
开发商	重庆正升置业有限公司	
占地面积（万m²）	1.6	
建筑面积（万m²）	15.9	
租金（元/m²·月）	250	
售价（元/m²）	50000～95000	
管理费(元/m²·月)	8	
入住率(%)	80	
开业时间	2009-02	
营业面积（万m²）	6.0	
项目点评	项目位于杨家坪商圈的核心位置，始于步行街内、止于西郊路口，与九龙坡区行政中心、周边的商业设施遥相呼应，轻轨二号线从本项目旁经过。并以透空式商业风情街为纽带，第三层为街中街形式连轻轨、连步行街，形成一个有机组合的庞大的商业物业群体	

元佳广场（集商业步行街和市民广场为一体）		
项目地址	江北区大石坝正街	
开发商	重庆元佳房地产开发有限公司	
占地面积（万m²）	2.26	
建筑面积（万m²）	17.0	
租金（元/m²·月）	30～100	
售价（元/m²）	4000～8000	
管理费(元/m²·月)	1.5	
入住率(%)	—	
开业时间	2009-04-01	
营业面积（万m²）	4.0	
项目点评	元佳广场步行街的商业经营面积约40000m²，由市民广场和三条商业步行街构成，其中市民广场商业部分引入大型品牌超市，形成大石坝区域惟一的商业购物步行街，这将改变大石坝的商业现状，形成区域购物中心。作为江北第二大商圈，大石坝正越来越受到人们的关注，目前，区域常住人口和流动人口超过20万，消费潜力巨大	

北城中央（交通枢纽中心大规模商业）		
项目地址	江北区龙头寺	
开发商	华宇地产	
占地面积（万m²）	10.7	
建筑面积（万m²）	33.5	
租金（元/m²·月）	30-300	
售价（元/m²）	38000	
管理费(元/m²·月)	4	
入住率(%)	—	
开业时间	2007年	
营业面积（万m²）	13.0	
项目点评	华宇北城中央，采用豪布斯卡（HOPSCA）商业模式，成为龙头寺片区领先商业群体，目前已有部分商家运营，主要以餐饮，休闲为主	

续表

曼哈顿广场（五里店目前唯一商业广场）	
项目地址	江北区五里店转盘
开发商	重庆骏伟置业有限公司
占地面积（万m^2）	1.1
建筑面积（万m^2）	9.0
租金（元/m^2·月）	66
售价（元/m^2）	
管理费(元/m^2·月)	3
入住率(%)	
开业时间	2009年
营业面积（万m^2）	1.3
项目点评（不超过250个字）	项目商业由一个近6000m^2的主力商业，56个25～110m^2的独立门面和3层近800m^2的大卖场组成。其中主力商业已引入国美电器，它将是江北地区的旗舰店。作为五里店目前惟一的商业广场，周边30万人的消费，为其带来无限的商机

资料来源：重庆中原市场研究部。

第21章　成都地产数据

21.1 房地产投资环境

成都市历年房地产市场主要指标表（2009～2010年上半年）　　表21-1

指　标	2009年	2010年上半年
GDP（亿元）	4502.60	2363.50
GDP增长率（%）	14.70	16.80
固定资产投资额（亿元）	4025.90	2094.50
房地产投资额(亿元)	945.14	575.41
住宅投资额(亿元)	634.43	354.48
写字楼投资额(亿元)	30.92	22.71
商铺投资额(亿元)	69.61	39.77
商品房施工面积(万m^2)	8317.09	7811.78
住宅施工面积(万m^2)	6676.52	6059.49
写字楼施工面积(万m^2)	261.97	285.93
商铺施工面积(万m^2)	516.36	501.57
商品房新开工面积(万m^2)	1413.62	1370.00
住宅新开工面积(万m^2)	1162.27	983.00
写字楼新开工面积(万m^2)	52.22	61.55
商铺新开工面积(万m^2)	84.19	108.31
商品房竣工面积(万m^2)	1636.85	707.02
住宅竣工面积(万m^2)	1377.06	595.57
写字楼竣工面积(万m^2)	35.04	1.09
商铺竣工面积(万m^2)	64.56	36.82
商品房销售额(亿元)	1329.00	589.86
住宅销售额(亿元)	1234.33	532.85
写字楼销售额(亿元)	34.03	14.82
商铺销售额(亿元)	46.58	28.10
商品房销售面积(万m^2)	2693.10	1010.84
住宅销售面积(万m^2)	2531.99	924.10
写字楼销售面积(万m^2)	57.86	16.00
商铺销售面积(万m^2)	53.23	29.83

数据来源：成都市统计局

成都市主要房地产政策一览表（2009～2010年）　　表21-2

政策名称	颁布日期	实施日期	发布单位	对房地产市场的影响
1. 房地产金融、信贷政策				
《成都市房产管理局关于个人住房贷款查询家庭住房登记记录信息有关问题的通知》	2010-06-12	2010-06-12	成都市房管局	此前困扰业界有关二套房“认房又认贷”难认定的问题终于有望解决。此次细则执行方面主要是银行，跟开发企业关联不大，但使市场的观望情绪进一步加重，同时对投资需求的抑制作用进一步加大
成都二套房贷首付4成 利率在基准率上上浮10%	2009-07-31	2009-07-31	成都各银行	此政策的出台对投资者的影响很大。收紧二套房贷的主要目的是阻击投资者在楼市中的投机行为，减少资金在楼市中的炒作，降低楼市泡沫

续表

政策名称	颁布日期	实施日期	发布单位	对房地产市场的影响
2. 房地产规划政策				
关于对《成都市规划管理技术规定》中容积率、建筑面积等指标的补充解释	2010-02-25	2010-02-25	成都市规划局	该政策的出台，将更严格执行各楼盘项目的控规指标，开发企业在没有"面积可送"的情况下无论是购买土地还是制定销售价格时都将更加理性
成都中心城区发展服务业用地免单"住改商"	2009-08-05	2009-08-05	成都市委、成都市人民政府	此政策无疑极大地鼓励了商业地产的发展，随着城市产业的发展，成都面临着产业升级、提升现代服务业比重的压力，其必然的要求就是实施中心城区的"中调"战略，而其背后也将推动城市新的商业中心、商圈的出现
3. 房地产市场管理相关政策				
《成都市商品房预售方案管理暂行规定》、《成都市商品房预售网上签约暂行规定》	2010-02-01	2010-02-01	成都市房管局	该政策对房地产交易市场更透明、更公平开了个好头，对规范成都房地产市场秩序极为有利。对开发商而言，该政策也有一定的震慑作用
成都市房产管理局关于进一步加强成都市房地产经纪咨询机构备案管理的通知	2009-09-10	2009-10-01	成都市房管局	此政策旨在规范成都市房地产经纪咨询行业，加强房地产经纪咨询机构管理，维护房地产市场秩序
成都市商品房销售现场信息披露管理办法	2009-07-01	2009-07-15	成都市房管局	该政策表明成都房地产市场日趋成熟和规范，同时使购房者能一目了然的了解楼盘的各种情况，并使其合法权益得到有效的维护
4. 拆迁管理相关政策				
成都市人民政府办公厅关于进一步规范城镇房屋拆迁工作的通知	2010-01-29	2010-01-29	成都市人民政府办公厅	此政策对拆迁程序、补偿政策、投诉机制及组织领导等方面进行了规范，保障拆迁户的切身利益，同时使拆迁工作坚持公平、公正、公开的原则，对不合法的拆迁行为起到遏制作用
5. 经济适用房相关政策				
成都市房产管理局关于经济适用住房售后管理有关问题的通知	2009-10-26	2009-10-26	成都市房管局	此政策对经济适用房出售后的管理做出若干规定，过去经济适用房仍然存在交易的现象，监督渠道比较单一，此政策的出台，对经济适用房的交易现象起到遏制作用，并从流通渠道、管理渠道限制了利用经济适用房谋利的可能，使经济适用房发挥其应有的作用，为真正有困难的人群带来福利

数据来源：四川中原数据库。

21.2 土地市场

成都市历年土地出让主要指标表（2009～2010年上半年） 表21-3

	土地公告情况			土地成交情况			
	宗数	占地面积（万m^2）	建筑面积（万m^2）	宗数	占地面积（万m^2）	建筑面积（万m^2）	土地出让金额（亿元）
2009年	315	1793	3823	221	1165	2408	311
2010年上半年	183	939	1552	165	1087	1798	321

数据来源：四川中原数据库。

图21-1　成都市最值得关注的20大地块区位分布图（2009～2010年上半年）

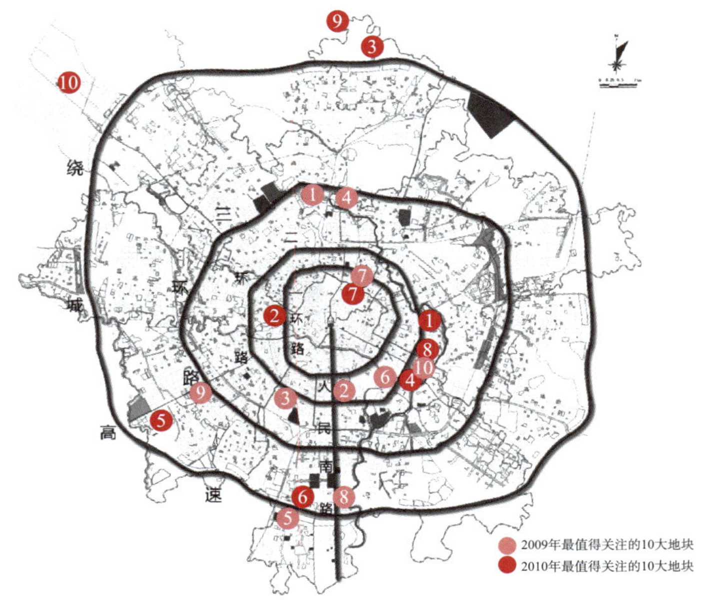

	2009年				2010年上半年		
	地块名称	关注点	关注信息		地块名称	关注点	关注信息
1	金牛区蓉北商贸大道地块	最早成交的居住地块	打破2009年1季度未有一宗住宅用地成交的纪录	1	成华区二环路东三段8号地块	三环内成交面积最大地块	地块面积：10.5hm^2
2	武侯区领事馆路地块	综合条件最佳	绝版黄金地段	2	青羊区陈麻婆地块	市中心绝版地块	居住配套良好，市中心优质地块
3	高新南区丰收村地块	溢价率最高地块	溢价率：140%	3	金牛区宝年村，木龙村，余家村地块	对区域发展起到最具深远意义的地块	政府企业合作的结果，北部商城建设为城北二环区域改造、市场搬迁做准备工作并提供条件
4	金牛区三环路以南、北新干线以东地块	城北区域最具指标意义	绿地获得，将打造成为地标性综合体	4	锦江区18号地块	2010年上半年主城区总价地王	总价：18.08亿元
5	城南大源组团地块	主城区成交面积最大宗地块	两宗地打包出让，面积约25.4hm^2	5	武侯区龙井、七里村地块	地块周边大牌开发商最多	大牌开发商有保利、中海、中粮、华宇、中铁二局等
6	锦江区顺江路与龙舟路交汇处地块	竞争最为激烈地块	地段绝佳，江景地块，争夺激烈，楼面价达到7275元/m^2	6	高新区仁和片区地块	新政后楼面地价最高地块	楼面地价：5100元/m^2
7	金牛区解放路片区4号地块	楼面地价最高	楼面地价：8700元/m^2	7	金牛区曹家巷57号地块	2010年上半年楼面地价最高、面积最小地块	楼面地价：7500元/m^2
8	高新区天府大道东侧地块	最具想象空间地块	成都传媒又一重大文化产业项目——成都大魔方	8	成华区建材路东侧地块	阳光100成都首个二级开发项目地块	阳光100蛰伏3年后拍得的首宗地块
9	武侯区顺江村地块	区域发展最具影响力地块	保利地产在顺江片区的重点项目	9	新都区新繁镇下正南街地块	2010年上半年新都区楼面地价最高地块	楼面地价：1750元/m^2
10	锦江区攀成钢片区地块	底价成交，出乎市场预期	仁恒爆冷，底价拿下原本的地王地块	10	郫县安德镇两路口社区1、6社地块	2010年新政后溢价率最高地块	溢价率：220% 价格由35万元/亩飙涨至112万元/亩

资料来源：四川中原数据库。

成都市最值得关注的10大成交地块（2009年）　　表21-4

最早成交的居住用地

开发商	地块名称	公告号	土地面积（万m²）	用地性质	成交总价（亿元）	楼面地价（元/m²）	溢价率（%）
蓝光地产	金牛区蓉北商贸大道地块	JN52(252/211)：2009-001	3.26	二类住宅用地	3.35	964	0
地块点评	2009年4月28日，蓝光地产以每亩270万，总价33481万元拿下金牛区商贸大道和平一号地块。打破了2009年自一季度以来未有一块住宅用地成交的情况，虽然该地块是为蓝光地产量身定做，但依然给冷清的房地产土地市场注入了一针强心剂，率先吹响了大型项目进军城北的号角。该宗地规划建筑面积约为41万m²，共计4446户，该宗地的成功开发对周边房地产市场带来了前所未有的机遇和挑战，大大的带动了周边市场和二手市场的价格。目前该区域二手房价格也大多集中在6000～7000元/m²						

综合条件最佳地块

开发商	地块名称	公告号	土地面积（万m²）	用地性质	成交总价（亿元）	楼面地价（元/m²）	溢价率（%）
保利地产	武侯区领事馆路地块	WH02(211/212/252)：2009-013	4.36	商业二类住宅用地、商业金融业用地	12.18	3487	38
地块点评	2009年7月24日，保利地产以每亩1860万，总价121873万元的价格拿下了武侯区领事馆路以南、火烧堰以北、美国领事馆以东地块的使用权。该地块占地65.52亩，建筑面积30万m²。位于城南领事馆路、锦绣路与盛隆街、科院街交界处。紧邻美领馆，周边有威斯顿联邦大厦、大宝大厦、新希望大厦、商鼎国际大厦、国航大厦等一系列高端的写字楼物业，呈现出组团式的优势，区域整体办公及商业氛围浓厚。紧邻城南棕北—棕南生活片区，各种相关生活工作配套发展成熟，对市场具有极强的吸引力 该区域经济辐射六大商圈，如川大校园生活圈、城南国际生活圈、IT商圈、棕南生活圈、玉林生活圈、桐梓林生活圈，立足此地，所有城市元素都将尽在手中。地块的稀缺性、区位的优越性决定了该地块的价值，作为棕南片区为数不多的可开发地块，连接人民南路、科华北路两大动脉，更守地铁一号线的身旁，未来市场空间巨大						

溢价率最高的地块

开发商	地块名称	公告号	土地面积（万m²）	用地性质	成交总价（亿元）	楼面地价（元/m²）	溢价率（%）
蓝光地产	高新南区丰收村地块	Gx14(252/211)：2009-037	4.01	二类住宅用地	7.22	4737	140
地块点评	2009年9月29日，蓝光地产以每亩1200万元，总价72247万元拿下高新区南部新区丰收村三组（丰收片区1-7号地块），溢价率高达140%。该地块位于城南中心区域，紧邻紫荆及桐梓林成熟高尚居住区 项目东侧是政府规划的500亩商业配套，家乐福、宜家、欧尚、迪卡侬、富森美家居旗舰店。紧邻锦官新城小学、高新实验中学、玉林中学、四川省职业技术学校。步行约10分钟可以到达地铁1号线站点，公交交通也十分便利。该区域多年来一直是成都市政府打造的重点，各种餐饮娱乐、酒店宾馆、金融邮政等设施一应俱全，是知名的高档生活住宅区						

城北最具地标意义地块

开发商	地块名称	公告号	土地面积（万m²）	用地性质	成交总价（亿元）	楼面地价（元/m²）	溢价率（%）
绿地集团	金牛区三环路以南、北新干线以东地块	JN27（211/252）：2009-050	13.78	商业用地兼容二类住宅用地	4.76	767	5
地块点评	2009年11月18日，绿地集团以每亩230万元，4.76亿元的总价拿下金牛区三环路以南、北新干线以东规划红线范围内地块。规划打造的绿地·世纪城占地超过200亩，是绿地集团斥重资致力在城北缔造以现代服务业为核心的地标性城市综合体 项目包括有超过10万m²的公园式卖场及商业休闲街，将会打造成一个家具和建材的商业集群，项目位于三环路旁边，进城和出城都相对便利，对大型的商贸公司和物流公司有着很大的吸引力，中国家居业龙头企业红星·美凯龙西南旗舰店已经和绿地集团签署入驻协议。目前城北同类型项目有龙湖的北城天街和瑞安中华汇的城市综合体项目。相比其他项目，世纪城地块的楼面地价相当低，仅为767元/m²；作为商业综合体，该地块位于三环路边上，交通便利，方便物流						

续表

主城区成交最大宗地块							
开发商	地块名称	公告号	土地面积（万m^2）	用地性质	成交总价（亿元）	楼面地价（元/m^2）	溢价率（%）
保利地产	城南大源组团地块	GX16 (252/211/212): 2009-053	25.43	二类住宅用地、商业金融用地	6.00	587	0
地块点评	2009年11月20日，保利以总价6亿元拿下城南大源组团两块宗地，总面积达到382亩，成为2009年城南的新地王。相比该区域其他项目的土地价格，保利拿地价格在该区域也算较低 该宗地共分两块，住宅地块位于大源住宅组团、商业地块位于大源商业组团。目前该区域已经成为成都新的行政办公中心、科技商务中心、高新技术产业基地、高端居住区，对市场有着相当大的吸引力。目前住宅地块打造出的保利心语花园项目已经上市，项目紧邻伊藤成都旗舰店，四众三横的道路体系及公交体系保证了该区域良好的交通环境。在如此的优良和稀缺的地块中打造出的别墅项目，对市场具有极强的吸引力，未来升值潜力巨大，目前联排价格18000～23000元/m^2；双拼价格25000～30000元/m^2，而高层价格也将在8000元/m^2以上。周边的项目——凤凰城均价8500元/m^2、中海兰庭 7500～10000元/m^2 、世豪广场 7500～8900元/m^2、复地雍湖湾6850元/m^2起						

竞争最为激烈地块							
开发商	地块名称	公告号	土地面积（万m^2）	用地性质	成交总价（亿元）	楼面地价（元/m^2）	溢价率（%）
朗基地产	锦江区顺江路与龙舟路交汇处地块	JJ61(252/211): 2009-065	1.04	二类住宅用地	3.03	7275	94
地块点评	2009年12月4日，朗基地产联合新昕实业以1940万元/亩，总价3.03亿元的价格拿下锦江区顺江路与龙舟路交汇处地块。拍卖当天竞争激烈，不乏实力开发商参与竞争，如香港爪哇集团等。该地块紧邻锦江，是市区内目前为数不多的江景地块之一，朗基龙棠这类小地块项目的开发也为朗基地产积累了开发此项目的经验，且周边具有良好的生活居住氛围，紧邻成熟的莲花生活区、田家炳中学、和空军452医院 目前周边在售的楼盘，如望江橡树林均价已经过万，上海东韵的均价也已达到9000左右。该地块7275的楼面地价也决定了未来该项目的均价至少过万，极大的带动了周边二手房价格和房地产整体市场，目前该区域主体二手房价格在7500～9500元/m^2						

楼面地价最高地块							
开发商	地块名称	公告号	土地面积（万m^2）	用地性质	成交总价（亿元）	楼面地价（元/m^2）	溢价率（%）
新和房产	金牛区解放路片区4号地块	JN29(252/211): 2009-068	0.21	二类住宅用地	0.46	8700	123
地块点评	2009年12月4日，新和房产以每亩1450万元，总价4631万元，楼面地价高达8700元/m^2。整个拍卖过程十分火热，该地块的成交为2009年土地市场过热的一次具体表现，目前该区域多数二手房价格集中在7000 ～9000元/m^2左右。共计2129m^2的开发面积在开发商品住宅方面存在一定难度。目前该地块周边总体环境较差，道路拥挤，生活配套不完善，很多建筑都为20世纪所修建，十分影响该区域的整体形象。再则，紧邻大型的电子商品市场，巨大的人流量和货流量不但影响交通环境，也极大影响该区域的居住氛围 2007年飞大置业以每亩2030万，楼面地价6090元/m^2拿下旁边一块9亩的综合型用地，也是当年对未来估计不足和市场过火的一个表现，到目前也没进入开发流程。虽然该地块成交楼面价格很高，但由于面积较小，建成体量不大，未来对整体区域产生的影响也是十分有限的						

续表

最具想象空间地块							
开发商	地块名称	公告号	土地面积（万m²）	用地性质	成交总价（亿元）	楼面地价（元/m²）	溢价率（%）
成都传媒	高新区天府大道东侧地块	GX18（211/252）：2009-054	12.66	商业用地兼容公寓（住宅）	3.80	500	0
地块点评	2009年11月30日，成都传媒集团以200万/亩的挂牌价格拿到了这块占地面积190亩、建筑面积达76万m²的宗地，作为成都市文化创意产业发展的重要项目，该地块的未来十分值得关注，据悉，成都传媒集团有意将其造成为城市文化娱乐综合体-成都大魔方，这是继“成都东区”产业园之后，成都传媒集团打造的又一重大项目。该项目由美国龙安集团主持设计规划，外形独特，形似一个斜置的五彩魔方，同时将引进美国安舒茨娱乐管理集团（AEG）、中影集团等，设置城市舞台、超级电影世界、DISCOVER中心和HAPPY秀、LOHAS广场、不夜商街、超星级酒店及写字楼、配套高档公寓等 地块位于炙手可热的天府新城，西侧为人南延线，东侧为红星路沿线，区域自然条件良好，交通条件十分优越；对面的天府歌剧院、海洋乐园等文化娱乐产业区域对项目有良好的拉抬作用。作为成都市重点发展的区域，目前该片区土地价格一路飙升，2007年7月合景泰富以628[illegible]元/m²的楼面价成为了该区域的地王，即使是在2010年“新国十条”的重大影响下，该片区的土地价格依然坚挺，[illegible]在2010年5月拿下的一宗土地楼面地价仍然达到了5000元/m²以上。天府新城片区作为未来成都市的商务及政务中心，周边的商品房价格高居目前成都市各片区之首，区域内的誉峰项目，为成都目前的顶级电梯公寓，以2万~3万元/m²的均价傲视群雄						

最具区域发展影响力地块							
开发商	地块名称	公告号	土地面积（万m²）	用地性质	成交总价（亿元）	楼面地价（元/m²）	溢价率（%）
保利	武侯区顺江村地块	WH10(252/211)：2009-081	51.00	二类住宅用地	3.31	3482	44
		WH11(252/211)：2009-082	97.85		5.67	3107	26
		WH12(252/211)：2009-083	68.83		4.54	3535	44
地块点评	2009年12月17日，保利分别以每亩650万元、580万元、660万元拿下这三宗土地，共计约216亩，总金额13.5亿元。2009年12月4日保利在同样的区域以63[illegible]万元/亩、总金额2.65亿元竞得一宗面积为42.1亩的地块。至此，保利在该区域土地储备达到了260余亩，将相邻的几宗土地同时拿下，该项目将会是保利在该区域内打造的又一代表性高品质楼盘 而与此同时，重庆华宇也在其一墙之隔拿到一宗面积为75亩左右、价格在780万元/亩的土地，与保利3000余元的楼面地价相比，华宇项目的楼面地价达到了4[illegible]元/m²，抛开开发商品牌、实力等因素，较低的拿地成本将使保利在未来的竞争上占据一定优势 从区域位置来看：该地块紧邻西三环二段[illegible]立交外侧，位于武侯大道沿线，附近有八益家具城，人人乐、伊藤、置信未来广场、中粮大悦城等，配套十分齐全，目前该片区已有诺丁山、巴厘岛、中华名园等大盘，区域优势十分明显，但稍显不足的是大多数配套都在三环路以内，而地块周边生活、商业配套还有所欠缺，安置小区与商品房混杂，居住品质尚有待提升 目前周边的在售项目中，同类品质产品不多，二手房如巴厘岛、中华名园、诺丁山等价格在7000元/m²左右。项目（保利花园一期）已于2010年5月底开盘，但恰逢“新国十条”政策推出，市场萎缩，因此目前价格与之前预计有一定差距，逆市下开盘，均价仅为7800元/m²，但项目体量较大，尚有大量土地未开发，从市场长远及区域发展来看，升值空间较大						

最出乎市场预期地块							
开发商	地块名称	公告号	土地面积（万m²）	用地性质	成交总价（亿元）	楼面地价（元/m²）	溢价率（%）
仁恒置地	锦江区攀成钢片区地块	JJ62(252/211)：2009-078	11.90	二类住宅用地、街头绿地	19.64	4342	0
地块点评	2009年12月17日，集大宗地块与热点地块于一身的攀成钢地块一经推出，即引起各方关注，在当时市场高烧的背景下，在拍卖前被有关机构估价将以每亩[illegible]万元成交，但从实际的成交结果却跌破众人眼镜：与2007年新鸿基拿下的首块攀成钢地块一样，土拍过程波澜不惊，最终仅以底价1100万元/亩拍出，总价为19.64亿元，楼面地价仅4242元/m²，远未达到当初预期。如果说新鸿基地块底价成交是因为挂牌出让所致，而该地块在众人一路看好的情况下也大热倒灶，则出乎绝大多数人的预料 近200亩的超大面积、优越的地理位置，对善于打造大型品质项目的大开发商吸引力极强，但过于高昂的价格使得开发风险同样倍增，故被不少开发商放弃也在情理之中 周边已建成的项目仅有澳龙名城，虽然目前尚未形成成熟的居住氛围，但镏金岁月、万科金润华府项目均在热销，再加上金融街的光环加持，未来发展潜力不可小觑。目前该区域价格参差不齐，周边二手房在5000~8500元/m²左右，新房价格如万科金润华府（精装）在1[illegible]元/m²，沙河一号价格为7000元/m²左右。预计仁恒地块项目售价将不会低于10000元/m²						

资料来源：四川中原数据库。

成都市最值得关注的10大地块（2010年上半年） 表21-5

三环内成交面积最大地块							
开发商	地块名称	公告号	土地面积（万m^2）	用地性质	成交总价（亿元）	楼面地价（元/m^2）	溢价率（%）
九龙仓	成华区二环路东三段8号地块	CH41(252/211):2009-093	10.49	城镇混合住宅用地商业用地	15.58	4837	24
地块点评	2010年1月8日，九龙仓击退保利、招商等强敌，以每亩990万元，总价15.58亿元拿下成华区二环路东三段8号地块，溢价率达到24%。该地块位于近年来发展迅速的成华区建设路板块附近，汇集了伊藤、SM广场等大型商业中心，也云集了华润、万科、龙湖等一系列国内知名开发商。商气、人气已经开始形成，而该地块拥有面积大，区位好，未来发展潜力大等一系列优势，因此在拍卖现场引来多家开发商的争夺 由于该地块位于建设路和万年、保和板块之间，未来项目的开发将对两大板块在二环路上起到相当大的连通作用，从而为两大板块的融合创造条件。近年来成华区开始对城区进行全面改造，大量旧房拆迁和道路拓宽、使区域环境得到了极大改善，周边项目万科金域蓝湾、龙湖三千里等项目已经陆续入住，目前价格在8000～12000元/m^2之间，而此块地面积较大、限高宽松，开发商发挥余地较大						

市中心绝版地块							
开发商	地块名称	公告号	土地面积（万m^2）	用地性质	成交总价（亿元）	楼面地价（元/m^2）	溢价率（%）
成都乐地投资有限公司	青羊区陈麻婆地块	QY62(252/211):2009-094	1.88	商业用地城镇混合住宅用地	5.51	7313	95
地块点评	2010年1月8日，成都乐地投资有限公司以每亩1950万元，总价5.51亿元拿下陈麻婆地块。该地块位于市中心内稀缺的绝版地段，因此一推出就受到多方关注，经过数轮激烈争夺，成都乐地投资有限公司以95%的溢价率获得该宗地。该地块处于一环路西一段和西二段之间，紧邻青羊宫、文化公园和四川省人民医院，距离百花潭公园、浣花溪公园和杜甫草堂也只有几分钟车程，属于成都传统老牌高尚居住区，周边生活、交通、工作都极其便利 从项目规划来看，该地块未来计划打造成高档住宅和大型商业中心，给稍显老旧的区域整体形象带来一次大的提升。因为从目前来看，虽然处于市中心，但该区域小范围内并没有高档住宅楼盘的面市，也没有大型商业中心，周边集中大量1990年代甚至之前的老式建筑和底商。7313元/m^2的楼面地价创下了该区域内拿地价格最高的纪录，这对区域整体的房地产市场和土地市场都将产生极大的影响，良好的区位条件完善的配套将是该地块最大的优势，但由于地块面积较小，规划设计上也存在一定局限，预计未来售价在15000/m^2左右						

对区域发展最具深远意义的地块							
开发商	地块名称	公告号	土地面积（万m^2）	用地性质	成交总价（亿元）	楼面地价（元/m^2）	溢价率（%）
伊夏国际有限公司	金牛区宝年村，木龙村，余家村地块	JN01(211/212):2010-11-1	26.03	市场用地兼容商业金融用地	2.34	450	0
地块点评	2010年3月2日，伊夏国际有限公司以每亩60万元，总价2.34亿元拿下该宗地块，该地块的成功出让其实是一次政府与企业合作的结果。多年以来，城北区域作为西部最大的商品集散地的同时，由于市场建成较早，设施落后，加上巨大的人流量，使整个区域呈现出“脏、乱、差”的现状，而随着城北大改造的来临，荷花池和五块石大量商业面临着整体搬迁的任务，建设城北全新的商业贸易市场，同时带动城北二、三圈层的发展 该商城建成之后，将采取国际上流行的“单一业权、只租不售”的方式进行经营，彻底改变以往老城北市场凸显的规模小、档次低、管理落后、效益较差等现状。可以说，此地块不仅关系到商贸城本身建设，同时也标志着成都最大旧城改造项目的启动，城北这个价值洼地也将腾笼换鸟、提档升级						

续表

2010年上半年总价最高地块

开发商	地块名称	公告号	土地面积（万m²）	用地性质	成交总价（亿元）	楼面地价（元/m²）	溢价率（%）
绿地集团	锦江区18号地块	JJ01(252/2110):2010-24	9.26	二类住宅用地	18.08	6510	9
地块点评	2010年4月9日，绿地集团以6510元/m²的楼面地价，总价18.08亿元拿下攀成钢又一上百亩地块。纵观这两年攀成钢地块的价格，楼面地价由2007年新鸿基拿地时的2769元/m²，再到2009年仁恒拿到的4242元/m²，到现在的6510元/m²，可谓是节节高升，地王多出自于此 攀成钢区域地块占地面积总计2200余亩，是成都城市中心最大地块，目前该区域已经云集了新鸿基、仁恒、新希望等一系列实力开发商的入驻。作为成都打造东大街金融中心的重点组成部分，未来对整个区域乃至成都市都将产生极大的影响。从区域整体环境看，有伊藤、万达广场有餐饮娱乐休闲商圈存在，同时众多高校云集（川大、川音、川师）。周边还拥有丰富的自然、人文景观（塔子山公园、望江公园、沙河）等，其他医疗、教育、金融、市政设施也一应俱全。由于众多实力开发商入驻，且地块面积基本在百亩以上，非常有利于高端品质项目的打造，相信未来价格也将更上一个台阶，预计开发成普通商品住宅价格在10000元/m²以上，目前成都高端电梯豪宅风盛行，打造成数万元一平方米的顶级豪宅也很有可能						

区域内大牌开发商最多地块

开发商	地块名称	公告号	土地面积（万m²）	用地性质	成交总价（亿元）	楼面地价（元/m²）	溢价率（%）
绿地集团	武侯区龙井、七里村地块	WH15(252/211):2010-25	8.00	二类住宅用地	7.20	3214	43
地块点评	2010年4月9日，绿地集团以每亩600万元，总价7.2亿元拿下武侯区龙井、七里村地块，该地块紧邻2009年12月17日中海所购得地块，和目前保利花园项目也只有一路之隔，也属于政府正在着力打造的武侯新城板块 从近年来的土地拍卖市场来看，该区域的地块一直被开发商热捧，中海、中粮、华宇等等大开发商云集于此，目前在售的重点项目有保利花园，价格已经达到7300元/m²左右，稍显不足的是目前该区域配套设施不多，部分老旧建筑有待拆除，但可以预见的是，随着大开发商的进驻，周边环境改造提速，该片区升值潜力将不可估量						

新政后楼面地价最高地块

开发商	地块名称	公告号	土地面积（万m²）	用地性质	成交总价（亿元）	楼面地价（元/m²）	溢价率（%）
中铁	高新区仁和片区地块	GX15(252/211):2010-41	8.03	二类住宅用地	12.29	5100	52
地块点评	该宗地为4.17新政后主城区进行的首宗土地拍卖，虽然整体情况较冷清，但该宗地仍然得到了开发商青睐，高价成交。究其原因主要是因为该宗地处于目前最炙手可热的热点区域，三面临路，交通便利，同时面积适宜，故被业内外人士一致看好，最终经过49轮竞拍，该宗地以1020万元/亩、5100元/m²的楼面地价被央企中铁建拿下，溢价率达到56.9% 在土地市场低溢价率的大流下逆市上扬，该宗地所处之仁和板块，早已进驻了多家实力不凡的大牌开发商，此前出让的地块价格基本在1000万元/亩以上，中铁建此番拿地的价格虽然看似较高，但综合该区域的发展潜力，周边项目的售价（10000～30000元/m²），仍然还有很大操作空间，价格处于合理值内。随着合景泰富、中海等知名企业入驻，誉峰等高端豪宅的开发，区域价值攀升，市场认可度提高，而该宗地面积适宜，也比较有利于品质打造，与中铁建央企背景结合，相信又将成为成都天府新城内一个不可忽视的重点项目						

2010年上半年楼面地价最高、面积最小地块

开发商	地块名称	公告号	土地面积（万m²）	用地性质	成交总价（亿元）	楼面地价（元/m²）	溢价率（%）
上品房产	金牛区曹家巷57号地块	JN04(252/211):2010-21	0.34	住宅	1.03	7500	233
地块点评	该地块处北一环内，虽然有面积太小及操作难度大的劣势存在，但凭借良好的区位条件及成熟的周边配套等优势，该地块一开始就遭遇到哄抢，最终以7500元/m²，溢价率233%成为今年上半年以来楼面价最高的地块，但从规划条件来看，4.0的容积率、80m的限高并不宽松，地块面积也不利于品质打造，加上后期建安、宣传等费用，项目成本不低，因此，即使地段优良，但项目实际操作难度较大						

续表

阳光100成都首个二级开发项目地块							
开发商	地块名称	公告号	土地面积（万m^2）	用地性质	成交总价（亿元）	楼面地价（元/m^2）	溢价率（%）
阳光100	成华区建材路东侧地块	CH05（252/211）：2010-056	6.00	住宅	5.00	2500	0
地块点评	该地块为阳光100在成都竞得的第一块二级开发项目，作为迎晖路地块的一级土地整理开发商，从2004年接手该片区4000亩土地整理改造，阳光100倾注了大量心血，但由于成都土地价格一直高企，阳光100多次参与竞拍均功亏一篑，此次拍卖恰逢市场低迷期，企图凭借一级开发优势“曲线拿地”的想法终于变成了现实，与此前在该区域拿地的信和（楼面地价3390元/m^2）、绿地（楼面地价3112元/m^2）相比，2500元/m^2的楼面价显示出了相当高的性价比。 2010年8月起，成都土地出让均需要有“指标”，而阳光100作为该地块本来的一级土地整理公司，以底价拿地，顺利转身成为二级项目开发商，或许将给众多急于“买票”的开发商以新的启示						

2010年上半年新都区楼面地价最高地块							
开发商	地块名称	公告号	土地面积（万m^2）	用地性质	成交总价（亿元）	楼面地价（元/m^2）	溢价率（%）
上海中优	新都区新繁镇下正南街地块	XD13(252/211)：2010-65	0.69	住宅	0.36	1750	150
地块点评	地块位于历年来土地及商品房交易都较为冷清的新都新繁镇，以1750元/m^2创下近年来新都区土地楼面价格新高，该宗地虽然面积较小，但由于地处新繁镇镇中心，周边配套成熟，商业、学校等一应俱全。因此吸引了数十家开发商参与竞拍，经过激烈较量，最终被来自上海的开发商竞得，这也是外来开发商首次进驻新繁 新繁镇目前在售项目较少，均为体量较小的多层及小高层项目，均价在4000元/m^2左右。客户群体也基本以本地人为主，该开发商表示，项目将于年底动工，预计售价在4500元/m^2左右						

2010年新政后溢价率最高地块							
开发商	地块名称	公告号	土地面积（万m^2）	用地性质	成交总价（亿元）	楼面地价（元/m^2）	溢价率（%）
四川中蓝海实业	郫县安德镇两路口社区1、6社地块	PX13(252/211)：2010-60	0.98	住宅	0.16	933	220
地块点评	该地块靠近老成灌路及快铁，交通便利，人流量大，同时地块较小，开发门槛较低，因此吸引了大量开发商进场竞争，创下了新政后溢价新高。其实近年来，郫县土地价格一直呈上升趋势，在新政后，主城区土地市场降温非常明显，但以郫县为代表的郊县土地市场价格却丝毫不见降温，这主要与郊县区本身地价不高，开发商入场门槛低且开发风险较小有关 此地块为二类居住用地，容积率为1.8，限高为24m，因此建筑类型极有可能是多层，周边项目众多，除一些老牌项目外，今年开盘的有华侨凤凰国际城、郫县置信逸都花园、中信未来城等，目前区域楼盘价格平均在4000~5000元/m^2，地铁、快铁等轨道交通将对区域未来发展起到重要的促进作用，具有投资居住双重价值，房价上涨空间巨大						

资料来源：四川中原数据库。

21.3 住宅市场

成都市历年商品住宅市场主要指标表（2009~2010年上半年） 表21-6

	商品住宅市场		二手住宅市场	
	批准预售面积（万m^2）	销售额（亿元）	销售面积（万m^2）	销售额（亿元）
2009年	833.48	745.53	503.37	328.62
2010年上半年	351.44	229.12	188.79	141.19

数据来源：四川中原数据库。

成都市商品住宅供需情况表（2009年） 表21-7

区 域	新增供应	销售情况			
	新增面积（万m^2）	销售套数（套）	销售面积（万m^2）	成交金额（亿元）	成交均价（元/m^2）
全市	833.48	137920	1253.64	745.53	5947
成华区	141.62	30460	267.79	150.59	5603
武侯区	107.21	20024	205.96	128.86	6238
青羊区	108.87	19592	212.79	121.89	5702
金牛区	155.40	24018	205.28	128.61	6277
锦江区	158.41	24852	185.93	106.45	5750
高新区	161.97	18974	175.90	109.13	6253

数据来源：四川中原数据库。

成都市商品住宅批准预售面积季度走势（2009～2010年上半年） （单位：万m^2） 表21-8

区 域	2009年第一季度	2009年第二季度	2009年第三季度	2009年第四季度	2010年第一季度	2010年第二季度
全市	148.34	232.91	245.90	206.33	146.61	204.83
成华区	30.03	37.41	41.86	32.32	9.33	22.24
武侯区	15.62	36.12	33.42	22.05	19.58	26.04
青羊区	30.06	21.86	24.89	32.06	15.52	26.81
金牛区	15.70	41.28	55.89	42.53	28.34	26.39
锦江区	31.22	43.36	40.00	43.83	41.97	50.57
高新区	25.71	52.88	49.84	33.54	31.87	52.78

数据来源：四川中原数据库。

成都市商品住宅销售量价季度走势（2009～2010年上半年） （单位：元/m^2） 表21-9

区 域	2009年 第一季度	2009年 第二季度	2009年 第三季度	2009年 第四季度	2010年 第一季度	2010年 第二季度
全市	5320	5753	6025	6453	6803	7215
高新区	5266	5839	6417	6837	7419	7912
锦江区	5309	5513	6396	6992	6972	7155
青羊区	5297	5366	5764	6127	6769	6909
金牛区	5229	5232	5862	6126	6332	6821
武侯区	6020	6211	6149	6510	6880	7188
成华区	5180	5258	5631	6126	6332	6916

数据来源：四川中原数据库。

成都市商品住宅销售面积季度走势（2009～2010年上半年） （单位：万m^2） 表21-10

区 域	2009年 第一季度	2009年 第二季度	2009年 第三季度	2009年 第四季度	2010年 第一季度	2010年 第二季度
全市	255.81	385.22	294.22	510.54	139.18	187.84
高新区	38.49	65.75	52.26	91.86	25.54	43.58
锦江区	37.09	75.28	50.11	85.08	35.08	37.82
青羊区	31.61	68.88	44.88	81.41	11.01	28.67
金牛区	45.54	70.12	44.60	87.20	23.70	27.00
武侯区	34.88	63.86	39.33	73.13	19.33	24.49
成华区	68.20	110.77	63.04	91.86	24.52	26.28

数据来源：四川中原数据库。

成都市二手住宅成交面积季度走势（2009～2010年上半年） （单位：万m^2） 表21-11

区 域	2009年第一季度	2009年第二季度	2009年第三季度	2009年第四季度	2010年第一季度	2010年第二季度
全市	72.94	113.9	120.63	191.46	84.03	104.76
高新区	7.08	9.25	13.54	19.47	13.79	12.28
锦江区	9.83	15.62	16.24	24.86	10.47	15.38
青羊区	13.36	20.46	21.05	35.00	13.81	17.01
金牛区	14.7	25.22	23.59	37.28	15.11	18.88
武侯区	18.26	29.74	30.52	49.78	19.44	27.46
成华区	9.71	13.61	15.70	25.07	11.41	13.75

数据来源：四川中原数据库。

图21-2 成都市最值得关注的20大住宅项目区位分布图（2009～2010年上半年）

	2009年				2010年上半年		
	项目名称	关注点	关注信息		项目名称	关注点	关注信息
1	华侨城	新增供应规模最大的项目	新增供应面积：18.09万m^2	1	保利中心	逆势最热销的项目	开盘当日平均销售率达到77%
2	誉峰[1]	最高端的项目	销售单价：1.78万元/m^2	2	北城天街	城北最值得期待的项目	周边配备了时尚百货、休闲娱乐、电影院、特色餐饮、高级酒店等商业项目
3	西府少城	最四通八达的项目	周边有30余条公交线路	3	丽晶港	降幅最大的项目	从6400元/m^2降至4900元/m^2，价格跌幅为23%
4	摩玛城	最具科技含量的项目	采用多项节能技术，包括地源热泵系统、24小时热水系统、中央纯净水系统	4	紫东芯座	最沾光的项目	因紧邻二十四城配套的大型高端商业区——“万象城”而逆势热卖
5	翡翠城	开发寿命最长的项目	2003年动工开建，2010年全面建设完成，长达7年的建设周期	5	优品道	配套最完善的项目	沿二环路有麦德龙、仁和春天广场、家乐福等大型商业；高校林立；毗邻浣花溪公园，杜甫草堂

续表

	2009年				2010年上半年		
	项目名称	关注点	关注信息		项目名称	关注点	关注信息
6	花满庭	开盘最快的项目	2009年4月28日取得该地块，同年6月27日便开盘销售	6	府河公馆	最另类的项目	作为一个多层项目，开发商配备电梯；开盘时已有十多年的房龄
7	二十四城	涨幅最大的项目	2009年年初均价为5600元/m²，2009年底涨至10000元/m²，价格涨幅为79%	7	世豪广场	最具升值潜力的楼盘	引入了伊藤洋华堂旗舰店，并规划了15万m²的伊藤购物中心
8	誉峰	装修标准最高的项目	装修标准达6000～10000元/m²	8	望江橡树林	新增供应规模最大的项目	新增供应面积：18.09万m²
9	南湖国际社区	最具娱乐精神的项目	各类选秀活动、小型歌友会、时装走秀、演唱会等均钟情于在此举行	9	金香槟	单次开盘销售率最高的项目	首批房源在开盘当天销售率达100%
10	四海逸家	赠送面积最大的项目	项目赠送建筑面积达140%	10	麓山国际社区	销售金额最高的项目	销售金额：23.80亿元

资料来源：四川中原数据库。

成都市最值得关注的10大住宅项目（2009年） 表21-12

华侨城纯水岸（新增供应规模最大的项目）		
项目地址	金牛交大立交桥外侧西华大道9号	
开发商	成都天府华侨城实业发展有限公司	
占地面积（万m²）	100.0	
建筑面积（万m²）		
开盘时间	2008-08-16	
开盘均价（元/m²）	高层5500；洋房7800	
推售套数/销售套数	3205/1031	
销售面积（万m²）	12.4	
销售金额（亿元）	11.1	
项目点评	2009年作为华侨城项目配套的欢乐谷亮相成都，由于前期造势工作取得了良好效果，吸引大量游客慕名前往，为华侨城项目积聚了大量人气。2009年新推的纯水岸·208别墅群由208套别墅组成，拉大了华侨城的供应规模，全年新增供应面积高达18.09万m²，使其成为了2009年成都“新增供应规模最大”的项目	

誉峰（最高端的项目）		
项目地址	高新区成都城南CBD中央（新益州城市广场西侧）	
开发商	成都市中天盈房地产开发有限公司	
占地面积（万m²）	18.6	
建筑面积（万m²）	37.8	
开盘时间	2009-11-21	
开盘均价（元/m²）	19000	
总套数/销售套数	1741/190	
销售面积（万m²）	3.9	
销售金额（亿元）	6.9	
项目点评	开盘当日便销售161套，以[illegible].9亿元的成交金额，轻松打破了成都市开盘成交金额的记录，单价也达到了1.78万元/m²。如此之高的成交量令其他标榜豪宅的项目相形见绌。另外项目的配套也堪称顶级，一个豪华会所、一个高档购物中心，以及超甲级写字楼，部分产品配有空中泳池，6000元/m²的豪华装修等等，在成都众多豪宅项目中也属凤毛麟角。誉峰无疑成为了2009年成都楼市中最高端的项目	

续表

西府少城（最四通八达的项目）		
项目地址	青羊小南街109号	
开发商	成都同心置业发展有限公司	
占地面积（万m^2）	1.5	
建筑面积（万m^2）	11.3	
开盘时间	2009-06-20	
开盘均价（元/m^2）	8000	
总套数/销售套数	903/840	
销售面积（万m^2）	6.7	
销售金额（亿元）	6.2	
项目点评	项目于2009年6月开盘，仅用半年的时间就几乎售罄，主要得益于项目得天独厚的区位优势：位于成都市最核心地段，交通网络发达，周边有30余条公交线路，几乎可以不用换乘而到达成都市区的每个区域，同时项目与规划的地提二号线毗邻，与一号线也仅有两站路的距离	

摩玛城（最具科技含量的项目）		
项目地址	锦江二环路东五段东湖公园对面	
开发商	成都市黄和投资有限公司	
占地面积（万m^2）	1.5	
建筑面积（万m^2）	16.0	
开盘时间	2009-04-18	
开盘均价（元/m^2）	6500	
总套数/销售套数	1521/718	
销售面积（万m^2）	6.2	
销售金额（亿元）	4.4	
项目点评	作为西南首个采用国家推广节能示范技术的住宅项目，摩玛城采取了多项节能技术将，地源热泵系统、24小时热水系统、中央纯净水系统等高科技技术，从温度、饮水、用水、噪声等方面全面提升家居品质，为业主提供一个健康、舒适、节能、环保的居家环境	

翡翠城（开发寿命最长的项目）		
项目地址	锦江南二环华润路1号	
开发商	华润置地（成都）有限公司	
占地面积（万m^2）	83.0	
建筑面积（万m^2）	>100.0	
开盘时间	2004-03-26	
开盘均价（元/m^2）	8500	
总套数/销售套数	12297/1914	
销售面积（万m^2）	—	
销售金额（亿元）	—	
项目点评	该项目总占地面积1245亩，总建筑面积超过100万m^2，被“一湖两河三公园”环抱，项目总投资25亿元人民币，分五期开发，于2003年动工开建，2010年全面建设完成。长达7年的开发建设与配套完善使华润·翡翠城成为成都“开发寿命最长”的楼盘	

续表

蓝光·花满庭（开盘最快的项目）	
项目地址	金牛区洞子口路333号
开发商	蓝光集团
占地面积（万m^2）	8.3
建筑面积（万m^2）	41.0
开盘时间	2009-06-27
开盘均价（元/m^2）	4500
总套数/销售套数	4446/2430
销售面积（万m^2）	1.8
销售金额（亿元）	9.1
项目点评	作为2009年城北少有的几个大盘之一，花满庭凭借其较高的综合品质，取得了骄人的成绩，半年就吸金9.14亿。最值得一提的是，蓝光地产于2009年4月28日将该项目地块拿下，6月27日便开盘销售，前后仅两个月时间，开盘速度令人咋舌，使其当之无愧地成为了2009年成都“开盘最快”的项目

华润·二十四城（涨幅最大的项目）	
项目地址	成华区二环路东三段双庆路6号
开发商	华润置地(成都)发展有限公司
占地面积（万m^2）	56.0
建筑面积（万m^2）	210.0
开盘时间	2007-11-17
开盘均价（元/m^2）	7200
总套数/销售套数	20000/1565
销售面积（万m^2）	
销售金额（亿元）	
项目点评	华润·二十四城以其56万m^2的占地面积位居成都三环内大型项目的榜首。其配的大型套商业中心万象城集高端购物、餐饮、娱乐、休闲、文化、商务等多种功能于一体，将继续“一座城改变一座城”的神话，在加速成都东移速度的同时，也带动了二十四城房价的飞涨，从2009年初5600元/m^2的均价到2009年底10000元/m^2的均价，仅一年时间，房价翻番，二十四城无疑成为了2009年成都楼市中“涨幅最大”的项目

誉峰（装修标准最高的项目）	
项目地址	高新区成都城南CBD中央（紧邻益州城市广场西侧）
开发商	成都市中天盈房地产开发有限公司
占地面积（万m^2）	18.6
建筑面积（万m^2）	37.8
开盘时间	2009-11-21
开盘均价（元/m^2）	19000
总套数/销售套数	1741/190
销售面积（万m^2）	3.9
销售金额（亿元）	6.9
项目点评	均价高达22000元/m^2的誉峰无疑是成都高层豪宅的龙头老大，其6000～10000元/m^2的装修标准，为业主选用了德国杜拉维特和汉斯格雅的卫浴系列、西门子的厨房套餐系列、大金的中央空调系统等各种顶级家装品牌。同时，还为业主配备了中央地暖及热水系统，部分产品甚至还配有空中泳池，是名副其实的豪宅，这也使其成为了成都“装修标准最高”的楼盘

续表

南湖国际社区（最具娱乐精神的项目）		
项目地址	双流县人南延线南湖度假风景区内	
开发商	成都森宇实业集团有限公司	
占地面积（万m^2）	36.6	
建筑面积（万m^2）	150.0	
开盘时间	2008-11-08	
开盘均价（元/m^2）	5000	
总套数/销售套数	12000/1400	
销售面积（万m^2）	13.4	
销售金额（亿元）	7.4	
项目点评	坐落于南湖度假风景区内的南湖国际社区由20多栋环湖的欧式建筑组成，依托南湖度假风景区，该楼盘吸引大量游客慕名前往。400亩的南湖-梦幻岛游乐园区、欧洲风情街现已全部投入使用，凭借这些配套，南湖国际社区成为成都娱乐活动举办最为频繁的地方，特别是各类选秀活动、小型歌友会、时装走秀、演唱会等均钟情于在此处举行，使其成为了2009年“最具娱乐精神”的项目	

四海逸家（赠送面积最大的项目）		
项目地址	成龙路绿轴公园旁	
开发商	成都国嘉志得置业有限公司	
占地面积（万m^2）	13.6	
建筑面积（万m^2）	41.0	
开盘时间	2008-07-26	
开盘均价（元/m^2）	10000	
总套数/销售套数	4280/452	
销售面积（万m^2）	1.0	
销售金额（亿元）	1.1	
项目点评	号称纯空中别墅区的四海逸家位于成都市南三环一段，未来的东部副中心，毗邻规划中2000亩的超大市政公园，大环境尚算宜居。该项目打破传统电梯公寓的理念，以空中别墅自称，然而，少了亲山亲水、幽静私密的别墅特性，自然就无法体现别墅高贵的气质和高雅的品味，仅能算是一个跃式住宅。不过，该项目高达140%的赠送面积还是相当夺人眼球的，绝对称得上成都“赠送面积最大”的楼盘	

资料来源：四川中原数据库。

成都市最值得关注的10大住宅项目（2010年上半年）　　表21-13

保利中心（逆势最热销的项目）		
项目地址	武侯区人民南路四段领事馆路7号	
开发商	成都市保蓉房地产开发有限公司	
占地面积（万m^2）	4.4	
建筑面积（万m^2）	39.0	
开盘时间	2010-06-20	
开盘均价（元/m^2）	14000	
总套数/销售套数	1683/803	
销售面积（万m^2）	6.5	
销售金额（亿元）	9.1	
项目点评	作为保利2010年在成都推售的地理位置最优越、生活配套最完善的项目，坐落于成都传统富人区的保利中心，赢得了大量中高端客户的青睐，尽管房价就高达14000元/m^2，但开盘当天推出的324套房源瞬间被一扫而空，紧急加推的2号楼324套房源当天也认购过半。在市场整体预冷的情况下，保利中心创下了日销500套房源的佳绩，开盘当日的平均销售率达到了77%，使其当之无愧地成为了2010年上半年成都最“逆势热销”的楼盘	

续表

龙湖·北城天街（城北最值得期待的项目）		
项目地址	金牛五福桥东路9号	
开发商	成都龙湖北城置业有限公司	
占地面积（万m^2）	20.0	
建筑面积（万m^2）	70.0	
开盘时间	2010-04-29	
开盘均价（元/m^2）	8100	
总套数/销售套数	1626/413	
销售面积（万m^2）	3.7	
销售金额（亿元）	3.1	
项目点评	售楼部开放当天就破纪录的聚集了5000多名参观者，北城天街的出现将城北的高端商业和居住需求彻底释放。北城天街除住宅外，还配套了时尚百货、休闲娱乐、电影院、特色餐饮、高级酒店等商业项目，与此同时，片区的交通整改拆迁安置等问题也提上了议事日程，加之重庆北城天街项目取得的巨大成功，使得北城天街成为成都“城北最值得期待”的楼盘	

丽晶港（降幅最大的项目）		
项目地址	温江光华大道三段	
开发商	四川天姿置业有限公司	
占地面积（万m^2）	15.0	
建筑面积（万m^2）	70.0	
开盘时间	2008-09-20	
开盘均价（元/m^2）	4700	
总套数/销售套数	6000/709	
销售面积（万m^2）	6.8	
销售金额（亿元）	3.1	
项目点评	项目位于成都市热点板块之一的光华大道旁，以中小户型为主推产品，随着家乐福与伊藤洋华堂的签约进驻，以及地铁四号线的预期，2009年起，房价随着市场一路飙升，从最低点的3400元/m^2上升到了2010年的6400元/m^2。但随着市场的转冷，在诸多项目选择硬撑时，丽晶港项目率先对价格进行调整，目前项目优惠后价格仅为4900元/m^2，新政实施以来项目在短时间内价格调整幅度达到了23%，成为降幅最大的项目	

续表

紫东芯座（最沾光的项目）	
项目地址	成华东二环双庆路16号
开发商	成都发动机（集团）房地产开发有限公司
占地面积（万m^2）	5.2
建筑面积（万m^2）	20.0
开盘时间	2008-07-27
开盘均价（元/m^2）	7400
总套数/销售套数	1911/563
销售面积（万m^2）	5.1
销售金额（亿元）	3.8
项目点评	作为华润·二十四城的邻居，紫东芯座不仅楼盘自身配套了游泳池、篮球场、羽毛球场、高尔夫推杆练习场以及休闲会所等设施，而且因其紧邻二十四城配套的大型高端商业区——“万象城”而逆势热卖。待万象城竣工后，该片区的区域价值定将有所提升，届时，资源将得以共享，紫东芯座正是借着二十四城的光，取得如此骄人的业绩，使其成为了成都市2010年上半年最“沾光的”的楼盘

优品道（配套最完善的项目）	
项目地址	青羊区青羊大道99号
开发商	成都博瑞房地产开发有限公司
占地面积（万m^2）	27.5
建筑面积（万m^2）	—
开盘时间	2010-04-23（2004-10-25）
开盘均价（元/m^2）	12000
总套数/销售套数	6796/896
销售面积（万m^2）	7.0
销售金额（亿元）	8.4
项目点评	该项目作为成都首个一千米全配套社区，不仅自身拥有11万m^2的优品道商业广场、10余万m^2的自然园林景观、叠泉泳池、羽毛球中心、网球中心及先锋健身俱乐部等配套，周边的配套也十分完善。沿二环路麦德龙、仁和春天广场、家乐福、伊藤洋华堂等大型商业一字排开；青羊大道、光华大道的路况在成都市也属一流水平；另外西南财经大学，烹专、水电校等高校林立，为项目提供了良好丢份儿教育配套；毗邻浣花溪公园，杜甫草堂等人文/自然景观使得项目的价值更上一层楼，优品道获得“配套最完善的项目”名副其实

续表

府河公馆（最另类的项目）		
项目地址	四川安源实业有限公司	
开发商	成都西马道街	
占地面积（万 m^2）	0.3	
建筑面积（万 m^2）	1.1	
开盘时间	2010-07-10	
开盘均价（元/ m^2）	9500	
总套数/销售套数	78/48	
销售面积（万 m^2）	0.6	
销售金额（亿元）	0.5	
项目点评	作为城中最后的多层，紧邻文殊坊的府河公馆绝对实至名归。虽然盘不大，仅78户，但周边完善的配套和便捷的交通足以弥补其不足。整体来看，该楼盘宜居指数较高。最值得一提的就是作为一个多层项目，开发商还为业主配备了电梯，且单价仅9500元/m^2，这在城中极为少见。该楼盘的特别之处还在于其迄今已有十多年的房龄，如此高龄的新盘，使其成为了成都最“另类的”的楼盘	

世豪广场（最具升值潜力的楼盘）		
项目地址	高新区剑南大道花荫路口	
开发商	成都金怡源房地产开发有限公司	
占地面积（万 m^2）	9.8	
建筑面积（万 m^2）	76.8	
开盘时间	2010-4-22	
开盘均价（元/ m^2）	8000	
总套数/销售套数	1610/400	
销售面积（万 m^2）	1.6	
销售金额（亿元）	1.3	
项目点评	作为未来天府新城的“春熙路”，世豪广场引入了相当于成都已开所有分店两倍面积的伊藤洋华堂旗舰店，还规划了15万 m^2 的伊藤购物中心，为整个新城聚集人气和商气。世豪广场作为天府新城主要的城市配套，其住宅物业与区域内其他住宅物业相比，具有明显的增值能力和升值空间，天府新城是整个成都最不需解释未来城市价值的区域，而世豪广场就是这座新城中最不需要解释升值空间的楼盘，是名副其实的最具“升值潜力”的楼盘	

瑞升·望江橡树林（新增供应规模最大的项目）		
项目地址	锦江区三官堂1号	
开发商	四川瑞升实业有限公司	
占地面积（万 m^2）	13.0	
建筑面积（万 m^2）	80.0	
开盘时间	2010-01-16	
开盘均价（元/ m^2）	8000	
总套数/销售套数	2324/1259	
销售面积（万 m^2）	11.5	
销售金额（亿元）	9.2	
项目点评	瑞升·望江橡树林总占地面积200亩，建筑面积约80万 m^2，项目共分三期开发。2009年，楼市大好，该楼盘也取得了骄人的业绩。今年上半年，该楼盘继续发力，短短四个月开盘次数就达到4次，新增供应面积高达18.09万 m^2，使其成为了2010上半年成都“新增供应规模最大”的项目	

续表

保利金香槟（单次开盘销售率最高的项目）		
项目地址	青羊西三环IT大道以北	
开发商	保利（成都）实业有限公司	
占地面积（万m^2）	4.5	
建筑面积（万m^2）	13.0	
开盘时间	2010-05-30	
开盘均价（元/m^2）	7800	
总套数/销售套数	1344/642	
销售面积（万m^2）	5.8	
销售金额（亿元）	4.4	
项目点评	保利地产2010在成都“八盘齐开”，即便在新政低迷的气氛下，各楼盘仍创下了令人艳羡的销售量。其中，最值得一提的是保利·金香槟项目，该楼盘凭借保利地产良好的品牌美誉度、项目自身较高的综合品质以及随行就市的价格优势，在新政压力下，首批房源在开盘当天便被抢购一空，销售率高达100%，使其成为了2010年上半年成都“单次开盘销售率最高”的楼盘	
麓山国际社区（销售金额最高的项目）		
项目地址	人民南路南延线麓山大道二段六号	
开发商	成都万华房地产开发有限公司	
占地面积（万m^2）	286.6	
建筑面积（万m^2）	—	
开盘时间	2004-10-30	
开盘均价（元/m^2）	别墅：15000；小高层：6700	
总套数/销售套数	—/967	
销售面积（万m^2）	16.2	
销售金额（亿元）	23.8	
项目点评	麓山国际社区由麓山别墅、麓镇、麓山国际乡村俱乐部组成，占地4300亩，自2004年10月开盘以来，就备受青睐，楼盘至今从未滞销过，2008、2009年均为成都市单盘销售冠军，2009年更获得全国别墅单盘年度销售总额第一名，业绩全国瞩目。今年上半年，麓山国际社区又以23.80亿元的骄人业绩拔得头筹，成为了2010年上半年成都“销售金额最高”的楼盘	

资料来源：四川中原数据库。

21.4 写字楼商业市场

成都市销售型甲级写字楼市场新增供应一览表（2009～2010年上半年） 表21-14

区 域	项目名称	项目地址	开发商名称	上市时间	建筑面积（万m^2）	销售价格（元/m^2）
市中心CBD	鼓楼国际	青羊区大墙西街	成都信德实业有限公司	2009-01-08	4.66	7900～9500
人民南路	新希望大厦	人民南路四段	四川新希望房地产有限公司	2009-04-17	6.57	12000～22000
天府新城	美年国际广场	天府大道中段1388号	四川西美投资有限公司	2009-09-06	9.65	6000～8800
	新希望国际	南部园区大源组团	四川新希望地产公司	2009-09-18	17.03	6000～12000
	天合凯旋广场	开智路118号	天合凯旋置业	2010-04-01	7.81	7800～8600
	蜀都中心	德赛一街138号	成都蜀都银泰置业公司	2010-05-26	10.00	7900～8900

续表

区　域	项目名称	项目地址	开发商名称	上市时间	建筑面积（万m^2）	销售价格（元/m^2）
其他	金沙万瑞中心	蜀金路	成都万瑞金沙置业	2009-04-16	8.28	6800～8500
	置信未来广场	武科东一路	四川置信资产管理有限公司	2009-07-21	1.16	7000～8000
	仁和春天广场	二环路西二段	成都春天房地产有限公司	2009-05-22	2.67	10000～14000
	优诺国际	青羊大道99号	成都博瑞房地产开发有限公司	2009-06-25	2.77	8000～14000
	东环广场	建设路55号	成都华联商厦有限责任公司	2010-06-03	2.00	9800～11000

资料来源：四川中原数据库。

成都市租赁型甲级写字楼市场新增供应一览表（2009～2010年上半年）　　表21-15

区　域	项目名称	项目地址	开发商名称	上市时间	建筑面积（万m^2）	租赁价格 元/（m^2·月）
东大街	摩根中心	海椒市街3号	成都广联置业有限公司	2010-06	5.13	80～120
人民南路	锦江国际广场	临江西路1号	四川省房地产开发投资有限责任公司	2010-06	3.36	100～120
其他商圈	高地中心	建设路9号	成都华[illegible]投资实业有限公司	2010-05	5.37	90～130

资料来源：四川中原数据库。

成都市甲级写字楼租金季度走势（2009～2010年上半年）（单位：元/m^2·月）　　表21-16

区　域	2009年第一季度	2009年第二季度	2009年第三季度	2009年第四季度	2010年第一季度	2010年第二季度
市中心CBD	91	93	95	97	97	98
人民南路	104	106	111	112	114	113
天府新城				90	89	94
东大街	125	131	135	135	135	121

资料来源：四川中原数据库。

成都市甲级写字楼入住率季度走势（2009～2010年上半年）（单位：%）　　表21-17

区　域	2009年第一季度	2009年第二季度	2009年第三季度	2009年第四季度	2010年第一季度	2010年第二季度
市中心CBD	74	76	78	81	83	83
人民南路	64	71	76	80	86	88
天府新城				10	17	37
东大街	59	68	73	77	33	53

资料来源：四川中原数据库。

成都市甲级写字楼市场未来供应项目（2010～2011年）　　表21-18

项目名称	项目地址	开发商	预计竣工时间	占地面积（万m^2）	建筑面积（万m^2）	项目点评
中汇广场2期	人民南路三段1号	瑞安中华汇	2010-12	0.49	5.65	瑞安少有的销售型写字楼，取得国际LEED认证，具有较高品质
时代8号	东大街芷泉段8号	九龙仓集团	2011-12	7.07	8.00	占据东大街核心地段，为地铁2号线上盖的甲级写字楼
富力天汇中心	顺城大街254号	富力地产	2011-05	2.94	6.91	富力地产斥巨资打造的市中心高品质精装写字楼
财富又一城	一环路北四段府青立交桥侧	成都前锋上普实业	2011-04	3.57	4.00	城北首个时尚型写字楼，有效满足区域写字楼市场需求
中海大厦	龙腾中路8号	中海地产	2011-02	0.71	3.50	中海地产城西首个纯租赁写字楼，标志着中海商业地产开发步伐的加快
德商国际	益州大道北段与民丰大道交汇处	成都德商置业有限公司	2011-09	2.39	9.73	地处城南核心区，整体建筑风格稳重大气
康普雷斯	高新区盛河一路凯丹广场北面	谊兴地产	2011-12	1.33	9.00	作为新南天地商圈仅有的写字楼，能有效填补区域市场空白
来福士广场	人民南路4段3号	凯德置地	2011-04	3.26	7.56	引入大量高科技元素，绿色节能代表了成都未来写字楼的发展方向
铁狮门大厦	东大街纱帽街	美国铁狮门	2011-12	2.53	6.40	沉睡三年，终于进入实质性施工阶段，预计建成后将成为东大街的新地标
明宇金融广场	东大街	明宇实业集团	2011-11	0.98	5.00	紧邻东大街，为超高层写字楼与五星级酒店复合体，整体设计较为独特
环球贸易广场	牛沙路19号	新鸿基、恒基兆业、九龙仓	2011-12	20.00	11.00	三大地产巨头联袂开发高品质写字楼，将东大街金融街的开发热度推向新的高点
中信广场	国际会展中心斜对面	中信(四川)控股有限公司	2011-12	1.74	6.46	中信地产成都首个项目，地处城南CBD核心区域，帆影设计较为独特
大陆国际	人民南路4段11号	四川大陆房地产	2011-11	0.5	5.00	新希望在人民南路开发的又一高端写字楼
泰丰国际广场	人民中路二段	泰丰集团	2011-12	0.62	9.00	骡马市商圈之上即将崛起的城市新地标

资料来源：四川中原数据库。

成都市租赁型商铺市场新增供应一览表（2009～2010年上半年）　　表21-19

区域	项目名称	项目地址	类型	上市时间	建筑面积（万m^2）	租赁价格元/（m^2·月）
建设路商圈	阳光新生活广场	建设路2号	商业广场	2009-12	8.60	50～300
光华-金沙商圈	仁和春天百货光华店	二环路	商业广场	2009-12-23	6.00	60～500
春盐商圈	EGO潮流广场地上部分	上东大街	商业广场	2009-12	1.66	200～800
	仁恒置地广场	人民南路	商业广场	2010-06-26	4.44	300～800
其他	兰桂坊	锦江滨江东路11号	商业街	2010-05-08	4.00	150～300
	城北国际商贸城	三环路与北新干道交汇处	专业市场	2010-06-23	245	118～218

注：建筑面积在1万m^2以上。
资料来源：四川中原数据库。

成都市销售型商铺市场新增供应一览表（2009～2010年上半年） 表21-20

区域	项目名称	项目地址	类型	上市时间	建筑面积（万m²）	销售价格（万元/m²）
春盐商圈	三益公商厦	新街后巷子10号	商业广场	2009-09-08	1.1	1.2～15.0
其他商圈	财富又一城	府青路二段2号	社区型商铺	2009-08-08	3.4	1.5～5.2
	青羊肆	一环路西二段13号	旅游商业	2010-03-20	1.3	1.8～6.8
	美年国际广场	天府大道中段1388号	社区型商铺	2010-04-08	2.2	3.5～5.2
	摩尔国际汽配城	西三环外侧、新西藏路和聚龙路交会路口	专业市场	2009-12-12	8.0	0.8～1.2
	红城	长益路与董家湾北街交汇处	社区型商铺	2009-12-19	1.2	1.2～4.5
	中大君悦金沙	清江西路	社区型商铺	2010-04-18	2.2	2.2～5.8
	中海国际社区	羊西线蜀西路399号	社区型商铺	2010-03-27	6.0	1.5～2.3
	万科魅力之城	东三环5段万科路1号	社区型商铺	2010-07-25	12.0	1.5～2.0
	龙湖春风里	二环路东二段1号	社区型商铺	2009-01-23	1.70	2.2～6.0

注：建筑面积在1万m²以上。
资料来源：四川中原数据库。

成都市大型集中商业未来供应项目（2010～2011年） 表21-21

项目名称	项目地址	开发商	预计竣工时间	占地面积（万m²）	建筑面积（万m²）	项目点评
银石广场	红星路步行街	成都市来福房地产	2011-12	0.62	2.40	春熙路双地铁上盖物业，地下商铺与地铁相连，超大人流量带来巨大商机
富力熊猫城	青羊区顺城大街254号	成都富力地产开发有限公司	2010-10	2.94	10.00	一度命运多舛，操作难度大，富力接盘后耗费巨资打造的商业航空母舰有望获得成功
苏宁广场	高新区盛锦二街	成都鸿业置业有限公司	2010-10	2.67	13.00	苏宁置业在成都打造的第一个涵盖多种业态的超大型购物中心
凯丹广场	高新区盛河一路18号	环达通房产集团	2010-10	2.00	5.00	新南天地商圈的大型欧式购物中心，中高端定位，使区域商业氛围更加浓厚
东环广场	建设路与一环路交汇处	成都华联商厦公司	2010-10	0.67	1.17	建设路商圈的排头兵，扩建后的东环广场在规模和档次上都有较大的提升
仁和春天百货人东店	人民东路59号	成都春天房地产开发公司	2010-10	0.20	3.00	商场面积扩建为原来的三倍，表明了开发商对市场的信心
群光百货	锦江春熙路南口	群光大陆实业(成都)有限公司	2010-12	1.58	10.00	扼守春熙路寸土寸金的商业地段，中高端定位提升春熙路商圈整体档次
世豪广场	元华路与德赛二街交汇处	成都金怡源房地产公司	2011-10	9.80	15.00	与地铁1号线相连的城南大型综合体项目，伊藤洋华堂的进驻将聚集较多人气
成都国际商城	东御街	福建福新集团	2011-11	2.07	16.00	占据市中心的优质地段，靠近地铁出口站，人流量大，商业前景较好
来福士广场	武侯区人民南路四段3号	成都来福士实业有限公司	2011-12	3.26	7.38	造型新颖独特，引入大量高科技元素，代表成都高端物业的未来发展方向
茂业中心	高新区天府新城	成都崇德投资管理有限公司	2011-10	2.27	6.83	城南站南组团较早呈现的城市综合体，商业面积较大，与周边的商业项目共同推动城南的商业繁荣
盐市口地下商城	顺城大街、盐市口、东御街	人和商业控股有限公司	2011-05	4.70	7.70	地下商城的起步，预示着核心商圈的繁荣开始向地下延伸，立体商业时代随之到来
东立国际广场	驷马桥羊子山路68号	成都东立置业	2011-10	3.80	4.42	城北大型商业广场，城北商业面貌逐步改观

资料来源：四川中原数据库。

图21-3　成都市最值得关注的8大写字楼项目区位分布图（2008～2010年上半年）

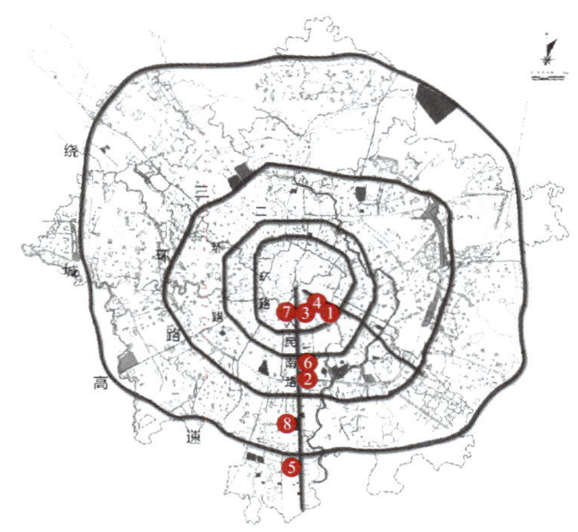

	项目名称	关注点	关注信息
1	香格里拉	最高端的写字楼	租金高达130～160元/（m^2·月）；配备12部东芝原装超大电梯、美国特灵VAV中央空调、可拆卸地板等，物业管理由世邦魏理仕担纲
2	新希望大厦	销售价格最高的写字楼	销售单价：13000～22000元/m^2
3	招商银行大厦	转手最快的写字楼	2006年收购，2008、2010年相继整栋出售
4	喜年广场	高度最高的写字楼	楼高：190m
5	新希望国际	价格涨幅最大的写字楼	2009至2010年期间价格涨幅超过100%
6	商鼎国际	入住率最高的写字楼	入住率：95%～98%
7	汇日央扩国际广场	租赁行情最好的写字楼	租金：130～180元/（m^2·月）；入住率：90%
8	拉德方斯	最山寨的写字楼	造型及名字与法国LADEFANS雷同

成都市最值得关注的8大写字楼项目（2008～2010年上半年）　　表21-22

香格里拉（最高端的写字楼）		
项目地址	滨江东路9号	
开发商	嘉里建设	
占地面积（万m^2）	3.51	
建筑面积（万m^2）	4.65	
租金（元/m^2·月）	130～160	
管理费(元/m^2·月)	20	
入住率(%)	87	
售价（元/m^2）	只租不售	
项目点评	项目紧临合江亭及水井坊历史文化街区，文化底蕴深厚。大楼外立面采用浅色氟碳漆罩面配以全隐框中空钢化玻璃幕墙，简洁靓丽。内部按照国际甲级写字楼标准修建，代表成都最高端写字楼水平。但是随着其他高端项目的入市，有可能被超越。项目定位为国际甲级，租金高达130～160元/m^2·日，吸引了大量国际知名企业入驻，如雪佛龙、富士施乐、安永、新鸿基、太古地产等。竞争性项目有喜年广场、时代8号（在建）、铁狮门大厦（在建）、西部国际金融中（在建）等	

新希望大厦（销售价格最高的写字楼）	
项目地址	人民南路四段45号
开发商	四川新希望房地产有限公司
占地面积（万m^2）	0.76
建筑面积（万m^2）	8.11
租金（元/m^2·月）	预计130～150
管理费(元/m^2·月)	18.5
入住率(%)	0
售价（元/m^2）	13000～22000
项目点评	紧临人民南路，与地铁1号线出口相距咫尺，区域商务氛围成熟，地理位置十分优越。大楼采用新古典建筑风格，外观俊秀挺拔。内部配置水平较高，能较好满足高端办公需求。在2009-2010年写字楼市场上销售价格始终领先，在市场上独领风骚。购买客户多为投资型客户，租赁客户则主要定位为国内外知名企业。周边竞争项目较多，例如已投入使用的国航世纪中心、商鼎国际、汇日央扩国际广场，以及修建中的大陆国际、万通中心、上善国际等，预计未来市场竞争将会较为激烈

招商银行大厦（转手最快的写字楼）	
项目地址	人民南路二段
开发商	四川新希望房地产有限公司
占地面积（万m^2）	0.76
建筑面积（万m^2）	8.11
租金（元/m^2·月）	200（服务式公寓月租金）写字楼为招商银行自用
管理费(元/m^2·月)	18.5
入住率(%)	100
售价（元/m^2）	16000（服务式公寓，整体销售）
项目点评	屹立于锦江河畔，采用弧形设计，采光好，视野开阔。曾经是成都著名的烂尾楼，在2006年被瑞安收购，2008、2010年瑞安相继出售给招商银行大厦及新加坡雅诗阁酒店服务式公寓运营商。成为成都转手最快的写字楼项目。周边竞争性项目有汇日央扩国际广场、锦江国际广场、中汇广场二期（在建）等

续表

喜年广场（高度最高的写字楼）		
项目地址	东大街下东大街段216号	
开发商	成都通和置业有限公司	
占地面积（万m^2）	0.87	
建筑面积（万m^2）	6.73	
租金（元/m^2·月）	100～130	
管理费(元/m^2·月)	16	
入住率（%）	30	
售价（元/m^2）	12000～18000	
项目点评	东大街金融街较早交付使用的写字楼，能较好的掌握市场先机。大楼外观设计简洁方正，190m的高度傲视群雄，是目前成都的第一高楼。内部配置较好，在大堂、电梯、空调、车位配置上都具有一定的超前性。于2010年4月交付，租赁客户中金融类企业较多，如联泰大都会人寿、西藏证券、汇天富基金等。竞争性项目有香格里拉、东方广场、成都商会大厦以及在建的时代8号、西部国际金融中心、铁狮门大厦、明宇金融广场等	

新希望国际（价格涨幅最大的写字楼）		
项目地址	南部园区大源组团	
开发商	四川新希望房地产有限公司	
占地面积（万m^2）	1.67	
建筑面积（万m^2）	17.03	
租金（元/m^2·月）	预计50～80	
管理费(元/m^2·月)	6	
入住率（%）	0	
售价（元/m^2）	5900～12000	
项目点评	项目紧邻天府大道，共规划有三栋写字楼，相互独立又自成一体。规划为乙级写字楼，20万m^2的体量形成一定的规模效应。随着南延线的日趋成熟，写字楼销售价格也一路飙升。2009年10月开盘均价仅5900元/m^2，2010年6月C座均价12000元/m^2，价格涨幅超过100%，成为价格涨幅最大的写字楼项目。购买客户群中自用及投资型客户均较多。竞争性项目：天府软件园、中国水电大厦、蜀都中心（在建）、美年广场（在建）等	

续表

商鼎国际（入住率最高的写字楼）		
项目地址	航空路	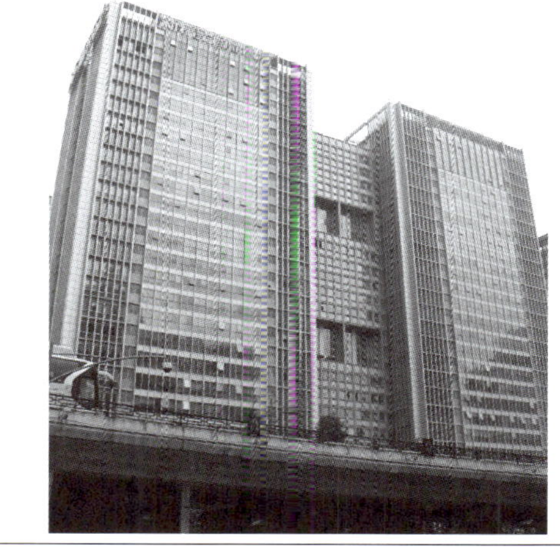
开发商	成都岷江新希望房产	
占地面积（万m²）	2.11	
建筑面积（万m²）	14.32	
租金（元/m²·月）	80～90	
管理费(元/m²·月)	7.5	
入住率(%)	98	
售价（元/m²）	10000～13000	
项目点评	地处二环路与人民南路交汇处立交桥下，交通便捷，地理位置优越。是区域内较早呈现的写字楼项目，两栋连体建筑设计相互连通，有效扩展了整层面积，内部配置较好。由于项目的租金水平相对较低，为80～90元/m²·月，性价比突出，入住率高达95%～98%，几乎达到满租。购买客户多为自用兼投资；租赁客户中科技、担保、银行、地产及相关企业居多。竞争性项目：国航世纪中心、丰德国际广场、新希望大厦、万通中心、大陆国际	

汇日央扩国际广场（租赁行情最好的写字楼）		
项目地址	人民南路三段3号	
开发商	四川央扩置业有限公司	
占地面积（万m²）	0.61	
建筑面积（万m²）	5.43	
租金（元/m²·月）	130～180	
管理费(元/m²·月)	16	
入住率（%）	93	
售价（元/m²）	16000～20000	
项目点评	位于人民南路与锦江交汇处，地理位置优越，景观效果较好。外立面灰黑色玻璃幕墙现代时尚颇具神秘感，内部配置水平在市场上也处于领先水平。项目从交付开始即受到了市场的认可，租金高达130～180元/（m²·月），平均入住率高达90%以上。租赁客户中实力型企业居多，如成都烟草、中信实业、保利地产、比利时化工等。竞争性项目较多，如中汇广场二期、锦江国际广场，以及在建中的来福士广场、仁恒置地广场、大陆国际等	

续表

拉德方斯大厦（最山寨的写字楼）		
项目地址	高新孵化园	
开发商	成都高新投资集团有限公司	
占地面积（万m^2）	13.34	
建筑面积（万m^2）	9.04	
租金（元/（m^2·月）	90～110	
管理费（元/m^2·月）	15	
入住率（%）	50	
售价（元/m^2）	13000～18000	
项目点评	地处高新孵化园区内，地下负一层直接与地铁1号线相连，交通便捷。大楼采用拱门设计，与法国拉德方斯大厦在名称及造型上雷同。由于园区内以低密物业为主，容积率仅0.85，场地较为开阔。同时，孵化园内环境优美，各种配套已经较为完善，能直接为项目所用。项目于2009年底交付，2010年6月入住率达到50%。租赁企业多为“中”字头实力国企，如中钢钢铁、中国建筑、中国电力、中信银行、中国进出口银行等。竞争性项目有天府孵化园、高新国际广场、西部慧谷等	

数据来源：四川中原数据库。

图21-4　成都市最值得关注的5大商业项目区位分布图（2008～2010年上半年）

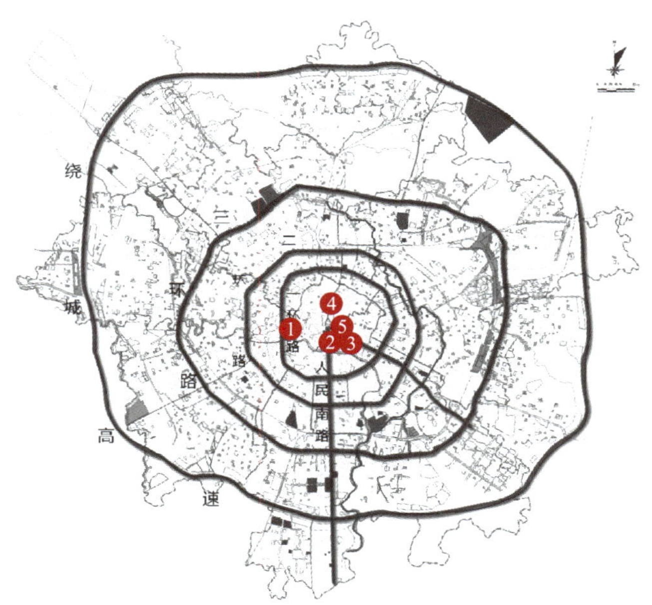

	项目名称	关注点	关注信息
1	青羊肆	最具特色的商业项目	旅游街区纯商业项目
2	仁恒置地广场	最高端的商业项目	西部最大奢侈品牌购物中心
3	银石广场	最贵的商业项目	销售单价：13万元/m2
4	富力熊猫城	最坎坷的商业项目	1993年开始运作18年后始建成
5	EGOU潮流广场	造型最奇特的商业项目	由外到内造型新颖独特

成都市最值得关注的五大商业项目（2008～2010年上半年）　表21-23

青羊肆（最具特色的商业项目）		
项目地址	青羊一环路西二段13号	
开发商	成都兴城建实业发展有限责任公司	
占地面积（万m²）	0.48	
建筑面积（万m²）	1.28	
租金（元/m²·月）	预计100～300	
售价（元/m²）	20000～70000	
管理费（元/m²·月）	7	
入住率（%）		
开业时间	2011-05-01	
营业面积（万m²）	1.28	
项目点评	项目介绍：项目紧邻一环路，与青羊宫仅一墙之隔，周边旅游休闲氛围较为浓厚。外立面采用青灰色瓷器冰花纹，具有较强的古典气息，颇有四川特色。四个商业楼层为内低外高的退台设计，层次感较强。是成都市继琴台路、锦里、宽窄巷子等旅游文化休闲商业之后的又一特色旅游商业项目	
	商业定位：养生休闲商业	
	经营模式：出售	
	人气以及未来潜力：目前项目周边的人流量一般，周末及节假日人气较旺。随着青羊宫商业休闲街的进一步打造，人气逐渐聚集。并且由于紧邻一环路，也会吸引一定的过路型消费。预计经过2～3年的养商期后，商业会逐渐走向成熟	
	竞争性项目：琴台路、锦里	

仁恒置地广场（最高端的商业项目）		
项目地址	新光华街	
开发商	仁恒置地	
占地面积（万m²）	1.92	
建筑面积（万m²）	19.1	
租金（元/m²·月）	约300～800	
售价（元/m²）	只租不售	
管理费(元/m²·月)	不详	
入住率（%）	90	
开业时间	2010-06-26	
营业面积（万m²）	6.45	
项目点评	项目介绍：为国际甲级写字楼及高端服务式公寓的底部商业裙楼，由于面向高端购物群体，整体设计较为含蓄内敛，内部分割面积较大，能满足旗舰店要求	
	商业定位：成都以及西部的顶级奢侈品购物中心，成功引进LV、Burberry、Dior、Prada、Hugo Boss等奢侈品牌	
	经营模式：只租不售	
	人气以及未来潜力：目前人气稍显不足，但是随着项目宣传力度的加大，将成为西部地区富人购物的集中地	
	竞争性项目：美美力诚川信店、美美力诚天一店、乐森购物中心、仁和春天百货人东店	

续表

银石广场（最贵的商业项目）	
项目地址	红星路步行街
开发商	成都市福来房地产开发有限公司，骆驼房产
占地面积（万m^2）	0.62
建筑面积（万m^2）	10.0
租金（元/（m^2·月））	预计800～2500
售价（元/m^2）	均价130000
管理费（元/m^2·月）	20
入住率(%)	0
开业时间	2012
营业面积（万m^2）	地下0.68，地上1.6
项目点评	项目介绍：项目位于春熙路商圈，负二层直接与地铁2、3号线出口相连，巨大的人流量也将带来巨大的商机。地理位置的得天独厚，地下两层规划为5～20m^2的销售型商铺，满足投资需求为项目回笼资金。地上6层裙楼只租不售，规划为概念与品牌购物中心
	商业定位：地下部分定位于地铁潮流商铺，地上1～6F为中高档百货
	经营模式：地下出售，地上部分只租不售
	人气以及未来潜力：由于红星路的分割，项目周边的人气尚不足，随着地铁2、3号线的竣工投入使用以及周边商业项目的完工，春熙路商圈的东扩，3～5年内将聚集较大的人流
	竞争性项目：香槟广场、群光广场、太古广场、伊势丹、伊藤洋华堂等

富力熊猫城（最坎坷的商业项目）	
项目地址	青羊顺城大街289号
开发商	富力地产
占地面积（万m^2）	4.28
建筑面积（万m^2）	60
租金（元/（m^2·月））	100～500
售价（元/m^2）	只租不售
管理费（元/（m^2·月））	—
入住率（%）	招商中
开业时间	2010-12
营业面积（万m^2）	25
项目点评	项目介绍：地处成都市中心，紧邻顺城大街，为超大型综合体项目。25万m^2巨大的商业体量涵盖了多种业态。商业外立面采用浅绿色玻璃幕墙设计，轻盈通透，内部做了较大的改动。项目于1993年奠基，由于历史遗留问题较多，几经波折均以失败告终，富力接盘后耗费巨资打造，终于有望修成正果
	商业定位：西南最大的SHOPPING MALL
	经营模式：只租不售
	人气以及未来潜力：由于多种因素的影响，虽处市中心，但周边商业始终不成气候，并且由于顺城街的分割，对人流有一定的阻碍，导致项目周边人气不旺。由于“熊猫城”的历史烙印较为深厚，未来人流量的提升有赖于商家在形象宣传及人流引导上的持续投入
	竞争性项目：新世界百货、茂业百货等

续表

EGO潮流广场（造型最奇特的商业项目）	
项目地址	上东大街133号
开发商	成都前锋上普实业公司
占地面积（万m^2）	0.46
建筑面积（万m^2）	2.00
租金（元/m^2·月）	200～800
售价（元/m^2）	28000～40000
管理费(元/m^2·月)	
入住率（%）	95
开业时间	2009-10
营业面积（万m^2）	1.8
项目点评	项目介绍：项目位于春熙路南段，整个项目建筑设计较为独特，外观按照EGO字体形状修建，内部富有创意的天梯设计有效提升地下商业价值，独特的螺旋式缓坡设计，增加了商铺的展示面，有效引导了人流动向，有效避免商业死角，双首层设计增加商业价值
	商业定位：以年轻、乐活人群为对象的潮流商品卖场
	经营模式：地下部分出售，地上部分只租不售
	人气以及未来潜力：春熙路人气量大，紧邻东大街，具有较好的展示性。由于区域商业环境较为成熟，养商期短，未来人流保持现有规模
	竞争性项目：新中兴、美华、百美成百货等

数据来源：四川中原数据库。

Photo by: Hu wenkit 胡文杰 (www.pdoing.com)

Company

公司

成 渝 | CHENGYU

重庆（香港）中原营销策划顾问有限公司

四川中原物业顾问有限公司

重庆（香港）中原营销策划顾问有限公司

一、公司概况

重庆（香港）中原营销策划顾问有限公司成立于2000年4月，是香港中原集团在国内成立的第五家分行，专注于房地产咨询，项目推广，代理一、二手房地产交易等服务，秉承香港中原集团优秀企业文化、无为而治经营理念的同时，因地制宜，不断开拓创新，经过十年的风雨兼程，确立了重庆房地产代理行业和中介代理机构的领军地位。

二级市场营业中心由原策划中心、销售中心整合而成，业务涵盖房地产前期策划、全程营销代理及营销顾问服务。经过十年的发展，集合了一大批房地产营销精英，已累计操作项目300余个，市场份额在重庆市场上处于领先地位。经过多年发展，已与全国范围内品牌发展商和重庆主要发展商搭建了良好合作平台，其中包括（以下排名不分先后）：包括龙湖地产、招商地产、香港恒基兆业、北京棕榈泉、保利集团、阳光100、深圳桃源居、融侨集团、中信地产、首创置业、香港瑞安集团、奥园集团、金科集团、协信集团、恒安集团·宝嘉地产等全国知名企业。公司在不断累积、丰富操盘经验的同时也始终坚持积极的创新与探索。

重庆中原三级市场营业中心现有分行地铺遍布重庆市主城各大区域，形成了庞大的客户资讯和服务网络。公司坚持“公开资讯、公平交易、不吃差价”的原则，秉承“为您，我做到！”的服务理念，正规、专业、稳健可靠的经营模式，高效率、高收益的工作作风以及完善的售后服务体系，用以满足客户的众多需求。

公司现有员工六百余人，各部门人员配备完整，分工合作，业绩突出：是重庆市首批八家A级房地产中介代理机构其中之一；获评历届“渝中区重点中介服务机构”、历届“地产风云榜年度上榜企业”、“重庆市首届十佳诚信房地产中介企业”、“全国优秀房地产经纪机构”等奖项。

在面对激烈竞争的房地产市场，重庆中原地产立志成为最专业、最全面、最有效率的地产代理公司，诚意为各位发展商、客户提供优质的服务。

二、重庆中原主要业务范围

房地产市场研究分析

房地产项目营销顾问

房地产项目前期策划

房地产项目销售代理

房地产项目招商代理

房地产中介服务

房屋产权按揭过户

三、中原业务特色及服务宗旨

成交能力强，不参与炒卖；

服务全面，掌握市场脉搏；

架构健全，管理严谨；

全电脑化资料管理；

秉承公开资讯，公平交易宗旨。

四、组织架构

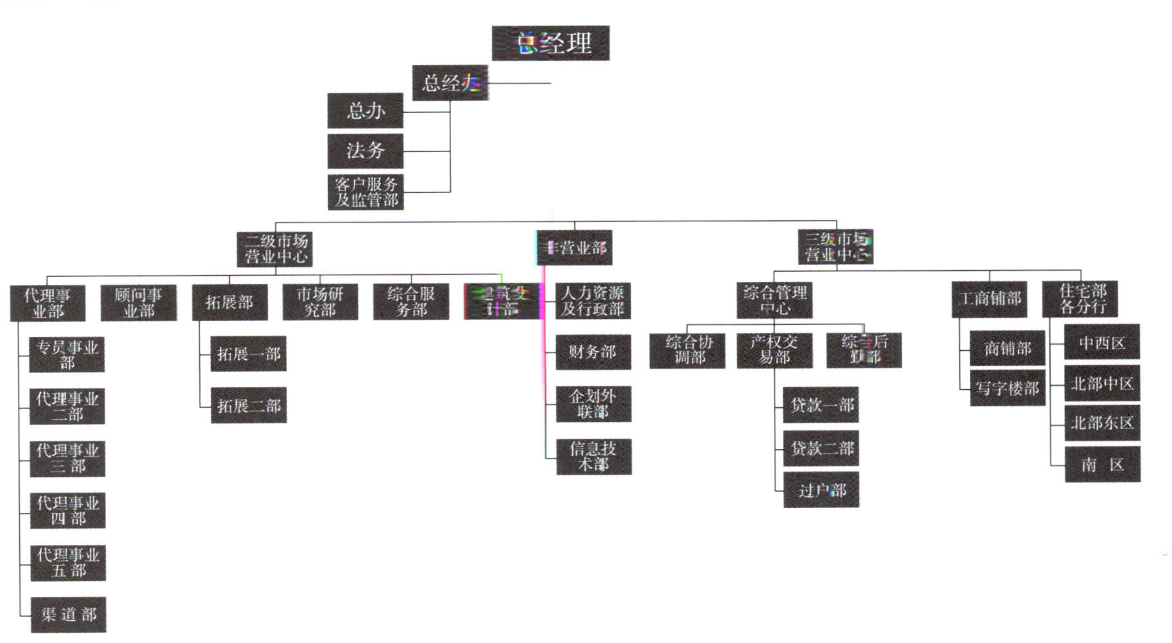

五、主要部门简介

二级市场

二级市场营业中心由原策划中心、销售中心整合而成，业务涵盖房地产前期策划、全程营销代理及营销顾问服务。经过一年的发展，集合了一大批房地产营销精英，已累计操作项目300余个，市场份额在重庆市场上处于领先地位。经过多年发展，已与全国范围内品牌发展商和重庆主要发展商搭建了良好合作平台，其中包括（以下排名不分先后）：

企业类型	企业名称
港资企业	香港信和、香港恒基兆业、祥泰置地、香港瑞安集团、煌华国际集团等
外地企业	首创集团、桃源居实业、大鼎置业、大连万达、南方东银置地、招商局地产、中交投资、北京棕榈泉、保利集团、中渝物业、中国地产集团、阳光100、金地集团、金融街置业、融侨集团、中信地产、奥园集团、恒安集团·宝嘉地产等
本地企业	龙湖地产、金科集团、强辉地产、渝开发、聚丰集团、协信集团、东原地产、龙港地产等
事业单位	重庆市商委、重庆解放碑CBD建设指挥部、重庆移动、重庆轻轨

二级市场服务范畴：

房地产项目前期调研

房地产项目前期定位

房地产项目投资分析

房地产项目专题研究

房地产项目全程营销代理

房地产项目营销顾问

代理事业部

事业部是二级市场营业中心的主要营业部门，提供全程策划销售及全程策划顾问服务。实行项目负责制，整合策划销售资源，以提升整体的操盘水平和增强发展商的满意度为目的，是中原为更贴近市场和更好地服务开发商而设立的完全市场化部门。

事业部具备完善的业务操作流程，主力操作人员在公司的服务年限普遍超过5年，积累了丰富的项目运作经验，同时借助于中原集团强大的网络资源，共享全国二十余城市的一手资讯，为客户提供及时服务。在激烈的市场竞争中，我们看重项目运作稳健的同时，更加着重创新，力求为客户提供最优质最全面的服务。

顾问事业部

顾问事业部隶属于重庆中原二级市场营业中心，是公司重要的业务运作部门。顾问事业部正式成立于2005年10月，其前身为市场研究部项目咨询组，由10余位具有扎实行业基础和良好专业背景的专业房地产策划人员组成，是一支充满年轻活力，积极向上的团队。

顾问事业部秉承中原一贯的专业服务理念，努力为发展商提供包括企业发展及战略，房地产一级市场、房地产项目开发及发展尤其是大型复合型项目、城市、区域房地产发展战略以及其他专项研究等专业优先的顾问服务，力求科学地分析问题并创造性地解决问题，通过服务上百家重庆本地及国内外大型知名发展商（如恒基兆业、瑞安、香港地铁、中粮、中信、中国地产、首创、首钢、招商、金地、鲁能、龙湖、金科等），多年来积累和沉淀了大量房地产分析工具、模型及解决思路。同时，部门还根据自身资源配置，积极开拓新的业务范围，先后为重庆市商委，解放碑CBD指挥办、渝中国有资产管理有限公司、上清寺街道办、渝中区执法局等政府机构提供相关课题研究。

拓展部介绍

拓展部作为公司的业务运作龙头部门，集合了一批充满朝气、市场洞察力较强、注重团队精神、服务意识强的房地产精英。

拓展部服务范畴：

A. 重庆房地产企业合作搭建，并构建良好沟通平台

B. 投资基金及境外投资商合作平台搭建

全面掌握重庆房地产市场动态，提供专业咨询

重庆一级土地市场资讯掌握，提供土地转让及招商引资服务

与全国市场联动，提供及时的国内房地产资讯

专职负责来渝投资商考察事宜，并提供国内其他城市考察服务

C. 全面负责项目运作中督导执行、洞悉市场动态、研判发展趋势、配合公司制订竞争策略及战略规划

市场调研部

自2001年初重庆（香港）中原成立市场研究部以来，就一直致力于重庆的房地产市场研究，注重市场经验的积累和理论水平的提升。几年时间，市场研究部跟随公司的快速发展逐渐强大，目前汇聚了具有营销、统计等良好学科背景并具有多年实际经验的专业人才，是一支具有良好团队协作精神、充满活力的年轻团队。

市场研究部建立有自己的数据库系统，数据均来自市场一手数据及二手资讯数据收集整理。包括客户数据库、楼盘数据库、土地交易数据库、宏观经济数据库、房地产供求数据库、政策法规库等，共享中原（中国）研究信息管理数据库系统，该系统是整个中原的信息数据库系统，可以达到整个大陆中原20多家分行信息资源共享的功能。通过对以上数据的及时更新，研究部迅速掌握市场变化及产品的发展趋势，并可以根据需要作多角度、多层面的综合性、专题性研究。

目前市场研究部的主要成果展示：

定期性市场动态报告

主城各区房地产市场研究报告

2005年宏观调控政策专题研究

重庆土地市场专题研究

重庆花园洋房市场专题研究

重庆滨江住宅市场专题研究

重庆别墅市场分析报告

“主城西进”专题研究

历届房交会需求分析及总结报告

重庆地下商业市场调研报告

重庆写字楼市场分析报告

重庆高层高档住宅研究

三级市场

公司现有二手中介地铺27家，另设工商铺部（商铺、写字楼）、产权交易部，分布在主城的各个区域，初步形成了完善的客户资源信息库，为公司一、二手互动打下了坚实的基础，有力地推动了一手代理项目的成交。同时，公司坚持公开资讯、公平交易的原则，诚信交易，具有完善的售后服务体系。

住宅部：各分行概况如下

<table>
<tr><th>字母标识</th><th>所属区域</th><th>分行名称</th><th>地　址</th><th>联系电话</th></tr>
<tr><td>A</td><td>临江门分行</td><td>临江门分行</td><td>重庆市渝中区邹容广场平街层3号单</td><td>63799225</td></tr>
<tr><td rowspan="2">B</td><td rowspan="2">南岸区</td><td>融侨半岛</td><td>重庆市南岸区铜元局风临路8号1层10号</td><td>62663720</td></tr>
<tr><td>融侨苹果城</td><td>重庆市（南）经开区兰花路68号10栋1单元1层1号门面</td><td></td></tr>
<tr><td rowspan="3">C</td><td rowspan="3">南岸区</td><td>阳光华庭</td><td>重庆市南岸区福红路46号9号门面</td><td>62941242/66529095</td></tr>
<tr><td>海棠晓月</td><td>重庆市南岸区南坪东路589#海棠晓月1号楼4号商铺</td><td>62801153/1671/1652</td></tr>
<tr><td>康德国会山</td><td>重庆市南岸区辅仁路8号一期沿街商业1段1层9号</td><td>62937134</td></tr>
<tr><td rowspan="3">D</td><td rowspan="3">南岸区</td><td>万达广场</td><td>重庆市南岸区花园五村7号3单元4-3</td><td>62622096</td></tr>
<tr><td>万达二分行</td><td>重庆市南岸区珊瑚路4号2-1-10号</td><td></td></tr>
<tr><td>贝迪新城</td><td>重庆市南岸区花园一村2号3单元4-1</td><td>63912807</td></tr>
</table>

续表

字母标识	所属区域	分[illegible]名称	地　址	联系电话
E	南岸区	骏[illegible]山	重庆市南岸区南湖路27号附80号	62780706
		俊[illegible]江南	重庆市南岸区花园八村9号32-1	62781112
		阳[illegible]美地	重庆市南岸区四南村新民镇22幢23号	62780508/66653303
		林[illegible]大道	重庆市（南）经开区白鹤路130号附19号	
		巨[illegible]湾	重庆市南岸区青龙路8号	62977116
F	北部东区	枫[illegible]庭	江北区渝北三村4号附1号	67877301/66650278
G	北部东区	珠江[illegible]阳城	重庆市江北去北城路67号	67983362
		鲁[illegible]城	重庆市渝北区鲁能星城二街区22-2-1号门面	67126738/60734542
H	北部东区	[illegible]宇[illegible]中央	重庆市北部新区高新园人和组团0标准分区017号地块（中央汇B区）	13368154807/63084428
I	北部东区	长安[illegible]都	重庆市渝北区龙溪街道洋河东路37号5栋1-9号门面	6772325060734261
J	北部东区	廊[illegible]水岸	重庆市江北区五桂路金科?廊桥水岸21栋附7号	67563289
K	北部中区	水[illegible]城	重庆市渝北区人和镇新南路168号9-05-1-3	67035075/66529603
		香[illegible]林	重庆市渝北区新南路60号5号单位	67508742/66529796
L	北部中区	财[illegible]中心	重庆市渝北区洪湖东路51号附7号	63020075
M	北部中区	[illegible]信[illegible]城	重庆市北部新区金开大道62附40号	63014076
		天[illegible]美镇	渝北区天湖美镇三期门面13-6	67395051
		中兴[illegible]景苑	重庆市渝北区人和雪松路2号中兴渝景苑6号	63053501
N	北部中区	蓝[illegible]郡	重庆市北部新区鸳鸯街道龙宁路11号501栋1-6号	63213151
O	北部中区	融[illegible]城	重庆市渝北区金龙路258号12栋8-2	63055418
P	北部中区	金[illegible]都	重庆市经开区金渝大道83号E4栋1单元1层16号	63052963/63207566
Q	北部中区	奥[illegible]行	重庆市北部新区金渝大道栖霞路8号D栋2D、2C	67465483/60734176
		[illegible]	重庆市渝北区回兴街道宝石路14号枫桥水郡4栋2-13	67417339

工商铺部（商铺、写字楼）

工商铺部分为写字楼组和商铺组。基本业务包括重庆写字楼、厂房、商铺、仓库等商业物业的买卖及租赁业务，负责其他城市分行转介到重庆工商铺部的业绩以及为重庆商家或客户提供转借至其他城市分行异地租售业务；为客户提供专业的咨询、详细、客观的市场分析。

工商铺部主要签约服务客户名单（部分）

东亚银行、汇丰银行、招商银行、建设银行、浦发银行、和记黄埔、迪康百货、上海静安城投、九龙仓、赛博数码、美赞臣、瑞安地产、合景实业、煌华实业、新世纪百货、中大集货、新世纪超市、普华永道、腾辉集团、华华公司

综合管理中心

产权交易部

产权交易部作为代办二手房屋产权过户、按揭、固定资产抵押贷款服务部门，为客户提供相关咨询并协助客户处理一切与交易相关的事宜。

综合后勤部、协调部

统筹处理三级市场营业中心各项非营业事务。

六、荣誉榜

重庆中原荣获“重庆市首届房地产经纪十强企业

获奖时间：2009年9月

主办单位：重庆市国土资源房屋评估和经纪协会

重庆中原荣获“年度中介榜”

获奖时间：2009年12月，

主办单位：重庆日报报业集团、重庆晚报社

重庆中原荣获“重庆市渝中区优秀非公有制经济企业”

获奖时间：2010年1月15日

主办单位：中共渝中区委、渝中区人民政府

重庆中原荣获“2009年度重庆房地产最佳代理机构”

获奖时间：2010年1月

主办单位：搜房控股公司 、中国指数研究院

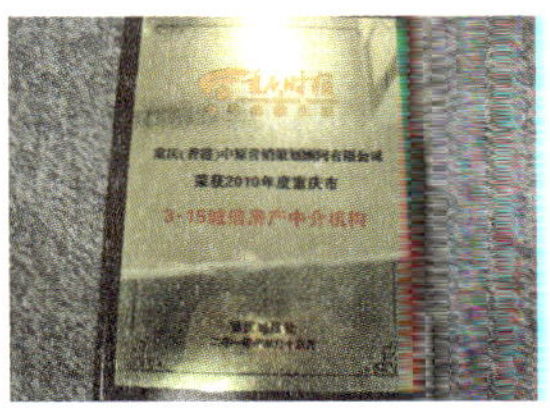

重庆中原荣获“3.15诚信房产中介机构”

获奖时间：2010年3月15日

主办单位：重庆时报

重庆中原荣获“中国不动产研究中心特邀研究顾问”

获奖时间：2010年4月15日。

主办单位：中国不动产研究中心

重庆中原荣获“最佳诚信企业”

获奖时间：2010年1月

主办单位：招商银行股份有限公司

重庆中原荣获“最具战斗力企业”

获奖时间：2010年1月

主办单位：重庆金海投资发展有限公司

重庆中原荣获“最佳合作伙伴”

获奖时间：2010年1月

主办单位：重庆强辉（实业）集团有限公司

主要代理项目：

聚丰江山汇
RIVERSIDE HEIGHTS
南CBD · 50万方城市乐居生活体

七、团队活动

创意团队秀冠军作品

“地震无情·大爱无疆”——玉树地震捐款活动

中原吉尼斯——打破业绩记录的个人和团体

中原世界杯

四川中原物业顾问有限公司

一、公司概况

四川中原物业顾问有限公司是在成都注册的外资（香港独资）企业，是香港中原集团成员之一。公司成立于2002年，以成都为立足点，服务范围拓展至整个四川地区，以诚信专业的房地产综合服务商形象向周边城市辐射发展。

四川中原在业务上形成商品房全程代理、二手住宅和商业、写字楼中介服务三大营业板块，加上公司市场研究中心的专业支持，以稳健发展、优质服务在业界树立良好的形象。

二级市场营运中心以一手项目代理为主业务，凭借强大的全程策划销售能力和丰富的操作经验，为客户提供土地评估、市场研究、前期策划、营销策划、销售代理及招商等服务。三级市场住宅部秉承中原集团“公开资讯、公平交易、不炒楼、不食差价”的经营理念，服务于中高端客户，致力于为客户提供普通二手房、豪宅、别墅的买卖、租赁一站式服务。目前分行数量近30间，遍布成都各个方位。三级市场工商铺部专为客户提供中高档写字楼、商铺租售服务，服务过众多国内国际知名品牌和跨国企业。

四川中原现有员工逾700余人，2009年四川中原销售物业金额近50亿，达四川中原历史最高点。四川中原作为成都地产代理行业的领头羊，历年来获奖无数，2009年再度荣获成都房地产第七届金芙蓉杯“年度杰出品牌地产经纪机构”，成都市房地产协会“09年优秀经纪机构（代理）”、“09年优秀经纪机构（居间）”以及“09成都房地产经纪行业十大品牌机构”、“09年纳税大户”等多项殊荣，是目前成都市场惟一在一、二手业务方面同样享有盛誉的专业代理中介公司。

作为一家专业房地产综合服务商，四川中原一直致力于现代房地产业的发展与创新，积极倡导创建和谐的行业市场并推动其稳步发展，力求成为四川地区行业第一品牌。

二、四川中原公司架构

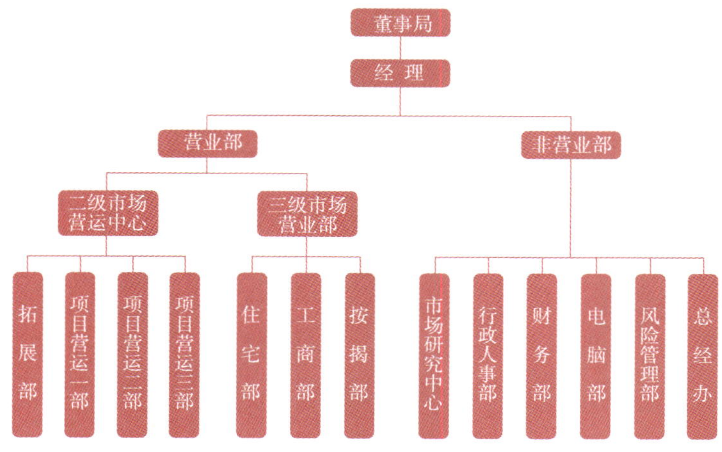

三、主要部门简介

（一）二级市场营运中心

1. 部门简介：四川中原二级市场营运中心是四川中原两大支柱机构之一，依托中原集团30年专业地产代理经验，立志做地产全程营销策略专家。营销代理以一手项目代理为主营业务，凭借强大的研究能力和丰富的操盘经验，为成都及四川地区多个项目提供全程营销服务，成为西南地区房地产企业的重要合作伙伴。

2. 业务范围：二级市场营运中心本着“综合地产服务商”的理念，为客户提供全程咨询、营销、代理服务。服务范围包括前期土地评估、专题市场研究、土地规划研究、产品设计、营销策略、形象推广及项目销售等一系列专业服务。数据中心提供项目支援服务，包括建立项目资料库及客户资料库等后勤服务，完善各管理系统。

3. 卓越操盘经验及资源整合优势：二级市场营运中心凭借强大的网络平台和客户资源库，整合一、二手联动，独家首创渠道营销，开辟中原地产营销的全新模式，使中原营销代理具备了其他同行无法企及的新高度。

（二）三级市场营业部

■ 住宅部

1. 部门简介：三级市场住宅部秉承中原“公开资讯、公平交易、不炒楼、不食差价”的优良传统，拥有门店25家，提供尊贵独享的一站式服务，盘源系统全国联网，让员工共享资讯、提高效率，以优异成绩赢得了良好的市场美誉和行业地位。

2. 业务范围：三级市场住宅部致力于二手住宅租售，高档物业、酒店式公寓、别墅、洋房的租售等业务领域，配套服务更是涵盖风险管理部的专业法律咨询、交易按揭部的产权过户、按揭服务等方面的售后支持，为客户成就投资、置业、居家的梦想。

■ 工商铺部

1. 部门介绍：工商铺部凭借精干的资深团队、真诚的服务态度、专业的服务水平，借鉴中原集团工商铺部的成功经验，为客户提供最新、最全面、最权威的写字楼租赁服务，是众多国内国际知名品牌和跨国企业的租赁代理商。工商铺下设写字楼部、商铺部等部门，以专业、迅速、公平的卓越服务，充分赢得客户信赖。

2. 业务范围：中高档写字楼、商铺的租赁和买卖业务，提供项目租赁策划方案，并为客户提供专业的商铺租售咨询以及流程协助和更系统化、人性化的售后服务，完善成交后续流程。为客户提供专业的写字楼、商铺租赁以及买卖、咨询、策划、推广、代理等服务。

四、公司荣誉榜（2009～2010年）

- 2009年 成都房地产第七届金芙蓉杯“年度杰出品牌地产经纪机构”荣誉称号。
- 2009年 优秀经纪机构（代理）
- 2009年 成都楼市营销策划大奖
- 2009年 成都房地产经纪行业十大品牌机构
- 2009年 优秀经纪机构（居间）

五、企业文化展示

2009年年会：牛气冲天辞09，龙腾虎跃迎10。在晚会上各个业务精英转身变为舞台精灵，在工作上他们展示着他们的才华，在舞台上他们展示着各自的才艺，给中原带来了朝气蓬勃的气息。

总经办和市场研究中心CS大赛：2010年1月30日四川中原总经办和市场研究中心的同事们，在成都国防乐园举行了一场别开生面的野战游戏“真人CS”比赛。

三级市场营业部篮球赛：天空作美，清明以来一直阴雨朦胧的天空，在周日（4月11日）露出了笑脸。三级市场住宅部和工商铺部篮球赛拉开帷幕。同事们热情高涨，球场上赛风格赛球技，场下啦啦队员热情满满地给他们加油鼓气！

三级市场住宅部赴天津考察学习：四川中原三级市场是一支勇于进取，蓬勃发展的团队。在营业总监Peter先生的带领下，各区域经理、各分行经理来到天津学习考察。他们力将把四川中原三级市场住宅部打造成最优秀团队。

三级市场工商铺部赴深圳考察学习：随着国家政策的调控，四川中原工商铺部抓住宝贵契机，不断学习，扩大规模。在营业总监徐东先生的带领下，他们一行四人赶赴深圳学习考察。

精英会新马游：在中原每个人都能当精英，只要你够勤奋，够勇气，认真创业绩！每一届精英会成员都享受公司安排的免费学习和旅游等奖励！下一届精英就是你！准备好了吗？加入精英会，成为四川中原精英会一员！

“搏击长空 团队争霸”系列活动：2010年6月至9月四川中原三级市场住宅部举行了名为“团队争霸 搏击长空”业绩大比拼活动。在楼市低谷期，他们挥洒青春热血逆市前行，捷报连连！

2010年半年会：2010年是四川中原团队建设年，7月21日以团队建设为主题的“在中原，你不是一个人在战斗”四川中原2010团队建设年半年会在四川歌舞剧院举行。相信四川中原在未来的2010年下半年会再创佳绩！

三级市场住宅部主持人争霸赛：2010年8月13日，四川中原主持人大赛在四川中原公司总部圆满举行，最终决出了6名签约主持人，长期服务于三级市场营业部月会、季会主持活动。

搜房首页 | 资讯 | 新房 二手房 租房 | 装修家居 | 业主论坛 | 手机搜房　　设为首页 收藏 | 登录 注册 | 搜房帮登录 客服：400-630-8888转3 更多城市[54]>>

二手房 新房 租房 装修案例 业主论坛 资讯 更多

全部区县 住宅 价格范围 居室 搜索 地图搜房>>

成都二手房网　　首页 | 出售房源 | 个人房源 | 地图搜房 | 租房 | 经纪人 | 商铺 | 写字楼 | 估价 | 房贷 | 求购 | 资讯 | 论坛

您的位置是：成都二手房 > 二手房资讯 > 正文

庄泽宝：无为而治而非无所作为

http://esf.cd.soufun.com搜房成都二手房网 2010 年3 月22 日 搜房成都二手房网 搜房成都二手房网

【摘要】中原地产作为购房者满意度高的品牌中介公司首批加入成都房地产金牌经纪联盟中，本期经纪名人堂我们非常荣幸的请到了四川中原物业顾问有限公司董事、总经理 庄泽宝先生来到我们的直播间，为我们讲述中原地产成为品牌经纪机构背后的故事。

(庄泽宝与主持人合影)

本期经纪名人堂我们非常荣幸的请到了四川中原物业顾问有限公司董事、总经理庄泽宝先生来到我们的直播间，为我们讲述中原地产成为品牌经纪机构背后的故事。

四川中原物业顾问有限公司于2002年10月在蓉成立。作为国内最大的房地产代理公司——香港中原集团在大陆开设的第十二家分公司，四川中原秉承“公开资讯、公开交易、不参与炒卖、不吃差价”的服务宗旨，服务范围涵盖：房地产市场研究分析、前提研究策划，营销策划、销售及招商代理、房地产中介。四川中原成立六年以来，获奖无数，已操作二级市场项目100余个，项目涉及住宅、别墅、写字楼、商业等类型。在房地产三级市场项目方面，四川中原已成功开设十一家二手分行。

(庄泽宝畅谈中原物业)

作为首批加入成都房地产金牌经纪联盟的经纪公司，四川中原物业顾问有限公司董事、总经理庄泽宝坦然表示加入金牌经纪联盟在荣幸之余，更肩负着一种责任，“我们是一个金牌联盟，是行业里做的相对比较好，大家认可的，我们也希望做一个榜样，这个责任比较大，也要求我们更好的为我们的客户和市民服务。”

在面对成都其他经纪公司的竞争压力时，庄泽宝认为四川中原同其他经纪公司相比有着自己的优势。其实中原地产在四川发展时间并不是很长，但实际上中原地产整个集团已经有了三十多年的发展历史，有着绝对优势，中原地产也势必会把沿海、海外的先进理念带进四川，促进四川地产经纪行业的发展。同时作为一个全国性公司，中原地产的分公司分布于全国20多个城市，有着独特的相对优势。

[1][2][下一页]

- 中国房地产泡沫必然破裂吗？
- 中国最便宜的商品就是房子
- 附图！2009最找抽的楼市广告
- 探究是谁让房价如此坚挺？

片区查询

[锦江] 川师 龙舟路 莲桂路 成仁路 九眼桥 海椒市 红星路 牛市口 牛王庙 滨江路 盐市口 春熙路
[青羊] 府南新区 贝森 光华 杜甫草堂 浣花小区 金沙 草市街 顺城街 八宝街 天府广场 百花中心站
[金牛] 茶店子 黄忠 抚琴小区 花牌坊 沙湾会展 营门口 九里堤 荷花池 交大路 蜀汉路 李家沱 马鞍路
[武侯] 武侯祠大街 高升桥 双楠 磨子桥 跳伞塔 桐梓林 九眼桥 人民南路 航空路 火车南站 玉林
[成华] 新华公园 万年场 猛追湾 十里店 双桥子 建设路 八里小区 新鸿路
[高新] 芳草街 南延线 神仙树 肖家河 紫荆
[龙泉] 洪河镇 十陵镇 龙泉驿
[郫县] 中和镇 郫县区
[双流县] 航空港 华阳镇
[新都区] 大丰镇 新都主城区
[温江区] 公平镇 温江
[崇州] [都江堰] [新津县] [大邑县] [邛崃] [蒲江] [彭州] [青白江] [金堂县]
[售价] 50以下 50-80 80-100 100-120 120-150 150-200 200-300 300以上
[户型] 一居 二居 三居 四居 五居 五居以上

24小时新闻排行榜　博客排行榜

1. 申万单磨良：1-2年内房价或跌20%-..
2. “成都楼市今年将平稳向上”
3. 房地产“崩盘论”
4. 成交6.97亿 成都网上房交会闭幕
5. 第3届成都市网上房交会闭幕
6. 银行不良信用记录如何消除
7. “腾飞百店”走进满城房产欧城店
8. “城镇化是房地产的很好机遇”
9. 两央企开始转让房地产业务 部分央企仍在..
10. 徐万刚：激情源于梦想，成功来自专注

难以置信！家竟然可以如此完美　50平不落伍美家小空间大展身手　看白领美女90平田园风格公寓

- “腾飞百店”走进满城房产欧城店
- 房地产“崩盘论”
- “城镇化是房地产的很好机遇”
- 申万单磨良：1-2年内房价或跌20%-..
- 银行不良信用记录如何消除
- 一线品牌扎堆 城北楼市大变脸

焦点集锦　热点专题

- 徐万刚：重员工能力
- 凌敦平：期待大发展
- 刘应忠：品质感窗房
- 徐伟良：树优质品牌
- 庄泽宝：欲加快步伐

借力媒体 提升品牌：搜房网采访四川中原董事总经理庄泽宝先生

庄总参加2010中西部房地产经纪发展高峰论坛会

四川中原地产拓展部总监杨鹏先生做客搜房网直播间

三级市场工商铺部营业总监徐东先生参加华西都市报举办的成都专业市场发展趋势圆桌会

脑力激荡区域核心价值

对于光华新城最新规划、发展的关切，莫过于作为肩负土地整理和新城建设重任的成都市兴光华城市建设有限公司以及众多区域内的开发商们。如何看待片区内的商业、交通、教育等配套现状？对新规划有哪些见解？“脑力激荡”为光华新城的发展建言献策。7月28日，本刊主办的光华新城论坛举行。

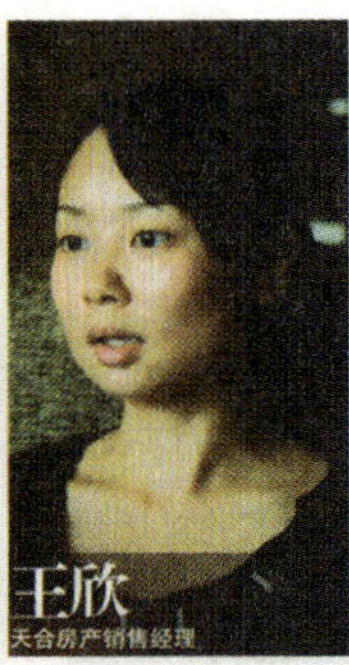

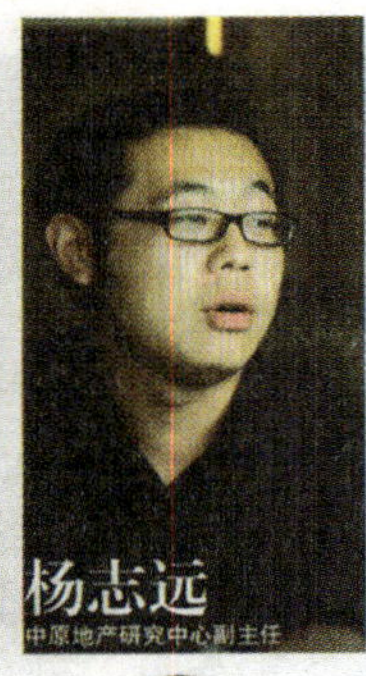

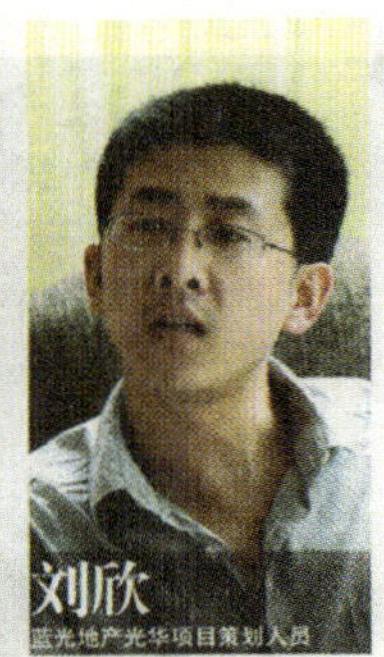

论坛

配套全 区域肯定非常好

> *完善的配套、便捷的交通路网、名校教育资源……可以说是应有尽有，也就给了购房者很多购房的理由，我们很看好这个区域*

刘跃奎：光华新城共规划派出所3所，社区医疗服务中心3所，农贸市场9个。片区内的公园这些休闲设施比较多，规划的公园有6个，社区绿地20多处，其中凯德对面的88亩市政公园，金阳旁边30亩小公园已经建成。

赵云：我们的1号地块将对外招商引资，业态包括酒店、SOHO、SHOPMALL等物业形态，将对区域配套有较大提升。

游天彬：光华新城的功能定位叫“西部新城现代服务区”，片区内应该引进些如伊藤洋华堂这类中高档商业，而中铁睿丰的288亩商业用地就是至关重要的。

杨志远：光华新城目前的知名度还比较低，虽然现在的配套相对比较落后，但各种生活配套规划得较好，所以生活将会很方便。

刘欣：现在很多购房者比较排斥这个区域，尽管是上风上水、教育配套很好，但为什么还是有人不愿来？原因就是交通问题和配套问题。但这些如果解决好了，区域肯定非常好。

王欣：我们项目比较幸运，商业、教育医疗等等配套比较齐全。公园包围社区，属于典型的低碳生活区。

刘学：现在看来这个片区还不算成熟，但等待各大楼盘购房者都相继入住，居住氛围会更加浓厚，而中铁商业综合体的修建对整个片区的商业配套将是一次提升。光华新城的现有或规划的配套已经非常齐全，无论是教育、生活还是环境质量都非常不错。

基础教育 名校全覆盖

> *除泡小、实小、九中分校、七中分校这些名校之外，还要建设6所小学，11所幼儿园，实现名校全覆盖。*

刘跃奎：现在光华新城区域内已经开学招生的有实验小学分校、泡小分校、九中分校、七中分校这些名校，接下来还要建设6所小学，11所幼儿园，这样基础教育就完整了。

程捷：青羊区的教育资源优势相当突出，名校效应十分明显，从已经入驻三环外这些区域的学校资源来看，实小、泡小、草小、九中、七中都是成都基础教育的“金花”。

杜钰：青羊区的软优势很突出，比如青羊的教育。青羊的教育是基础教育，可以辐射到整个片区，比如说泡小、实小、草小，还有就是我们的树德中学、七中分校这些，可以实现名校全覆盖。

成都报道 / A25

四川中原市场研究中心高级分析师杨志远先生应邀参加成都房产报道举办的脑力激荡区域核心价值论坛